天津博物馆 MUSEUM 论丛

TIANJIN

2016

天津博物馆 编

科学出版社

北京

图书在版编目（CIP）数据

天津博物馆论丛.2016/天津博物馆编.--北京：科学出版社，2019.5
ISBN 978-7-03-061145-1

Ⅰ.①天… Ⅱ.①天… Ⅲ.①博物馆学－文集 Ⅳ.①G260-53

中国版本图书馆CIP数据核字（2019）第084508号

责任编辑：樊　鑫　张睿洋／责任校对：王晓茜
责任印制：肖　兴／封面设计：北京美光制版有限公司

科 学 出 版 社 出版
北京东黄城根北街16号
邮政编码：100717
http://www.sciencep.com
中国科学院印刷厂 印刷
科学出版社发行　　各地新华书店经销
*
2019年5月第　一　版　　开本：787×1092　1/16
2019年5月第一次印刷　　印张：19 1/2
字数：450 000
定价：198.00元
（如有印装质量问题，我社负责调换）

编 委 会

目　录

一、名家专稿

致雨兼抑洪

——猪龙的二重神性

尤仁德

（天津博物馆）

摘要： 本文以考古发现战国陶猪龙为切入点，认为红山文化玉猪龙和战国陶猪龙虽然在时空上相距遥远，但它们在功能与用途上应有相同之处，不仅用以祭祀河神求雨，而且具有抑洪的双重神性。红山文化玉猪龙是迄今所知古代有关祈雨或治水神话的最早物证，说明猪龙在古代神话学中的特殊价值，玉、陶猪龙的被崇拜与被利用，典型地反映出神话内容由消极性与被动性发展到积极性与主动性。

关键词： 玉猪龙　陶猪龙　致雨　抑洪

文物考古界多以为玉猪龙是能"兴云致雨"的神话动物，但人们似乎少知它还有另一种神性与神力—避水抑洪。这种相反相成的双重神性，也许就是古代尊崇猪龙的重要依据。

一、玉猪龙之后的陶猪龙

20 世纪 80 年代，东北地区的红山文化，因出土过造型和文化内涵极为奇特的玉猪龙而闻名于世。无独有偶，1985 年四川省成都市方池街遗址出土了一件战国时期的陶猪龙[①]。这件器物为我们进一步深化猪龙神话的研究提供了新资料。

陶猪龙的造型与红山文化玉猪龙有很大的相似性，但陶猪龙的身躯不作勾曲形。陶猪龙是在战国时期蜀人用以防洪工程的卵石埝里发现的。因此，这样的遗存形态引发了我们对陶猪龙用途与功能的特别关注和兴趣。笔者认为，陶猪龙与玉猪龙虽在时空上相距遥远，但它们在功能与用途上却有相同之处。

二、陶猪龙的特殊用途

陶猪龙出土于方池街遗址第 4b 层战国蜀人所建造的卵石埝内，这种人工建造的大石埂（堤堰），为东、西、中三条工字形排列，在东埂与中埂相交处埋下了陶猪龙。时至今日，虽历经了数千年，但陶猪龙仍未损毁，可能是因为被保护使然，即装入竹笼内埋下所致。"这种竹笼装卵石消洪的方法，都江堰工程使用最为普遍"②。

陶猪龙，圆雕，残长 14 厘米，吻部上翘作猪嘴形，其上有鼻孔，身为细长状（发掘报告说，体下腹有一粘连物脱落痕迹，可能是陶猪龙原有一肢足），身上刻菱格纹（这种菱格纹实为一种雷纹，因为龙的原型是鳄鱼，古人会用鳄鱼来求雨，它在雷雨前的吼声如雷，故玉龙身上多有雷纹），在商代玉龙身上常见，如妇好墓出土玉龙（标号 408、422、424 等）。发掘报告提到陶猪龙是在石埂中发现的，"表明是在修建时有意放入石埂中，应有特别含意"③。这种特别含意，应与石埂防洪的作用是一致的。我们认为，石埂中埋入陶猪龙应当与龙、猪龙能防御水患的神话有关。龙、猪龙的神性本有二重性：既能致雨又能抑洪。它们的两种功能在古代历史及神话传说中较为常见。

龙可致雨的说法，最早的考古学例证见于商代卜辞，如"其乍（作）龙于凡田，又（有）雨"（《甲骨文合集》29990），"乍（作）龙（于凡）田，又（有）雨"（《甲骨文合集》27021）④。《淮南子·地形训·注》："汤遭旱，作土龙，以象龙，云从龙，故致雨也。"与卜辞所述者意思大同。

《淮南子·说山训》："若为土龙以求雨。"注曰："土龙致雨，雨而成谷。"

《论语·乱龙》："董仲舒申春秋之雩，设土龙以招雨。"

《后汉书·礼仪志》："其旱也，公卿官长，以次行雩礼求雨，闭诸阳，衣皂，兴土龙，立土人。"注曰："《新论》曰：'求雨所以为土龙，何也？曰，龙见者，辄有风雨兴起，以迎送之，故缘其象类而为之。'"

《九江府志》："九江产鼍，一名土龙。声如鼓。诗曰：'鼓逢逢，欲雨则鸣，故土人以之占雨。'"（鼍即鳄，鳄为龙的原型）⑤

文献中所见龙能止水的内容有《楚辞·天问》："应龙何画？何海何历？"王逸注："禹治水时有神龙以尾画地，导水所注者，因而治之也。"（应龙即有翼之龙，因翼龙之飞动，故可以尾画地以导水，从而达到治水的目的）《山海经·西山经》："有蛇焉，名曰肥遗，六足四翼，见则天下大旱。"肥遗实即翼龙（龙蛇互称）。郭璞注："《管子》云，（肥遗）为'涸水之精'。"《三坟》："伏羲氏命水龙氏平治水土。"水龙可抑水，故水龙氏以之命名。

在白族神话中，有借一龙制服另一龙的神话。《龙母》故事说："龙王披上了黄龙袍，变成了黄龙。黄龙打死了制造洪水的白黑龙，于是洪水得以平息。"⑥

《说苑·奉使》："彼越亦天之封也。不得冀兖之州，乃处海垂之际，屏非藩以为居，而蛟龙又与我争焉。是以剪发文身，烂然成章，以象龙子者，将避水神也。"用龙子去震慑蛟龙以抑水。

据上述,既然龙有致雨与抑水两种功能,那么猪龙也有这样两种功能;因为龙是水物(《吕氏春秋·召类·注》),而猪和猪龙也均属水物,取四证。《史记·天官书》:"奎曰封豕,为沟渎。"(奎,星座。封,大也)《正义》:"奎,天府之库,又所谓封豕,司沟渎。"大豕属水,所以奎星主管农田的水渠,此为一证。《北梦琐言》:"邛州有湫,有牝豕出入,号猪龙湫。"邛州恰在蜀地,与陶猪龙所出处同地,湫即水池,故以猪龙名之,此为二证。古以猪潴二字通用(《韵会》),水停为潴(《说文》),因猪喜在蓄水处生活,故猪潴可通,此为三证。扬子鳄在"长江中下游区域"称为"江猪、猪龙或猪婆龙"[⑦],此为四证。

现将问题的讨论再深入一步,究竟猪龙是怎样显示它的避水神功的。

古代有关于河神的神话。河神即河伯,亦即江神(《异苑》(卷五))。河神的记载见诸文献者,如《山海经·海内北经》《楚辞·天问》《穆天子传》《史记·滑稽列传》等。《楚辞·天问》:"帝降夷羿,革孽夏民,胡射夫河伯?""冯珧利玦,封豨是射?"封豨即大猪。闻一多在《天问疏证》中引曰:"河伯化为白龙,游于水旁,羿见射之。"再引《左传·昭公二十八年》:"……谓之封豕,有穷羿灭之。"并说:"然上云射河伯,此云射封豨,是封豨即河伯也。"又引《符子》:"詹津之伯,为豕所化,与《天问》为封豨密合。"(鲁津之伯即河伯)《河图纬·河图天灵》:"赵王政以白璧沉于河者,有一黑公从河出"黑公即黑猳,亦即河伯。这与《博物志·异闻》所述的"三投璧于河,河伯跃而归之"之说相似。

据上所引推测,河伯形象极可能是亦猪亦猪龙神的化身。那么,方池街遗址所出的陶猪龙,极可能为古蜀人慑服河神的神物,用以抑止水患的发生;因为该遗址处于成都平原,居临岷江及郫江古河道附近,故出现了为拦阻江水所筑的石埂防洪工程。

古代还有把人当作河神祭品的礼仪(俗)。卜辞有"丙子(巳)卜,宾贞,璧、珏、酚河"(铁12702);"丁巳卜,其寮于河牢、沈(沉)璧"(上23·4);"酚于河五十牛,五人,卯五牛于二珏"(乙7645),说商王用玉器、牛等作祭河神的祭品,璧即女奴隶,是为人牲。还有《史记·滑稽列传》中关于战国时期魏惠文帝命西门豹治邺、革除以妇女祭河神陋习的故事。方池街遗址出土的石雕人像,男像、跪式、裸身,双手作背缚状,是奴隶形象,雕刻得粗糙。此石人应是古蜀人修筑石埂时,代替祭江神的人牲所用。

三、对玉猪龙用途的再认识

红山文化故址在今辽河、西拉木伦河、老哈河及大凌河流域。几条大河构成了红山文化的基本自然环境与地缘特点。因之,红山人的初农生活,必定与河流密切相关。他们会因洪患与大自然不断地进行斗争,防洪抗洪是当时十分重要的活动。

以往我们多是从玉猪龙有用于祭祀河神求雨的功能来研究的，而它的抑洪功能似乎被忽视了。如果结合方池街出土的陶猪龙作进一步思考，那么玉猪龙也极可能用来祭祀河神以达到抑洪目的。玉猪龙也就从单纯被崇拜（自然崇拜）的祈求功能，转变成为兼被利用（控制自然）而发挥巫术作用了。辽宁建平牛河梁第二地点一号冢4号墓尸骨上放一对玉猪龙，推测此墓主人生前可能是主管用玉猪龙来抑洪的巫师类人物，玉猪龙是巫师作求雨或抑洪的祭祀时所用的法器。

玉猪龙大多为竖立双耳，大目圆睁，闭口怒视或露出獠牙，显得雄奇凶猛，表现出它能抗御河神以抑洪患的威力。玉猪龙口出獠牙，本源于野猪的样子。《扬子方言》所言："猪，北燕朝鲜之间谓之豭。"豭即大公猪，其祖先是野猪，而北燕朝鲜之间，与红山文化地域大体相合。

红山文化的玉猪龙是迄今所知古代有关祈雨或治水神话的最早物证。如今我们又得到了与玉猪龙用途相同的战国陶猪龙考古资料的支持，显然二者是一脉相承的，尽管它们之间尚有考古实物的时空缺环，但这已经让我们关于猪龙抑水的观点得以确立。

商代的一些玉龙（珮），如妇好墓所出的标本413号、986号和435号等，其龙首很像猪首，它们的造型极可能是红山文化玉猪龙的遗绪。如把红山文化玉猪龙、商代猪首玉龙与战国陶猪龙串联起来，正好形成"三点一线"，猪龙的文化体系传承可见端倪。而红山文化对猪龙具有开创性意义，更提高了它在神话学中的历史地位。

四、结　语

神话是人们社会生活的经验总结。神话的文化特点是直观性、神幻性、宗教性和利害性。利害性即主张对所崇信物的功能兴利除害，这正是猪龙求雨与抑洪双重功能产生的根由。

神话内容发展过程是从人们依赖于自然发展到与自然抗争。玉、陶猪龙的被崇拜与被利用，典型地反映出神话内容由消极性与被动性发展到积极性与主动性。此情只能植根于人民对它们的信仰与情感，而这种信仰与情感正是神话产生的根源所在。

中国古代神话内容丰富多彩，其中蕴含了无数神奇、美好、动人的故事，而这些故事中又蕴藏了丰富的社会生活的历史事实，如生产活动、宗教、祭祀、典仪等，并具有重要的历史价值、社会价值、文学价值及审美价值。以往的考古学成果，让我们饱览了龙神话的精彩；如今猪龙的神话内涵，似让我们见到了神话王国的神异灵光。

注　释

① 成都市博物馆考古队、成都市文物考古研究所：《成都市方池街古遗址发掘报告》，《考古学报》

2003 年第 2 期。

② 成都市博物馆考古队、成都市文物考古研究所：《成都市方池街古遗址发掘报告》,《考古学报》
2003 年第 2 期。

③ 成都市博物馆考古队、成都市文物考古研究所：《成都市方池街古遗址发掘报告》,《考古学报》
2003 年第 2 期。

④ 两条卜辞均由天津博物馆刘小葶同志提供。

⑤ 何新：《龙：神话与真相》,时事出版社,2002 年。

⑥ 中国少数民族文学学会：《神话新探》,贵州人民出版社,1986 年。

⑦ 何新：《龙：神话与真相》,时事出版社,2002 年。

作者简介：尤仁德，天津博物馆，研究馆员，天津市河西区平江道 62 号，300201。

二、文博探索

天津市博物馆微信应用情况研究

张昊文

（天津市文化广播影视局政策法规处）

摘要：随着微信作为智能终端程序的普及，越来越多的博物馆开通微信公众号，进行微信应用。博物馆进行微信应用，是社会发展进步、微信迅速发展、当代博物馆工作理念对博物馆提出的新要求。近年来，天津市的博物馆在微信应用方面取得了一定成效，同时也存在较大的发展空间，可在微信推送频率、内容质量、人才建设、微信推广等方面继续探索，以更加有效地发挥微信在博物馆公共文化服务方面的作用。

关键词：博物馆　微信　公共文化

一、博物馆进行微信应用的必然趋势

微信（WeChat）是腾讯公司于 2011 年 1 月 21 日推出的一个为智能终端提供即时通讯服务的免费应用程序，可以通过网络发送文字、图片、语音、视频，并且支持多人群聊。2012 年 8 月，微信公众平台正式上线。微信公众平台是腾讯公司在微信的基础上新增的功能模块。组织机构与个人都可以通过微信公众平台注册微信公众号，编辑图文、语音、视频等多种形式的内容并进行发布。在信息时代，博物馆进行微信应用，具有必然趋势。

（一）博物馆进行微信应用，是社会发展进步
对博物馆提出的新要求

微信的出现，得益于现代科学技术的迅猛发展。信息技术的突飞猛进，使网站、博客、微博、微信等网络传播方式迅速普及，成为人们获取信息、进行交流的媒介。在信息技术的浪潮中，许多博物馆开发了网站、微博等媒介，并使之成为与观众交流的重要窗口。微信的出现，给博物馆带来了新的机遇与挑战。2012 年，正值微信出现的次年，国际博物馆日主题为"处于变革世界中的博物馆：新挑战，新启示"。

2013 年，正值微信公众平台推出的次年，国际博物馆日的主题是"博物馆（记忆＋创造力）＝社会变革"。这意味着博物馆既要适应社会的变革，也要为社会的变革做出贡献。"信息技术日新月异，以无比强大、无限可能和无处不在的特性，使博物馆可以快速掌握和使用部分与信息技术相关的传播技术并在这方面显示出很强的反应能力"①。

（二）博物馆进行微信应用，是微信迅速发展对博物馆提出的新要求

近年来，智能手机网民数量与比重迅速增加。微信主要以智能手机作为应用载体，随着智能手机网民数量与比重的增加而迅猛发展。2013 年 1 月 15 日晚，腾讯网科技频道宣布："2012 年 3 月底，微信用户破 1 亿，耗时 433 天；2012 年 9 月 17 日，微信用户破 2 亿，耗时缩短至不到 6 个月；2013 年 1 月 15 日，微信用户达 3 亿，时间进一步缩短至 5 个月以内；自 2011 年 1 月 21 日第一个微信版本的发布，耗时不到两年，而且仍在加速普及中。"②中国互联网络信息中心（CNNIC）2016 年 4 月发布的《2015 年中国社交应用用户行为研究报告》指出，90.7% 的手机用户使用过即时通信工具，其中微信的使用率为 81.6%③。

（三）博物馆进行微信应用，是当代博物馆工作理念对博物馆提出的新要求

博物馆作为公益性社会文化机构，其工作理念已经从早先"对物的关照"转变为当下"对人的关怀"，"有效改变博物馆信息交流方式，平等交流，就可以吸引更广泛的公众参与博物馆活动，博物馆中蕴藏的丰富历史和现实信息资源就可转换为巨大的社会财富，博物馆工作者的辛勤工作就可获得更广泛的承认。博物馆的社会功能在平等交流中得以发挥，博物馆工作达到价值在平等交流中得以实现"④。微信在使用中具有灵活、便捷、智能等特点，从而有助于微信公众号作为博物馆与观众之间进行平等交流、信息互动的媒介。

二、天津市博物馆的微信运行、维护情况

（一）天津市博物馆的微信公众号开通情况

笔者通过问卷调查与微信关注的方式，对天津市博物馆微信应用情况进行了调研。

在天津市正常开放的 65 家博物馆⑤中，目前已开通微信公众号的有 26 家，占全市博物馆比例的 40%。在全市已开通微信公众号的博物馆中，文物系统博物馆 12 家，行业博物馆、非国有博物馆各 7 家，依次占全市文物系统博物馆、行业博物馆、非国有博物馆比例的 46.2%、33.3%、38.9%⑥。其中，文物部门 2011 年以来的新建博物馆及文物部门 2011 年以来完成新馆建设的博物馆全部开通了微信公众号，例如：李叔同故居纪念馆、天津美术馆、天津市武清区博物馆于 2011 年后依次建成开放，天津博物馆、天津自然博物馆完成了新馆建设⑦，这些博物馆均已开通了微信公众号。其中，天津博物馆于 2013 年 5 月同时开通服务号和订阅号，天津美术馆于 2013 年 6 月开通服务号，天津自然博物馆、李叔同故居纪念馆、天津市武清区博物馆依次于 2014 年 2 月、2015 年 2 月、2015 年 5 月开通订阅号。

（二）天津市博物馆的微信运行、维护部门

天津市开通微信公众号的博物馆主要由行政部门、宣教部门、信息部门、宣传部门负责微信的运行、维护工作。具体到每个博物馆，一般由 1～2 个部门负责。例如，天津美术馆、西洋美术馆、天津名车苑汽车文化博物馆由办公室负责微信运行、维护，天津市蓟县地质博物馆的微信运行、维护由综合科负责，天津可乐马古典家具博物馆的微信运行、维护由行政部和总经理室负责。李叔同故居纪念馆、天津市武清区博物馆分别由宣教部、展陈宣教部负责微信的运行、维护。天津自然博物馆负责微信运行、维护的部门是信息中心和科普中心。天津博物馆的微信订阅号由宣传教育部负责，服务号由图像信息中心负责。天津金融博物馆、天津市静海县萨马兰奇纪念馆分别由活动宣传部、媒体部负责微信运行、维护。还有一些博物馆不是独立法人建制，博物馆是其所属单位的一个部门，这类博物馆的微信运行、维护工作主要有两类模式：一是由博物馆自行负责，如天津美术学院美术馆；二是由博物馆与其他部门共同负责，如天津杨柳青木版年画博物馆的微信运行由该馆与非遗办公室、文物保护部共同负责。

（三）天津市博物馆的微信运行、维护工作

天津市博物馆的微信运行、维护工作一般由 1～4 人负责，具体工作内容主要为图文内容的编写、校对，信息发布，回复留言，观察后台数据变化等。例如，天津美术馆、李叔同故居纪念馆、西洋美术馆由 1 人负责微信工作。天津美术馆工作人员负责微信日常编辑、发布及推送消息、编辑制作特展的微信语音图文导览内容，以及对特展的微信墙进行审核发布；李叔同故居纪念馆工作人员负责微信内容的编写、图片的

搜集制作、版面的排版设计、微信的推送；西洋美术馆工作人员负责总结本馆展览资讯并分类编辑发布、回复订阅者留言、发布艺术资讯等。天津港博览馆由 2 人负责微信工作，其中 1 人负责编辑，另 1 人负责校对。天津杨柳青木版年画博物馆由 3 人负责微信工作，若将此 3 人设为 A、B、C，则由 A 提供基础资料，B、C 两人进行撰写、编辑、校对，此后由 A 发送。天津市武清区博物馆的微信工作由 4 人负责，其中 2 人负责微信公众号的管理设计、内容编写与及时更新，另外 2 人负责微信公众号的安全与内容编写。

（四）天津市博物馆的微信运行、维护费用

根据问卷反馈，天津市部分博物馆没有产生微信运行、维护费用。在产生微信运行、维护费用的博物馆中，各馆目前的微信运行、维护费用每年为 300 元至数万元不等，主要用途为微信认证、推广、设计，开发线上活动，以及聘请人员进行微信内容的专业性拍摄等。其中，不少博物馆进行了微信认证服务并缴纳审核费用。微信运行、维护费用的来源包括自筹、经营性收入、财政拨款等。

三、天津市博物馆的微信推送内容

（一）博物馆基本信息

通过微信平台介绍博物馆的基本信息，可以使观众了解博物馆的概况、地理位置、开馆时间、参观注意事项等，提升参观质量。例如：天津美术馆在其微信服务号的菜单中，设置了"关于美术馆"模块，该模块设置了"美术馆概况"和"参观指南"等专栏。"美术馆概况"对天津美术馆的基本情况进行了比较详细的介绍，内容涵盖了天津美术馆的性质、定位、建筑设计、展厅情况、服务设施等。"参观指南"包括"参观须知""开放时间""交通指南"等内容，其中，"交通指南"还与百度地图进行了链接。观众通过手机阅读，可以便捷地获悉具体开馆时间，并通过地图搜索迅速找到去往天津美术馆的路线。又如：当观众对天津杨柳青木版年画博物馆的微信公众号进行关注时，该公众号会自动发来一条信息，告诉观众在微信中回复数字"1""2""3"可以依次获得"本馆详细地址以及咨询电话""本馆简介及照片""开放时间"等自助信息，通过与观众互动的方式介绍该馆基本情况。观众通过手机浏览，较之通过电话咨询与电脑浏览，可更加便捷地获取信息，并可将信息进行朋友圈的分享与转发，扩大信息传播范围。

（二）博物馆展览与活动

参观展览与参加活动是观众走进博物馆的重要习容。通过微信，介绍博物馆的展览内容，发布活动讯息，可以使观众及时获悉展览、活动情况。天津市博物馆对展览与活动的宣传可归纳为以下方面：

第一，发布展览与活动预告，使观众及时了解展览与活动信息，结合自身的关注点，参观展览、参加活动。如：天津自然博物馆通过微信发布该馆在 2016 年元旦将推出"寻根之旅，解读人类故事"展览的信息，对展品数量、展览内容、展览亮点进行介绍，并附有部分展品照片。该馆还通过微信发布各类活动的通知，如《科普讲堂预告〈鸟类的前世今生〉》《"奇妙的朋友"系列科普活动——第三季之"恐龙王国——形形色色的恐龙"火爆报名中》《天津自然博物馆冬令营报名进行中》等，同时对活动内容、报名方式等进行介绍。很多粉丝在阅读微信后，拨打电话报名参加活动。

第二，进行微信语音导览与展品介绍。如天津博物馆通过其微信订阅号"天津博物馆宣教部"设置了导览功能，针对部分展品进行导览。观众在通过微信对展柜内具有语音标志的展品编号进行回复，即可收听该展品的语音导览信息。天津博物馆还通过微信将部分展品进行介绍。如该馆服务号针对"晚明绘画作品展"通过微信推出《"晚明绘画作品展"中的山水画》《"晚明绘画作品展"中的花鸟画》《"晚明绘画作品展"中的人物画》等专栏，介绍介绍明代钱贡的《城南雅逸图卷》、明代徐渭的《竹石水仙图轴》、明代尤求的《西园雅集图轴》等展品。

第三，及时发布展览调陈、延长展期、活动临时延期、展览即将截止等动态，便于观众及时知悉。例如：天津博物馆、西洋美术馆、天津金融博物馆依次通过微信平台发布《"耀世奇珍——馆藏文物精品陈列"绘画作品调陈》《"国际版画系列展——源氏物语浮世绘木版画展"延长展期》《3 月 5 日第六期艺术家告白活动将延期举办》等展陈的通知，使观众及时获悉展览与活动的调整态态。

（三）博物馆主题延伸内容

立足本馆主题，对相关内容进行扩展，介绍与本馆主题相关的内容，可以使观众在展览之外，获得更多知识。如李叔同故居纪念馆每周通过微信推出系列文章，介绍与李叔同有关的各类知识，包括李叔同的生平、艺术成就、家人朋友等，如《"海河之子——李叔同与天津"——斯土育斯人之德艺双馨》《"印魂——李叔同与篆刻艺术"传艺藏印之驰骋印界》《"至爱亲朋——李叔同的家人朋友"之兄长李文锦、李文熙》。天津市蓟县地质博物馆通过微信发布《精美神奇的矿物》《如何分辨常见的石头种类》《中华传世名石鉴赏》《地理知识科普小课堂》等，介绍地质知识。天津可乐马古典家具博物馆通过微信发布《中国古典家具发展史》，通过桌案、柜架、床榻等多个专题，普及中国古典家具知识。天津市静海县萨马兰奇纪念馆通过微信发布《国际奥委会对参赛选手有何规定》《奥运火炬的由来》《奥运会吉祥物是何时出现的》等文章，介绍奥林匹克运动会的相关知识。通过微信推送相关知识，将博物馆的主题进行延伸，可以有效配合展览内容，立体化地构建博物馆主题内容体系，引导观众关注博物馆的主题，加强观众对博物馆主题内容的兴趣。

（四）博物馆工作动态

通过微信介绍博物馆工作动态，可以在展览与活动之外，打开观众了解博物馆的又一个窗口，增强观众对博物馆的情感，甚至参与到博物馆的工作中来。如天津博物馆通过微信发布了关于"宋辽金元玉器学术研讨会"的推文。李叔同故居纪念馆通过微信发布《将国学文化、文博展览、传统艺术、相结合——"李叔同与天津"展览走进校园》等相关信息。天津金融博物馆通过微信发布了第二届"北洋金融恳谈会"在该馆圆满召开、天津卫视在该馆录制节日等信息。天津市静海县萨马兰奇纪念馆通过微信发布《2015年度盘点：萨马兰奇纪念馆年度大事记》。天津博物馆、天津美术馆、天津自然博物馆、李叔同故居纪念馆、天津市武清区博物馆还将志愿者招募等工作动态通过微信发布，使人们有机会参与博物馆的工作。

四、天津市博物馆微信应用存在的问题

（一）部分博物馆微信推送内容更新缓慢

开通微信之后，及时推送内容才能真正发挥微信公众号的作用。目前，天津市部分博物馆开通微信号之后，长期不推送内容，使微信号在很大程度上"有名无实"。笔者在对天津市博物馆的微信号进行关注后，发现长期不推送内容的情况主要有以下三类：一是既没有推送消息，也不设置自定义菜单；二是设置了自定义菜单，并在自定义菜单中发布了一些内容，但是尚未推送消息；三是无论设置自动菜单与否，在推送了几次内容之后，距离再次推动内容的时间间隔半年甚至一年以上。

（二）内容不甚充实

充实的内容是博物馆通过微信与观众进行沟通的基础。目前，天津市博物馆微信的推送内容不甚充实，主要体现在：一是开通微信导览的博物馆屈指可数；二是微信内容的互动性、趣味性有待加强；三是推送形式多为微信链接，很少采用语音、图片及视频；四是部分博物馆不注重微信细节性内容的完善，如有的博物馆在微信自定义菜单中，某些内容长期处于"此功能暂未开放"的状态，有的博物馆缺少坐落地点、开馆时间等基本信息介绍。

（三）专业人员缺乏

天津市博物馆的微信工作比较缺乏专业人员。一方面，从事微信工作的人员数量少。有的博物馆负责微信工作的仅有 1 人，而且这名人员在负责微信工作的同时，还需负责博物馆的许多其他工作。人员不足在很大程度上导致微信推送内容更新缓慢，或是在推送微信内容时，编辑、审核、发布内容的时间较紧，难以确保微信内容质量，不能及时回复观众留言等。另一方面，专业性强的技术人员紧缺，导致微信公众平台的许多高级功能无法实现，难以将微信公众平台进行个性化展示，难以与粉丝进行线上互动。

（四）微信推广存在难度

通过问卷反馈，可以看出天津市博物馆在微信推广方面存在难度，主要表现在：粉丝人数增长缓慢，难以达到预期；微信推广经验与技巧不足等。目前天津市各博物馆的微信粉丝数量不平衡，有的博物馆微信粉丝接近 3 万，多数博物馆微信粉丝为数千人，有的博物馆微信粉丝为数百人。然而多数博物馆的理想粉丝数量是万人以上。天津市博物馆进行微信推广的方式主要包括：在馆内公布微信公众号或二维码；在网站、微博等媒介上放置微信公众号的二维码；通过粉丝进行朋友圈转发；在讲解、活动中进行人工宣传。目前，微信推广存在难度，使天津市博物馆微信号的影响力受到局限。

五、对天津市博物馆微信应用的相关建议

（一）加强规划，确保每月推送信息

天津市博物馆负责微信工作的人员少，加之博物馆的其他工作需要投入大量人力，因此，对于部分博物馆微信推送内容更新缓慢的情况是可以理解的。然而，既然博物馆已经开通了微信号，就必须切实发挥微信号的作用，否则，不但会造成网络资源的闲置，而且会导致观众对博物馆产生负面印象，致使微信号给博物馆带来"适得其反"的效果。博物馆需结合工作计划，对微信内容的推送进行规划，微信推送至少确保每

月一次。博物馆在对临时展览与文化活动做出计划的同时，可将相关信息提炼成微信内容，待展览与文化活动临近时进行微信推送；在展览与活动期间，及时收集相关照片、观众反馈，进行微信推送。博物馆还可结合本馆主题与藏品讲解一些小知识，或者介绍博物馆的文化衍生品，还可以推送一些关于博物馆工作的"幕后故事"，使人们了解博物馆工作者的辛劳，从而使观众与博物馆更加贴近。加强规划，编辑短小精悍的内容，配以精美的图片，在人力紧张的情况下，可以确保每月至少进行一次微信内容推送。这样即可减轻博物馆工作人员的压力，也可使推送内容契合微信的便捷阅读方式。

（二）积极学习，进一步提高内容质量

目前，微信的应用遍及诸多领域，微信的推送内容多种多样。天津市的博物馆可在微信推动内容方面积极学习：既可在全市博物馆范围内积极交流，分享微信工作经验；也可通过关注外省市博物馆微信号、与其负责人交流互访等方式，学习其先进经验；还可向文博领域之外的微信号进行学习，结合博物馆工作的特点汲取经验。天津市的博物馆微信推动内容可在以下方面加以提高：

一是进行较为完善的微信导览。将基本陈列、专题展览乃至部分临时展览的重点展品进行微信导览内容设计，并随展览调陈及时更新，使微信导览常态化。在展厅设计较强的无线信号，便于观众现场接收导览信息。如果博物馆依托文物保护单位等历史建筑而建，还可增加类似于故宫博物院微信号"微故宫"中的"紫禁城全景""访建筑"等导览性内容。有条件细化微信工作的博物馆可以开通订阅号和服务号两个微信号，结合订阅号和服务号的不同功能与本馆语音导览的策划内容，选择其中一个微信号专门进行语音导览服务。

二是增强微信内容的互动性。微信作为一种社交工具，要求博物馆通过微信与观众产生互动，才能在网络空间架起博物馆与观众之间的桥梁。天津市许多博物馆近年来通过大量工作，在微信中向观众推动了许多丰富的内容，但在内容的互动性方面，尚有很大的提升空间，如在微信中发布展览信息、活动信息的同时，增加参观预约、活动报名等"线上功能"，特别是一些作为旅游景区的博物馆，可在微信中增加"团队预约"功能；在发布志愿者招募等信息时，设计"在线报名"功能，使有志于志愿者工作的人在阅读微信之后能够及时报名；在自定义菜单中，设立"观众留言"或"观众问卷"板块，及时了解观众反馈；还可将博物馆的文化衍生品在微信中进行营销，观众可以在微信中购买自己喜欢的文化衍生品，从而使博物馆在实体商店之外增加推广文化衍生品的渠道；鼓励用户对微信内容进行投票，定期公布用户最喜爱的内容，或者精选一些精彩评论进行公布，使用户感到较高的参与性。

　　三是增强微信内容的趣味性与多样性。内容的趣味性与多样性有助于微信号吸引更多的关注者，并可进一步增加微信的互动性。博物馆可以结合展览与活动内容，在微信中设计一些趣味小游戏，使观众在游戏中增长文博知识；也可结合微信内容，适当采用卡通画、艺术字等形式，增强趣味性；还可在发布展览与活动时，采用语音方式进行播报，或在报道展览与活动情况时，采用视频方式，以此来丰富微信内容等。如浙江省博物馆通过微信公众号进行的"我为高宗照个相""微信打印"等活动，饶有趣味，吸引了观众的参与。

　　四是从细节入手，完善微信内容。对于微信已定义菜单中出于种种原因"暂未开放"的内容，不妨将其删去，待条件较为成熟，相关内容能够设置时，再将其呈现。在内容编写方面加强周密性、严谨性，避免疏漏；在照片的配置上加强筛选；在标题的设计上，在保证准确的前提下增强吸引力。结合地域特色与馆藏特色，将微信进行个性化设计，如苏州博物馆结合地域特色与馆藏特色，在微信平台的自定义菜单中，设计了"吴门雅赏""吴门雅集""吴门雅趣"三大板块，对应展览、活动、文创产品等相应内容，颇具个性化与吸引力。

（三）配置必要的技术性人才

　　对于博物馆的诸多工作而言，微信工作仅是其中一个较小的组成部分，但是在科技与信息发展日新月异的今天，微信已成为许多博物馆与观众交流的重要窗口。目前，天津市的博物馆在微信应用中缺乏专业性较强的技术性人员，在很大程度上制约了微信应用中许多高级功能的使用，制约了微信内容的互动性、趣味性与多样化。博物馆可结合微信的技术性工作制订招聘计划，或者组织人员进行相关培训，将培训内容与本馆情况相结合，进一步提高微信内容质量；也可在志愿者招募中专门选拔微信应用方面的技术性人员。

（四）加强微信公众号的宣传推广工作

　　在微信公众号推广方面，可多措并举，拓宽推广途径。一是将线上推广与线下推广方式相结合，以国际博物馆日、节假日甚至双休日等客流较大的时期为契机，举办活动，在线下进行宣传的同时，将活动的参与平台设计在微信上，并且利用一些展览小礼品作为活动奖品；二是将微信推广与文化衍生品营销相结合，对于关注微信号的"新粉丝"，或将微信号推广给"新粉丝"的"资深粉丝"，均可获得文化衍生品的销售折扣或适度赠送；三是通过 QQ 群、微信群、网络论坛等途径，宣传微信公众号；四是注重细节，可在门票、纸杯、文化衍生品包装等细微之处印刷微信公众号；五是申请必要的经费，通过其他媒体或合作方推广微信公众号。

　　总之，微信应用是当今博物馆发展的必然趋势，天津市的博物馆近年来在微信应用方面进行了诸多努力，但也存在着很大的提升空间。在微信推送频率、内容质量提升、人才建设、微信推广等方面，博物馆将继续探索如何更加有效地发挥微信在博物馆公共文化服务方面的作用。

注　　释

① 蔡琴：《处于变革世界中的博物馆：新挑战、新启示——由 2012 国际博物馆日主题说起》，《中国博物馆》2012 年第 2 期。

② 肖华：《腾讯微信用户量突破 3 亿 耗时不到两年》，http://tech.qq.com/a/20130115/ 000179.htm，2013 年 01 月 15 日。

③ 中国互联网络信息中心：《2015 年中国社交应用用户行为研究报告》，2016 年 4 月，第 12 页。

④ 宋向光：《当代中国博物馆理论与实践辨析》，《物与识》科学出版社，2009 年，第 47、56 页。

⑤ 《2015 年度天津市博物馆名录》，《天津日报》2016 年 4 月 15 日。

⑥ 天津市正常开放的 65 家博物馆中，文物系统博物馆 26 家，行业博物馆 21 家，非国有博物馆 18 家。

⑦ 李叔同故居纪念馆、天津美术馆、天津市武清区博物馆的正式开放时间依次为 2011 年、2012 年、2014 年。天津博物馆新馆、天津自然博物馆新馆的开放时间依次为 2012 年、2014 年。

作者简介：张昊文，天津市文化广播影视局政策法规处，天津市和平区承德道 12 号，300041。

新媒体在博物馆教育中的运用及思考

刘　颖

（天津博物馆）

摘要： 信息社会的潮流汹涌不可阻挡，新媒体的发展日新月异，已然成为社会最重要的资源。作为社会文化传播窗口的博物馆，利用新媒体开展教育活动是时代的要求，同时有助于博物馆教育的互联网转型。目前，博物馆利用新媒体开展形式多样的教育活动，取得了一定的成绩，但仍然处于起步阶段，有待不断提高。在未来的发展中，博物馆界应积极营造利用新媒体开展教育的环境，积极进行创新，更好地发挥博物馆文化教育的社会功能。

关键词： 新媒体　博物馆教育　互联网转型

当今社会已经进入信息社会，信息成了社会中最重要的资源。而新媒体技术的不断涌现，也成为这个时代的重要标志。在这个时代的背景下，博物馆教育也发生着前所未有的变化。在这次席卷全球的信息化浪潮中，作为信息传递窗口之一的博物馆必然要参与进来，利用新媒体技术进行信息传播、开展教育宣传工作。而博物馆教育作为全民教育的重要组成部分，积极利用新媒体进行教育改革在信息社会具有重要的意义。

一、新媒体在博物馆教育中运用的重要性

1. 新媒体的概念界定

《新媒体百科全书》的主编斯蒂夫·琼斯认为："新媒体是一个相对的概念，相对于图书，报纸是新媒体；相对于广播，电视是新媒体。'新'是相对于'旧'而言的。新媒体又是一个时间的概念，在一定的时间内新媒体应该有一个稳定的内涵。新媒体同时又是一个发展的概念，科学技术的发展不会终结，人们的需求不会终结，新媒体也不会停留在任何一个现存的平台。"[①]按照这个概念，要理解新媒体必须立足当今社会信息技术的发展。就我们现阶段而言，新媒体更多的是指利用数字技术、网络技术，通过互联网、宽带局域网、无线通信网、卫星等渠道，以及电脑、手机、数字电视机

等终端，向用户提供信息和娱乐服务的传播形态。

2. 新媒体已经成为受众接受信息的主要工具

2016 年 8 月，中国互联网络信息中心（CNNIC）在国家网信办新闻发布厅发布了第 38 次《中国互联网络发展状况统计报告》（以下简称为《报告》）。《报告》显示，截至 2016 年 6 月，中国网民规模达 7.10 亿，互联网普及率达到 51.7%，超过全球平均水平 3.1 个百分点。其中，手机网民规模达 6.56 亿。从这个统计数据看，以手机、网络平台为代表的新媒体已经成为受众接受信息的主要方式。

博物馆方面也积极利用新媒体进行信息传播，微信公众号、微博、手机 App、网站、微视频等新型传播手段在博物馆教育推广中也得到了广泛的使用。目前，博物馆教育中运用的新媒体类型主要有门户网站、搜索引擎、微博、微信、手机 App、网络游戏等几种形式。

3. 新媒体在博物馆教育中的重要性

（1）博物馆教育的互联网转型是时代的必然趋势

2015 年国家颁布的《国务院关于积极推进"互联网＋"行动的指导意见》中明确指出，要"探索新型教育服务供给方式"，鼓励互联网企业与社会教育机构根据市场需求开发数字教育资源，提供网络化教育服务。博物馆作为社会教育机构，积极推进教育供给方式改革是时代的应有之义。而 2015 年新颁布的《博物馆条例》第三十四条也明确指出"博物馆应当根据自身特点、条件，运用现代信息技术，开展形式多样、生动活泼的社会教育和服务活动，参与社区文化建设和对外文化交流与合作"。由此可见，积极运用新媒体技术进行博物教育改革是时代赋予博物馆的使命。

（2）新媒体有助于传统博物馆教育的转型

20 世纪后期，受世界发达国家经济从制造业向服务业转型的影响，博物馆工作重心呈现出"以物为导向"到"以观众为导向"转型。博物馆教育开始聚焦于"观众"[②]，同时随着时代的发展，博物馆的观众越来越不满足于单纯作为信息接收者，而有强烈的参与欲望，因此多元化的观众构成也导致个性化的信息需求逐步出现。

新媒体区别于传统媒体而言，具有很多新型的特点，能够满足时代发展对博物馆教育提出的新要求。首先，新媒体具有交互性的特点，也就是新媒体的去中心化。在新媒体的信息传播中，信息传播者与接收者是双向平等的，参与个体在信息传播过程中均有控制权。这种形式可以满足博物馆观众参与信息传播的需求。其次，新媒体具有个性化服务的特点，网站、网络微视频等新型传播模式使得观众可以根据自己的喜好选择希望接收的信息内容。相比于传统的讲解员讲解，新媒体的加入可以满足各种不同的信息需求。最后，新媒体的即时性、共享性，也有助于扩大博物馆教育的范围，方便没有时间到博物馆参观的人群接收信息。

二、新媒体在博物馆教育中运用的现状

1. 新媒体在博物馆教育中运用形式多样化

博物馆长久以来形成了以参观讲解为主的教育模式，传统的教育模式是"宣讲"，讲解员的口头传播是博物馆教育的主要途径。随着世界范围内的教育理念革新和人民群众知识水平的不断提升，"宣讲"式的单项传播模式已经越来越不适应时代发展的需要。而借助新媒体互动技术实现博物馆教育方式的转变已经成为时下文博界的一种共识。

目前，国内外许多博物馆已经开始或着手准备在博物馆教育中融入数字和互动等新媒体元素，如数字化网站建设、远程教育平台搭建和移动设备游戏软件开发等，试图为观众打造更具感染力、参与度更高、互动性更强的教育模式，积极进行着探索，也取得了一定的成绩。目前，新媒体技术在博物馆教育中的运用主要形成了以下几种模式。

（1）搭建远程教育平台

利用新媒体技术搭建远程教育平台是目前实现博物馆教育模式的转变的一种新颖手段，这一手段方便博物馆观众随时随地学习博物馆相关知识。2009 年，河南博物院以"陈列展览的延伸、互动教育的平台"为理念，以新媒体为依托，首创"历史教室"。"历史教室"是融教学、休闲、观摩、实验为一体的综合性观众参与空间，体现了博物馆教育服务的多元化、人性化和互动化。"历史教室"创建 7 年以来开发了近 50 个教育项目，针对不同年龄和学龄的公众，完成教育主题教育资源包 5 个，累计开展教育活动 2800 多场，成为河南博物院面向公众尤其是广大青少年开展教育服务的特色品牌。

（2）网络视频课程

网络视频课程是一种基于互联网络平台的以视频为载体呈现某一门课程的具体教学内容与教学活动的新型课程形式，它具有教育性、可视性、共享性、便捷性、交互性等诸多特点，是传统视频课程在网络教育环境下的延续和发展[③]。随着"互联网 +"时代的到来，越来越多的博物馆观众不再满足于以往的参观展览，尤其是青少年群体更希望通过网络视频等新媒体进行学习，博物馆方面也积极进行相关探索，开发网络视频课程。首都博物馆开发的"名师课堂"、上海博物馆开发的"青少年实践课堂"等都收到了很好的效果。网络视频课程学习方便快捷，实现了博物馆教育资源的社会共享，也满足了时下观众的信息接收习惯。

（3）新媒体互动游戏体验

《2013 地平线报告》中提到，游戏与游戏化是未来二到三年新技术的应用趋势之一，越来越多博物馆教育工作者意识到，游戏能够激发学习效率和创造性探究，因此他们开始从各种新的视角观察研究教育领域中的游戏方式。目前，利用电子虚拟互动系统、触摸屏多媒体电脑等开发互动游戏，寓教于乐，让博物馆受众在互动游戏中学习知识的新型教育模式在许多博物馆中都得到了较为广泛的应用。2016 年天津博物馆配合"地域一体·文化一脉——京津冀历史文化展"举行了"观展·答题·访燕都"主体活动。活动利用微信新媒体，设计网上闯关答题游戏环节，吸引广大受众参与。活动以游戏的形式展开，让受众在游戏中学习了知识，同时增强了教育的互动性，教育效果良好。故宫博物院还设计专门的游戏 App "皇帝的一天"，深受受众喜爱。

（4）博物馆 App 的运用

利用新媒体技术开发博物馆 App 用于信息推广或教育已经成为世界博物馆的共识。英国不列颠博物院（也称"大英博物馆"）、法国卢浮宫、美国自然历史博物馆等均开发自己的 App。目前国内主要的博物馆也积极探索开发博物馆 App 进行教育运用。故宫博物院推出的"韩熙载夜宴图""每日故宫""清代皇帝服饰"三款 App 均入选 AppStore "2015 年度精选"，被评为"本年度最具想象力、创造力和吸引力的作品"，受到业界赞誉。"韩熙载夜宴图" App 独创了三层立体赏析模式：总览层、鉴赏层和体验层，使这幅"数字画卷"可远观、可近赏，向观众全方位解读画作中的每个细节。

2. 新媒体在博物馆教育中运用尚处于起步阶段

目前，虽然新媒体在博物馆教育中的推广运用不断创新、风生水起，但是仍然存在一些问题与瓶颈。目前新媒体在博物馆教育中的运用尚处于起步阶段，推广的范围有待提高，推广力度有待继续增强。

首先，新媒体在博物馆教育中的普及程度不高。新媒体在博物馆教育中的运用主要是一些大型博物馆、一级博物馆，部分地方性博物馆由于发展资金、人员配备、受众素质等各方面的局限，尚未进行相关探索或者仅有很少的形式，跟不上时代发展。有学者认为"与国外相比，国内博物馆的新媒体技术应用启动较迟，虽然少数的大型博物馆在应用中取得了较大的反响，但是总体上来说相对于全国的博物馆而言，新媒体的利用率普遍不广不高，与国外博物馆还有不小的差距"[④]。

其次，博物馆工作人员需要提升新媒体素养。虽然新媒体发展的浪潮已经席卷全球，博物馆教育和新媒体的结合已经成为业内的共识，但是由于对新媒体缺乏深入了解，加上部分人员对于新媒体技术掌握仍然不够熟练，直接影响新媒体在博物馆教育中的推广。因此，提升博物馆教育人员的新媒体素养也已经成为当前的一个重要课题。

最后，目前新媒体在博物馆教育中的运用缺乏创新。目前，以故宫博物院为代表的一些大型博物馆利用新媒体开展教育取得了一定成绩，很多博物馆纷纷效仿，导致运用模式有些雷同。其实，对于利用新媒体开展博物馆教育，不同的博物馆可以根据自身情况，不断推陈出新，发挥自我优势，更好地提升教育效果。

三、新媒体在博物馆教育中运用的未来展望

早在 1996 年，尼葛洛庞帝在《数字化生存》一书中就已经提出"从原子到比特的飞跃已是势不可挡、无法逆转"。同样，随着"互联网 +"时代的到来，利用新媒体开展博物馆教育也是历史的必然趋势。顺应时代潮流，利用新媒体的大环境、积极探索利用新媒体开展博物馆教育、提升教育水平是时代赋予博物馆的全新课题。

首先，博物馆应通过借鉴国外科普机构的成功经验，结合自身实际，构建技术与科普教育深度融合的教育环境。让新媒体在博物馆教育中的运用成为一种日常，融入每一次教育工作中。

其次，不断创新利用新媒体开展教育的模式。比如，博物馆可探索利用网络社交媒体构建博物馆学习社区，吸引有相同兴趣爱好的人群通过网络社交平台进行沟通交流，进一步增强教育效果。

最后，进一步加大投入，提升博物馆在利用新媒体开展教育方面的软硬件条件。一方面加大硬件投入，改善博物馆的硬件设施，不断引入新媒体，紧跟时代步伐；另一方面，提升教育工作人员的自身素养，真正培养出一批掌握新媒体技术、高水平、具有创新能力的专业人才。

博物馆是社会文明的窗口，肩负社会文化普及、公民教育的使命，而新媒体时代的来临对博物馆教育功能的发挥提供了一个全新的平台。积极拥抱互联网新媒体时代的到来，利用新媒体提供更好的教育，是时下所有博物馆努力的方向。

注　释

① 肖凭、文艳霞：《新媒体营销》，北京大学出版社，2014 年，第 3 页。
② 宋向光：《博物馆教育的新趋势》，《中国博物馆》2015 年第 1 期。
③ 闫凤艳：《基于案例分析的网络视频课程剧本设计策略研究》，沈阳师范大学硕士学位论文，2013 年。
④ 陈宁欣、衣兰杰：《当代新媒体在博物馆社会服务中的应用》，《艺术百家》2013 年第 8 期。

作者简介：刘颖，天津博物馆，馆员，天津市河西区平江道 62 号，300201。

博物馆智慧服务体系探索

白黎璠

（国家海洋博物馆筹建办公室）

摘要： 在物联网、云计算等新技术及新媒体的支持下，博物馆将变得越来越智慧化。智慧服务是智慧博物馆系统中非常重要的一环。贯穿于观众参观前、参观中和参观后的博物馆智慧服务体系将有助于提升观众的参观体验，增强博物馆的传播效力。

关键词： 智慧博物馆　智慧服务　智慧导览

博物馆是一个为社会及其发展服务的、向公众开放的非营利性常设机构，以教育、研究、欣赏为目的征集、保护、研究、传播并展出人类及人类环境的物质及非物质遗产。这是国际博协对博物馆的功能定义中，首次将"教育"置于第一位，更强调博物馆的社会责任、社会效益，也反映了博物馆在工作态度上更外向性的选择[①]。作为重要的公共文化服务机构之一，如何有效地提高藏品的利用率，全面提升专业水准和服务水平，以更好地履行自身使命，实现功能定位，满足社会期待，是时代和社会给予博物馆必须思考的新命题。

在物联网、云计算、大数据、移动互联等新技术日趋成熟及普遍的背景下，我们正积极探索实践"智慧博物馆"，以期在博物馆内部专业化及外部服务的各个环节实现全面感知、互通互联、智能交互的形态，使博物馆对"物""人"的管理更科学高效，各方面信息需求更通达，以利于文物的保护与利用，最终实现博物馆公共文化服务水平的全面提升。

智慧服务是智慧博物馆系统中非常重要的一环，我们应当将博物馆的智慧服务贯穿于观众参观前、参观中、参观后的整个过程，以"先于你所想"的理念和亲切、友好、富于科技感与交互性的内容，全面提升服务水平，拉近与观众的距离。

（一）参观前的智慧服务

智慧博物馆的服务体系首先需要做到，在观众来馆参观前，可以便捷地通过互联网、手机 App、微信、微博等途径获取博物馆的相关信息，包括正在进行的展览及活动、馆藏文物概览、开放时间及来馆交通、博物馆能够提供的餐饮、购物及其他服务等。

博物馆网站可以通过建设虚拟博物馆和精品馆藏的360°展示，使观众对博物馆的布局、藏品产生一定的了解，形成一定的知识背景，并激发参观兴趣。精致的虚拟展示体现了博物馆的专业化水平，也表明了积极服务的态度。这不仅可以使潜在的观众最终走进博物馆，也为确实受限于时空条件而暂时不能来到的观众提供了力所能及的服务。

网页、微信以及微博等服务体系还应特别注重互动性，无论是关于馆藏、展览等专业问题还是其他服务类问题，各类疑问和要求均可以得到回应，让每一个潜在观众充分感受到博物馆的专业、友好、可沟通。

参观前的智慧服务还包括参观预约和信息登记。当潜在观众通过上述服务，对博物馆产生了一定的兴趣及信赖，我们的系统可以提示并鼓励他们进行参观预约和信息登记，这样可以使得他们获得更好的参观体验及博物馆服务。对于进行了参观预约的观众，博物馆开放专门的入馆通道提供便捷；而登记的信息，包括性别、年龄、地域、学历、兴趣点、联系方式等，则被系统记忆、分析，可以根据观众人数、年龄以及参观时长提供参观路线，也可以根据观众兴趣设计个性化参观路线。登记者来馆参观时，可获得更多相关信息的推送；若暂时不能来馆，则作为潜在观众，可以经常收到感兴趣的博物馆资讯。参观预约的程度越高，博物馆的现场管理工作也越易于规划、越科学有序。而登记的信息，不仅帮助博物馆成功找到潜在观众，也可以加入到上文提到的智慧管理系统中去，作为工作的反馈和参考。

（二）参观中的智慧服务

博物馆参观中的智慧服务主要体现为智慧导览。导览系统架构主要包含观众端的：观众一卡通票卡（即上文提到的集室内定位、互动、身份识别、消费等多种功能于一体的超高频 RFID 卡，是每位观众入馆就需换取的门票，团体观众、结伴而来的观众可以将票卡实现小组绑定），专业导览终端，手机 App，微信端，固定安装的大屏自助导览终端；管理端的：各种固定式、移动式管理终端，传感、通信网络及安装布置在场馆内的核心智慧云数据服务平台等。导览内容主要包括路线指引、展览导视及其他互动服务等。

1. 路线指引

智慧服务系统通过部署在场馆各个区域的观众区域定位基站感应观众的标签卡信息，为观众提供基于位置的信息服务。观众进入馆内，通过可互动的导览终端即可获得参观路线指引。如果是已经登记过相关信息的观众，系统便可根据信息分析出喜好，推荐个性化的参观方案。对于没有登记过相关信息的观众，导览系统也可随时依其参观情况，如停留时间较长的展厅及展品等，对其喜好进行分析、判断，推荐相关参观方案。导览系统能记录观众的参观情况，随时提醒观众已参观及未参观的展厅，并推荐合理参观路线。对于除展厅之外的其他活动设施和诸如卫生间、餐饮处、纪念品商店等服务设施，导览系统可在观众接近或到达时向其发出提醒，并简介正在进行的活动或可以获得的服务；也可以在观众主动寻找时迅速推荐最优路线。当观众结束参观、准备离馆时，导览系统还可以为观众分类指引相关设施，比如告诉意犹未尽还想参观博物馆的观众，附近还有哪些博物馆及文化设施以及如何前往；还可以推荐附近购物、餐饮、亲子游等其他活动场所并提供去往路线。

2. 展览导视

参观展览是观众在博物馆内最主要的活动。智慧导览可以提供个性化、可互动的展览导视，以引导和帮助观众更好地理解展览，获得更多的知识与更愉悦的参观体验。

在进入展厅之前，观众可以从导览系统中获得关于展览的信息，包括展览主题介绍、创作思路及亮点、展览结构、重点文物以及展览体量和大致需要的参观时长等。

对于在展的文物，智慧导览可以提供：

自动讲解　在展品讲解区域部署 RFID 定位传感网络，实现展品讲解信息的主动推送，一旦观众步入 RFID 发射信号覆盖范围内，导览设备就会被触发并自动对相应文物进行讲解。内容包括文物本身的基本信息、文化内涵、来历故事以及与之相关的文化知识，并可提示本馆甚至其他博物馆还有哪些与之类似或相关的文物，以及如何能够了解更多的有效途径，同时形式上实现信息可视、可听。讲解及导览风格和信息数量则是个性化的，依观众年龄、学历、兴趣等有所不同，可以智能推送，也可以自主选择。

360°可翻转图像展示　帮助观众欣赏到展品每一处造型、纹饰、铭文等，并可以放大欣赏，看清细部特征。

虚拟现实展示　陈列展览中的文物往往已经脱离了它原本存在的环境，这对于观众深层次认识、理解文物及历史文化知识常常带来一定困惑。智慧导览系统可在文物数字化信息资源的基础上，巧妙运用虚拟现实技术，结合实际展品，制作成一定程度上还原文物依存环境或演示其使用情况的三维立体图像，观众可以通过交互终端设备随意操控互动、多角度欣赏，身临其境地观看展品。虚拟现实展示可以为观众带来逼真的感官体验，在虚拟场景中与文物展品相融合，不受时空限制，还可以拍摄身处于虚拟场景的个性化照片。这不仅丰富了观展体验，更有利于知识的传播。

对于展览中临时外借的文物，导览也不会忽视，同样可以提供虚拟图像、信息介绍，并告知何时回归、目前何处能看到原物或类似物等相关信息。

智慧导览系统在各个环节提供可以互动的途径，观众可以留下个人信息资料，发表见解，提出疑问，进行讨论，并及时得到回应。对于感兴趣的展览及文物，观众可以使用导览设备对其拍照、标识，系统自动进行识别并将相关信息收藏至观众的博物馆网站个人账号中。观众通过智慧导览终端，还可以参与关于展览、活动及服务的在线问卷调查。通过智慧系统自动统计、分析的数据资料，可以帮助博物馆进行调整改进，以提供更好的文化产品及服务。

智慧导览系统还能及时有效地帮助观众解决参观中遇到的多种问题，诸如寻找同伴，包括确定同伴位置、生成寻找路线、发送汇合请求等；紧急困难情况求助，系统能迅速反应，就近调度工作人员提供帮助；信息发布与互动，实时发布新鲜全面的活动通知、展览信息及其他消息，支持与观众的交流互动，及时解决观众问题，回复意见反馈等。

（三）参观后的智慧服务

观众结束参观，离开博物馆，并不意味着博物馆提供服务的终止。

在博物馆内使用了智慧导览终端的观众，智慧服务系统可以将其参观中所采集的藏品信息和导览机中的藏品信息实时发送至观众的博物馆账号中。观众离开博物馆后，只要登录博物馆网站个人账号就能浏览到所收藏的文物信息，进行更深入地学习。

对于留下了信息的观众，博物馆可以通过智慧服务系统向其推送个性化、形式多样的展览，展品知识学习材料，趣味游戏互动及相关活动介绍。点对点推送博物馆举办的新展览及活动，邀请他们继续前来。同样，大众化的延伸性学习与娱乐资料也应该使一般观众能轻松、便捷地获得。

观众可以随时通过智慧服务系统与博物馆及其他兴趣相投的观众联系、沟通，发表自己对于展览、活动、服务等各方面的见解、评价、建议。这些信息可以顺畅地被相关工作人员获得，并做出及时、有效、专业的回复，当然亦可作为工作反馈资料搜集起来。

对博物馆感兴趣并感到满意、进行持续有效沟通的观众可能会成为博物馆之友或博物馆志愿者，针对这类人群，智慧服务系统也会有对应的信息管理及服务提供。比如，博物馆可以为博物馆之友提供个性化的会员卡，同时建立专属的 App 入口，使他们通过手机即可获取服务信息，参与活动。通过专门的管理终端，馆方可以安排活动，统一发布信息，与他们自由地进行线上交流。智慧博物馆够满足爱好者们学习、休闲的需求，使他们获得情感认同，从而成为博物馆的忠实支持者。这对于博物馆扩大自身的影响力，最终实现更好的为更多人服务很有助益。对于志愿者，除学习、活动等信息的推送外，更应增设能够实时了解自己志愿服务工作完成情况的客户端。采用信息化、网络化手段提供个性化的服务，不仅能使志愿者感受到博物馆的友好及重视，也增加了馆方的管理效率和便捷程度。

除了主动来馆参观的观众外，还有一部分观众和使用者是"流动的博物馆"的受众，针对这部分人群的服务工作亦不能忽视。"流动的博物馆"已经走到了他们身边，智慧化的服务将使他们更深入地了解博物馆，感受到博物馆服务的高品质、精细度和亲切性，这将十分有助于博物馆形象的树立，影响力的扩大及功能的实现。

注　释

① 宋向光：《国际博协"博物馆"定义调整的解读》，《中国文物报》2009年3月20日。

作者简介：白黎璠，国家海洋博物馆筹建办公室，副研究馆员，天津市滨海新区海旭道渤海监测监视基地1号楼，300480。

浅谈博物馆的展览陈列（上）

康慧丽

（天津博物馆）

摘要：展览的设计，不是简单的事实和知识拼凑，而是创造性的智力活动，要对已有的素材进行二次创作，将抽象的知识视觉化，运用博物馆陈列语言，传达信念、情感和价值观，使无生命的物质遗存和陈列成分，获得意义和得到理解。展览不是专业内部交流，而是循循善诱，意在培养博物馆更多受众。内行的本事是让外行看懂。

关键词：博物馆　展览陈列　策划设计

博物馆的起源很早，最初萌发于人们的收藏意识。无论是东方还是西方都可以上溯到公元前，如我国公元前 5 世纪的孔子庙堂和西方公元前 3 世纪的缪斯神庙。但从历史发展历程上看，一般经历了收藏、研究和展示三个阶段。特别是 14 世纪中期至 16 世纪末，文艺复兴运动在欧洲兴起，一些权贵家族收集名人名作，将其作为家族的私藏，并伴随着海外殖民掠夺，欧洲大陆也战火纷繁，大批文物和珍宝作为战利品落入征服者之手，其中很多的战利品，因为不知其所以然，需要借助大学的专业力量来进行研究，对收藏品的研究由此开端。博物馆也从体现家族的富有、荣誉和世袭的优越感，发展到王公贵族、统帅将领炫耀征战的胜利成果，进而成为体现国家、民族、地方文化尊严的地方。

与此同时，在我国博物馆工作的水平长期以来并不高，缺乏藏品库与陈列库的区分，更没有系统的展陈体系和方法，本文结合我国现状就博物馆的展陈进行分析论述。

一、博物馆展览陈列的由来与本质

博物馆展陈是在一定空间内以文物标本为基础，配合适当的辅助展品，按照一定的主题、序列和艺术形式组合而成的，进行直观教育、传播文化科学信息和提供审美欣赏的产品群体。陈是展的基础，是博物馆实现其社会功能的主要形式，陈列是博物馆特有的语言。如果说博物馆是反映了一座城市，乃至一个国家文化底蕴和发展历程的殿堂，那么展陈设计便是衡量博物馆质量的核心标志。

博物馆有长期展出、比较稳定的陈列，也有短期展出、经常更换的陈列。在我国博物馆界，一般习惯上将前者叫作陈列，将后者叫作展览，或称临时展览。但实质上陈列和展览二者，并没有根本的差异。

展陈本质上，是一个复杂的多学科系统体系。它是包含了创意、知识、实物、展具、位置、形态、环境、设计、活动等多种成分的综合体，是陈列组织者、设计者、制作者和利用者交流、碰撞、互动的空间。陈列并不是各种成分的简单相加，不是展品的简单堆砌，也不是将展品依艺术法则，置放在特定空间里；而是在博物馆的特殊背景中，构成一个动态系统，陈列的各种成分相互依存和支撑，搭建起一个使所有展品得以发生联系并获得意义的知识框架。通俗的说，陈列的所有组成都在讲述着一个共同的故事，这个故事就是陈列的内容。

我国博物馆大都有体现该馆性质和任务的主要陈列。这种陈列有比较稳定的主题、内容、产品和比较完美的艺术形式构成陈列体系，我们通常称之为基本陈列。例如中国历史博物馆的中国通史陈列，中国革命博物馆的中国革命史陈列，故宫博物院的宫殿复原陈列和历代艺术陈列，北京鲁迅博物馆的鲁迅生平与纪念陈列，北京自然博物馆的植物、动物、古动物、古人类陈列等。除了基本陈列以外，各博物馆大都还有其他长期展出的陈列，如某种馆藏文物的陈列。

临时展览一般小型多样、经常更换，展品的选择比较自由，可以较多地利用模型、复制品和照片等，有时甚至能够以照片或美术作品为主，陈列内容结构和艺术形式也比较灵活。博物馆举办的流动展览、出国或外国来华的展览、博物馆之间联合举办的展览，都属于这种临时展览。

不同性质的博物馆有不同的陈列，在我国，陈列的类别习惯上主要按陈列内容来区分，我国博物馆的陈列主要有社会历史类陈列、自然历史类陈列、艺术类陈列、科学技术类陈列四个大类，每个大类下涵盖若干子类。而西方一些学者，如英国博物馆学者帕特里克·波依兰主编的《博物馆规划手册》中，将陈列展览分为固定的和临时的两大类，综合这两大类又分为六种类型：

（1）审美性陈列，主要指艺术类博物馆中的造型艺术、绘画和雕塑等；

（2）主题性陈列，主要用于社会历史类和科学类的博物馆陈列；

（3）模拟性陈列，这种陈列模式常用于自然历史类博物馆中，它可以营造令人可信的环境和背景，营造出真实的效果；

（4）原状性陈列，在社会历史类的博物馆中比较常见，主要是在历史建筑中按原状陈列，类似我国纪念馆的复原陈列；

（5）体系性陈列，这类陈列也常见于自然科学博物馆，主要是将同一类别的展品按一定的体系序列依次排列展出；

（6）开放库房式陈列，按库房的保管现状将产品向参观者开放展出，这种陈列方法在我国博物馆中几乎没有。

博物馆陈列，除上述按内容来区分以外，还可以按其他标准来区分：

（1）按陈列场所区分，可分为室内陈列和室外陈列两种一般的博物馆，主要是在室内进行陈列；

（2）陈列还可分为固定陈列与流动陈列，一般博物馆的陈列展出地点多固定不变，而部分临展则会进行流动展出；

（3）按观众对象区分，如专供儿童参观的儿童陈列，专供盲人参观的盲人陈列等；

（4）按照有形陈列与无形陈列区别。所谓有形陈列，指的是博物馆传统陈列，既突出实物为主，配合一些辅助手段；而所谓无形陈列，则是博物馆的一种新发展，它采用现代信息技术，充分发挥视听技术的作用，代替具体实物。

无论采用哪种分类方式，陈列内容设计都不是简单的拼凑事实和知识，而是创造性的智力活动，要对已有的素材进行二次创作，将抽象的知识视觉化，运用博物馆陈列语言，传达信念、情感和价值观，使无生命的物质遗存和陈列成分，获得意义和得到理解。由于陈列内容设计是一项在创造活动，是内容设计人员的智力活动和创造能力的体现，设计人员自身的价值观、世界观、审美观，和对内容所反映的历史事实的态度，也会沁透到陈列内容中。

二、展览的变迁

博物馆为社会及其发展服务，为研究、教育、欣赏之目的征集、保护、研究传播并展示人类及人类环境的见证物。展览本质上是实现博物馆与博物馆观众共同希望实现的社会目标之手段与工具，"展"字本意指大规模地进行意为面向公众及不特定的多数人群，览表会意，引申为思想的交流与沟通。

我国博物馆除了收集、收藏和科学研究任务外，还担负着传播科学文化知识，提高公民科学文化素质，适应社会主义现代化建设的需要，提高整个中华民族的思想道德素质和科学文化素质为社会主义现代化建设服务的任务。对观众进行思想品德的教育与传播，用一切有益于人们身心健康的精神产品，占领思想文化阵地，通过各种有效的展示形式，加强辩证唯物主义和历史唯物主义宣传，开展爱国主义、集体主义和社会主义教育，中华民族优秀文化传统和革命传统教育、理想、伦理道德以及文明习惯养成教育，科学知识、科学方法、科学态度和科学精神教育。

起初的展览是以馆藏为基础，分门别类地展示展品的久远、稀有和特殊价值。后来受苏联的影响，博物馆展览成了意识形态领域的阵地，进而成为政治斗争的工具。当时天津市历史博物馆叫红太阳馆，曾经核销了三百多件藏品，有要饭的碗、打狗的棍、乞丐的破棉袄等。20 世纪 70 年代，当我们正在经历那场民族浩劫时，国际上出现了新博物馆学，新博物馆学与传统的博物馆理念有很大区别，展览开始以研究为基础，通过展品的组合，表现一种文化现象和文明进程，由就物论物变成睹物思文、睹物思史了。其中最重要的一条，就是强调展览不是以物而是以人为本，继而引发出博物馆要为社会及其发展服务，以观众需求为主，尊重文化的多样性，注重观众的参与。也就是说展览是科普不是科研，不能学术化、说教式。

三、新博物馆学对展览提出新要求

当代博物馆学是一门综合性学科，涵盖了人类各个知识领域的研究课题，采取了各个学科的研究方法，致力于社会发展综合效益。当代博物馆学是一个开放性的学科，对那些有助于人们理解博物馆和博物馆收藏，以及使之持续存在发展的理论和方法，都秉持欢迎的态度。博物馆在构建独立学术体系同时，也吸引和欢迎所有对这一领域有兴趣的研究者入驻博物馆。新博物馆学，不是寻求一种答案，而是构建一个平台、一个开放的、包容的、互动的学术研究平台，在这个平台，人们可以搜索信息，展示成果，思想碰撞，激发灵感。

随着社会的发展，更多的新观念、新概念、新技术进入了博物馆工作和博物馆学研究的领域，全球化、学习型社会、信息社会、可持续发展、社区、人文关怀、市场营销和话语权等概念广泛地出现在博物馆学研究讨论中。博物馆的工作范围更为宽广了，拓展到了整个地球；层次更多了，从乡土、区域、民族、国家到全球；主体更多元化了，各级政府、集体企业、社会组织到公民个人；任务更重了，不仅业务要精湛，陈列要成精品，连馆舍也要成为城市的标志性建筑；博物馆的工作手段，从计算机化向全面信息化转变，大数据和云平台的应用及虚拟现实等新技术的出现，也影响到博物馆的管理体制和运营机制。

（1）主题单元式陈列应运而生。改变了传统展览模式，主张通过展品的组合构成鲜明的命题展览。比如"复兴之路""丝绸之路""新中国从这里走来"，陕西历史博物馆曾搞了一个反映知青题材的展览叫"寻根守望"。国外还出现了五花八门的主题博物馆，像灾难博物馆、离婚博物馆、情歌博物馆、性博物馆等。泰国有个 93 师博物馆，是昆沙贩毒军队的残部，展览的主题就是"还我国籍"，表现了被逼入歧途的呼吁。

可能有人认为国内陈列都有主题，诸如"流金溢彩""国色天香"等。这里内涵中有两点区别，一是不再是以物为主、就物论物的陈列，用一些对展品的赞誉之词就称为主题了，而是把物作为信息载体，让观众从展品和展品组合的社会价值中获得更多、更新的文化科学知识，展览的意义不仅是让观众记住几件东西，而是通过欣赏文物增添自己的兴趣和见识；二是打破学科、传统分类界限，综合地表现展览主题和观点。传统的按材质或工艺分类的专题展览，可以为专业人员和爱好者提供观赏、研究的机会，但也会把历史文化特征也随之分割了。一个时期、一个地域产生的文物会形成它的文化特征，这些特征正是主题单元展选题的基础。如果按陶瓷铜玉、竹木牙角分类，很多特征就弱化了。打个比方，如果说一个人是有个性的，那么是一只手、一颗牙又能说明什么呢？2015年1月国家博物馆举办的来自意大利的"罗马与巴洛克艺术"展，通过展品诠释了古罗马城孕育巴洛克风格的文化底蕴。2014年9月下旬举办的"列夫·托尔斯泰与他的时代展"，包括有油画、雕塑、手稿、书籍、生活用品共361件展品，从"家族""文学""探寻""中国"四个单元表现托尔斯泰丰富而璀璨的人生，都是具有主题单元式特征的专题展。

（2）最大限度地挖掘展品的信息量，用更多的辅助手段展示文物的文化内涵，一个展览不在于展品多，而在于信息量的大小。俄罗斯有一个私人美术馆只有一张画，但该馆利用多媒体技术介绍作者生平创作过程及艺术价值，再让观众细细品味这张画，每天观众络绎不绝。莫斯科特列嘉柯夫美术馆是世界上最大的俄罗斯绘画艺术博物馆，在一幅名为《三套车》的油画前面颇具匠心地放了一台白色的三角钢琴，使观众不由自主地默唱起"冰雪遮盖着伏尔加河"，自己感悟油画的内涵魅力。

（3）以大多数观众的接受能力为标准，把博物馆作为学习研究历史、文化、社会、自然知识的起端。过去博物馆是有识之士的场所。说明牌中的表述极具专业性，即使一般观众进来，看也看不大懂，念也念不下来，收获的知识很有限。而新学提倡有教无类，强调博物馆的展示只是让观众走进某一知识领域的入门，而不是学习的终点。有时常常出现一种尴尬现象，听国内讲解常常似是而非，听国外讲解反而听明白了。

（4）鼓励观众的参与，发挥博物馆特有的直观和互动功能。俗话说，一百个读者，就有一百个哈姆雷特。意思是说每个人对同一物体有不同的体会。由于展览是人和实物的直接接触，所以有条件让观众自己观察，自己感受。所谓的互动并非要搞什么游戏项目，而是鼓励、启发观众主动地、体验式地探讨知识。美国芝加哥自然博物馆把人和昆虫模型的比例互换，一方面可以观察昆虫的细部结构，另一方面也让观众对昆虫类肃然起敬。

（5）基本陈列要精练，要常换常新，发挥博物馆终生教育的职能。国内的展览普遍比国外冗长，看个展览的时间比上课、看戏、看电影长得多，所以一个普遍现象就是观众越走越快，一进展厅驻足的时间是末端的十倍。再有就是一个展览十年一贯制，一套解说词够讲解员吃半辈子。有的基本陈列可以陪着一个孩子长大成人，展览都快成文物了。欧美国家级博物馆平均每年都有四五十个专题展，有的巡回展一年上百个。台北故宫博物院基本陈列每半年更换一次局部，每四个月更换一个特展。

（6）让文学、美学、社会学进入展厅，使策展成为多学科的系统工程。展览不仅要由浅入深，还要引人入胜。最好的方法就是用观众熟悉和喜欢的表达方式，用观众欣赏和好奇的观察视角来讲述我们的展览，运用生动的故事性语言、不同时代美的追求和展品的社会价值体现来破解专业的生涩，使观众能够用日常积累的素养，读懂展览的创意。我在赫尔辛基参观芬兰历史博物馆时，研究人员正在给观众讲解，讲解员的解说抑扬顿挫、娓娓动听，显然是用诗讲解着芬兰的进程。我们曾给一个遗址博物馆撰写碑文，开始是文言文，领导不满意。又改为半文半白，仍不满意。最后领导斩钉截铁地说，要让小学四年级看懂。于是"让小学四年级看懂"，成为我们在公众教育用语的座右铭。

作者简介：康慧丽，天津博物馆，助理馆员，天津市河西区平江道 62 号，300201。

躬行"法治"是博物馆保护文物
安全笃于"法制"的保障

王志贤

（平津战役纪念馆）

摘要：文章依据全面推进依法治国的方略，围绕博物馆纪念馆在建立健全保护文物安全"法制"的前提条件下，运用实施"法治"保障能力，对文物保护管理制度条例、法律法规依据的遵循约束，强化制度管理和维护法律权威的实施推广，提升"法治"治理的能力。充分利用博物馆纪念馆社会宣传教育的重要平台，为全社会普及文物保护相关的管理条例、法律法规等知识，达到笃于"法制"、躬行"法治"的目的。

关键词：博物馆 纪念馆 法制 法治

在党的十九大报告中，"坚持全面依法治国"被明确作为十四条新时代坚持和发展中国特色社会主义的基本方略之一，充分体现了党中央将全面依法治国向纵深推进的决心和勇气，更加凸显了法治在治国理政中的重要地位。对于博物馆、纪念馆来说，坚定文化自信，维护其发展运行、保护文物安全、发挥社会教育功能是一项长期又艰巨的任务。

中华民族拥有五千年文明史，是世界上唯一文明传承未曾中断的国家，然而老祖宗留给我们的精神财富却频繁遭到破坏、盗掘、走私倒卖。部分国民在国内外一些不文明的言行举止，甚至不法行为所造成社会的乃至国际的不良影响，如果不及时修正治理，将对我们的国家和社会造成长期的恶劣影响。

一、笃于"法制"是博物馆纪念馆
保护文物安全的依据

"法制"是一种社会制度，是指一个国家和社会共同遵守的、实际存在的"静态"的法律法规制度，是具有普适性、稳定性和权威性的良法[①]法典，是对法律法规制度的简称。博物馆纪念馆作为社会教育的重要场所，我们的责任就是要学习宣传贯彻国家的根本大法，运用法律武器，保护和传承中华民族优秀的传统文化，弘扬中国共产党领导人民在革命、建设、改革中创造的革命文化和社会主义先进文化，为实现中华民族伟大复兴的中国梦服务。

1. 亟待健全"法制"，增强社会民众文物保护"法制"意识的需要

2016 年 4 月，习近平总书记对文物工作作出了重要指示，他说："文物承载灿烂文明，传承历史文化，维系民族精神。"让全社会通过文物所承载的中华民族历史文化血脉，来坚定实现伟大复兴中国梦的信念。我国历史悠久、幅员辽阔、人口众多，仅从历史遗存的范围、种类、数量上看，中国无疑是世界范围内远古遗存下来的遗址遗迹遗产最多的国家之一。

"当物质需求达到一定基础后，人们对艺术品的追求、对文化素质的提升，有着强烈的渴望；民间蕴藏着巨大的价值宝藏、巨大的消费需求、巨大的市场能量。"[②]祖先世代相传的物件，其价值因其特定的历史年代厚重感和艺术鉴赏收藏价值不断攀升，而散落在民间的文物宝藏，被收藏者们趋之若鹜的追捧和买卖，这也凸显了文物鉴赏收藏价值流通对社会经济影响的重大潜力。在此趋势下，各地兴建文物古玩市场，其中暗涌着文物非法倒卖走私等问题。

诸此乱象的出现，固然与"法制"意识缺失有关，其对国家财产安全的损害和对社会产生的恶劣影响必须坚决消除，否则会将老祖宗留给我们的财富消弭殆尽，同时也扼杀了文物的传承作用，以至于给国家和人民造成无可挽回的财产损失。

"通过国家的精准立法促进社会文明建设……以治理陈规陋习、环境保护等与老百姓密切相关的问题为突破点，努力提高民众积极参与的热情，找到立法平衡点，切中百姓关注，使地方立法过程成为增强公民法制意识的普法过程，让法律法规能真正执行到位，使守法意识深入人心，靠法治的力量不断提高社会文明程度。"[③]健全良好的"法制"，能够使经济社会的运行更加有序，能更好地维护社会和谐与稳定，能更好地保障公民的合法权益。

随着博物馆和纪念馆的迅猛发展，健全和笃行"法制"是我们博物馆和纪念馆运行发展的基石，强化"法制"的管理宗旨，保障其持续常新发展。为此上从国家相关行政管理机构的设置和相关"法制"的制定，下到博物馆和纪念馆依"法制"制定完善的规章管理制度，不仅要保护物质和非物质文化遗产，也要保护对文化遗产治理成果，保护国家文物遗产的安全与传承。博物馆和纪念馆健全"法制"，还要主动公开接受社会的监督，面向社会大众宣传推广"法制"认知，增强广大民众文物保护的"法制"意识，进而提高全社会文物安全保护的"法制"意识，决不给不法之人留有钻空子违法和规避法律的机会。

2. 亟待健全"法制"，加强专业人员文物保护"法制"观念的需要

加强专业人员的职业道德教育，岗前的爱岗敬业教育和技能培训是不可或缺的。由于不同地区、馆际之间存在着发展水平和管理制度的差异，在博物馆和纪念馆内部也存在着专业部门之间规章制度和岗位职责的差异。尤其是与文物打交道的专业技术人员，或是有可能接触到文物的工作人员，如果在收藏、研究和使用的过程中，存在着管理制度不完善，管理有疏漏，执行条例模棱两可；文物安全管理主体责任履职不到位、监管缺失、执行力度不够；收藏保管调控方法不当，移动、修复文物违反操作规程，偶有工作人员监守自盗现象；安防巡查力度不够，技术安防有盲点；工作人员主动服务意识不够，文明服务行为不规范，向社会宣传推广博物馆相关知识的能力欠缺等问题。

倘若存在的文物安全保护问题不立即整改剔除，日积月累将导致文物损坏、被盗，甚至损毁的严重事件发生，那将给博物馆和纪念馆造成不可逆的损失。倘若是工作人员对岗位职责模糊不清，对法律法规一知半解，面对违纪违章违规，甚至违法犯法的行为，无分辨能力、不敢管，那么将导致工作秩序混乱，工作效率低下，制度起不到规范管理的作用，"法制"起不到法律约束的效力。这将有损博物馆纪念馆接待服务形象，降低接待服务能力，影响博物馆和纪念馆社会教育功能和作用的发挥，使国家和人民的财产受到损失。

"若有恒，事在人为。"立足"人"的学习教育和管理，立足博物馆和纪念馆，建立健全"法制"对文物安全的依法保护，将有助于所立之法在从业人员的工作实践中更容易被理解、被认同、被遵循、被执行，依"法制"管理促进各项工作的顺利进行；有助于被广大观众接受、理解、遵循，保证观众参观的质量和效果。为此，加强博物馆和纪念馆的"法制"建设，强化从业人员的职业道德教育，完善安保措施，强化主体责任，对失职渎职行为严肃问责，恪守"法制"自律与"法治"他律的管理模式，加大对违规违纪必惩戒、违法犯法必服法的惩戒力度，融入所有参与者的遵守与执行。

3. 亟待健全"法制"，强化领导干部文物保护"法制"思维的需要

经费不足的问题，可以说是绝大部分国有博物馆和纪念馆发展面临的一大难题。其中不可抗的原因，就是受不同地区经济发展水平的影响，国有博物馆和纪念馆发展结构和布局不平衡，运行管理和发展水平参差不齐。就算是同城，坐落在不同的城区，也是有差异的。造成这种差异最主要的原因之一，就是决策层领导干部管理水平和创新思维能力的差异。众所周知，随着博物馆和纪念馆的数量逐渐增加，在国有场馆基础上，相继出现了行业、民营及私人收藏等非国有的场馆。不仅弥补了国有博物馆种

类缺项、分布不均匀和数量不足的短板，而且他们当中有不少在国内乃至国际都有很高的声誉和影响力，当然也有经营半途而废的。他们的经费支撑，令很多国有博物馆都望尘莫及。

经费不足产生的差异，是目前中小型博物馆和纪念馆普遍存在的问题。因为资金紧张，各项工作难以开展，各项活动无法推动，导致有"看仓库""守摊子"的不作为嫌疑。但是不能让安于现状的观念生根，要积极想办法找出路，才能有走出困境的机会。而领导决策层管理和发展理念的差异，是必须高度重视的，需要领导干部积极主动转变观念。领导干部应该解放思想、更新观念、拓展思路，改变看问题的角度，视野就会开阔得多，思维也会活跃得多。依据博物馆的实际现状，具体问题具体分析，找准突破口、挖掘潜力，以自己发力、招商引资汇聚社会力量参与等方式，来缩小差距、改变现状。

2013 年，在中共中央政治局第十二次集体学习时，习近平总书记指出："让收藏在禁宫里的文物、陈列在广阔大地上的遗产、书写在古籍里的文字都活起来。"当然为了激活中华民族传统文化的生命力，让我们的文字、文物、遗产都"活"起来，博物馆和纪念馆保安全是"刚需"，但不能"守摊"做"仓库"。要全力以赴为它们"活"起来注入生命力，培植肥沃的土壤，打造良好的生态环境，以增强其历久弥新的影响力和感召力。

"法制"的制定和有效实施，让国家和人民的利益落到实处，让"法制"精神深入人心，是我们的当务之急。我们的为政者和领导干部，尤其是少数领导干部，要不辱使命、守土尽责，以高度的政治使命感，以对党和人们高度负责的精神，切实把创新发展、安全稳定工作摆在更加突出的位置。率先奉法，依据本行业的法律法规和管理条例，在民主立法和科学立法精神的指导下，结合本馆的实际特点，汇聚调研民意民智，最大范围、最小限度地制定"法制"管理制度，严格依据"法制"确保博物馆和纪念馆管理活动的有序化、规范化。

二、躬行"法治"是博物馆纪念馆
保护文物安全的保障

只有铭刻在人们心中的法治，才是真正牢不可破的法治。党的十八大报告将"法制国家"改为"法治国家"，这是国家文明进步的标志。"法治"是一种社会意识，是一个国家和社会处于依据法律统治治理的一种"动态"状态，是强调国家和社会依法治理主体的自觉性、能动性和权变性④。它只存在于民主制的国家，是所有民主制国家治国的法律准绳，也是我们新时代中国特色社会主义民主法治国家需要的"法治"。"法治"的内涵大于"法制"，法治排斥"人治"，任何人不能凌驾于法律之上。

1. 学法用法是躬行"法治"实施保障文物安全的基础

教育是提高全民族"法治"素养最直接的途径，必须把"法治"教育作为国民教育的重要内容。博物馆和纪念馆作为社会教育的重要场所，就要笃于肩负开展学法普法宣传教育的使命，致力于最广泛的全民学法用法社会教育。为严格落实文物安全保护责任制，躬行严密的"法治"安保措施，严防监管疏漏，严打文物犯罪，严肃问责追责，坚决筑牢文物安全保护防线。从而准确把握和应对博物馆和纪念馆发展稳定的新形势、新挑战，来契合我国经济社会环境的新变化。

博物馆纪念馆作为社会教育的重要场所，为加强保护好和利用好文物遗产，必须自我完善躬行"法治"保障措施。一方面，完善内部管理机制，加强对从业人员"法治"教育，健全对文物管理松散、安保疏漏的问责追究制度，杜绝文物变质、破损、盗窃、走私倒卖等不良事件的发生。加强对文物安全保护法律法规的宣传工作，把学法用法教育贯穿于整体社会活动之中。另一方面，发挥社会教育场所的优势，搭建学法用法教育平台，主动接纳全社会共同参与，从与人们密切相关的点滴小事着眼，注重对人感化入心、陶冶情操的品性观念的引导，培养健康向上的道德品质和行为习惯，达到"从心所欲不逾矩"的境界。

提高全社会对"法治"精神的认同感、归属感、责任感，主动接受社会的公开监督，对于非法获取利益而导致的违法行为要敢于曝光，实行群防群治。加快"法治"治馆建设步伐，与全社会的"法治"建设并轨，推动文博事业的繁荣与发展。只有学法、知法，才能做到懂法不违法、执法不犯法；才能激发维护社会"法治"建设的自主观能动性；才能形成良性的"法治"思维方式氛围，提高躬行"法治"行为保障能力。

2. 敬法奉法是躬行"法治"实施保障文物安全的准绳

习近平总书记在纪念中华人民共和国宪法公布施行 30 周年的大会上指出，宪法的根基在于人民发自内心的拥护，宪法的伟力人民出自真诚的信仰。敬法守法是每个公民道德素养的体现，守法奉法是每个从业人员职业道德的体现，敬奉法律就是要牢固树立宪法法律至上的意识，不仅要做到忠于法律不违法，更要做到忠于职守不渎职。要对《宪法》《监察法》及相关党纪国法、规章制度有敬畏之心，要不断培育自身对宪法法律的信仰，不仅要认同、信服，更要敬畏、奉行。

第一，奉法者强则国强，加强文博从业人员履职尽责的"法治"观念。一方面，注重敬奉法律意识的教育，引入工作人员宣誓就职制度，有力地促进从业人员法律意识和忠于职守责任意识的提高。注重自律与他律相结合，推动行业内部自律，强化各行业之间的监管力度，明确责任和义务。对违纪违规、监守自盗等行为，应该采取严厉的行政管理处罚，用"法治"保障场馆和文物的安全。另一方面，注重奉法执法能力的培养，从业人员在依法履职尽责的同时，肩负着向全社会宣传文物保护法相关知识的社会教育责任，宣传倡导在新时代中国特色社会主义思想指导下的社会主义民主"法治"精神，彰显依法治国在实现社会公平正义中的权威地位，推动敬畏法律的权威性和奉法执法的严肃性，形成遇事找法、解决问题用法的工作作风和生活习惯。

因此，文博从业人员必须在历史的启迪和传承中弘扬"法治"精神，增强"法治"自信和"法治"自觉，打造办事依法、遇事找法、解决问题用法、化解矛盾靠法的"法治"生态环境。讲好中国故事的同时，讲好中国法律故事。

第二，奉法者强则国强，提升"关键少数"领导干部履职尽责的"法治"思维能力。习近平总书记强调："各级领导干部在推进依法治国方面肩负着重要责任。……必须抓住领导干部这个'关键少数'。"⑤各级领导干部的"法治"能力高低，能不能坚持依法办事，对全社会具有重要的示范带动作用。在实际工作中，部分领导干部依法办事观念不强、能力不足，运用法治思维和法治方式的管理水平不高，有法不依、以言代法、以权代法、知法犯法的现象屡禁不止。2018年4月16日国家文物局通报："2017年度全国文物行政执法和安全监管工作情况称，2017年全国各级文物行政部门及文物执法机构开展文物执法巡查232103次，发现各类违法行为679起。"由此来看，当前我们国家的文物安全保护形势依然严峻。

提高领导干部的"法治"素养和能力，强化领导干部"火车头"的示范带动作用，是推进全面依法治国的关键。领导干部只有在深入学法的基础上，才能提高法治素养、确立法治意识、形成法治思维习惯，才能自觉主动地敬奉法律。领导干部还要增强法治警示教育，通过"以案说法""现身说法"等形式，增强警示教育的吸引力与针对性，让领导干部在警示教育中受触动、明戒尺，做到自重、自省、自警、自励。注重提高领导干部的法治思维和依法办事的能力，注重发挥领导干部塑造法治信仰、彰显法治权威、发挥法治力量的表率作用，注重领导干部依法决策、依法履职、依法办事的引领作用。

围绕博物馆纪念馆发展和文物安全保护等中心工作，进一步加强对领导干部的"法治"能力建设，积极带头学法尊法守法用法，恪守敬奉法治、依法治馆、服务大局的发展理念，自觉养成依法决策、依法履职、依法办事的良好工作作风。进一步加强对领导干部玩忽职守、非法倒卖、走私文物、非法牟利案件的责任追究和严厉打击，追究渎职人员的责任，打击不法分子的刑事责任。切实提高领导干部运用"法治"思维的管理能力，加强文物保护队伍建设，注重任用提拔责任心强、法律意识强和解决问题能力强的业务骨干力量，为博物馆和纪念馆的文物保护工作，把好"守宝人"的用人关，使他们成为文物保护专业研发的带头人。以点带面影响和带动身边的人，引领社会敬奉法律权威、信服法律力量，把公平正义"法治"的力量注入社会，共同作法治中国建设的推动者、实践者。

三、"法治"为博物馆纪念馆创新发展保驾护航

"法治"是国家长治久安、社会秩序稳定和谐、人民安居乐业的重要保障和可靠手段。社会主义"法治"治理的目的，在于保障维护社会发展稳定秩序，遏制不良公害人或事物的产生。中国政法大学江平教授认为："依法治国的入宪意味着法治已经由一种制度升华为一种理念。……法治国家这四个字写入宪法，意味着要用法律来约束政府，体现了公平正义的理念。"不管是"法制"的制定，还是"法治"的实施保障，任何人都没有特权，都不能凌驾于法律之上，充分体现社会主义法治的公平、公正。一个国家和社会实现民主的"法治"，有赖于人们对法律的尊崇和敬畏，只有人们确信公平公正良好的法律，才会自觉自愿地遵守。如果存在有法不依、知法犯法、管理者有选择性地管理、奉法者有选择性地执法，是对制度和法律面前人人平等的践踏，那么制度与法律也就无从确立和无所适从。

"博物馆在适应社会发展的漫长历程中，形成多职能的文化复合体，最为显著的是其所具备的公共性和教育性。"实践证明，为实现敬法、守法、奉法的需要，必须以"法制"为依据，用"法治"来保障。博物馆作为文化遗产的守护者，其文化遗产不仅反映了当时社会生产和生活的某些方面，而且其中对人类和社会发展肩负着某些恒久的推动作用。这些作用的发挥，仅仅依靠约定俗成的规矩的约束不够，还要依靠社会主义"法制"的制约，来实施教化传承和研究利用，必须依靠和社会主义"法治"的保障，来实现博物馆和纪念馆的创新驱动发展，来实现公共文化社会教育场所的功能发挥。

躬行"法治"，保障博物馆和纪念馆的良性发展，肩负起利用好、保护好、传承好文物遗产的责任和使命，博物馆和纪念馆必须从整体利益和长远发展要求着眼，在全面构建文物安全保护利用"法制"制约的同时，为其搭建全方位的、系统的、与时俱进的、完备"法治"保障的壁垒，夯实依"法治"治馆的基本方略，培育"法治"精神，提升"法治"执行保障能力。一以贯之地增强忧患意识，提高防范风险能力，更好地躬行的"法治"，实现有规必守、违规必纠，有法必依、违法必惩。

总之，"法制"中国的构建不断健全完善，"法治"中国的建设不断纵深推进。进一步贯彻落实《国务院办公厅关于进一步加强文物安全工作的实施意见》。通过"法制"来规定守则制约，通过"法治"来规范保障实施。历史经验告诉我们，传统与传统相遇，引领新潮流；传统与时代碰撞，迸发新进步。文化遗产是传承中华民族传统文化的有效载体，它的价值不会随着年代的更替、社会的变革、政治制度的革新而衰减，它始终是唯一的、永恒的、民族的乃至世界的，具有绵延不断的生命力。这就需要将文化遗产的保护和传承提升到国家文化安全战略的层面去认识，让它为我们"今

天"和"明天"的创新发展提供物质基础和精神支撑。让全社会笃于遵循"法制"、躬行"法治"的思维和行为能力得到全面有效的提升，让守法者更安心，对违法者的惩处更有力。

注　　释

① 良法：即良好的法律法规制度的简称。

② 付裕：《艺术品市场在转型升级》，《人民政协报》2017 年 9 月 7 日。

③ 《用良法呵护文明——民革中央"精准立法促进社会文明"调研综述》，《人民政协报》2017 年 2 月 17 日。

④ 权变性：是指社会依法治理主体，在处理解决问题的过程中，要根据事件、时间、地点、人的不同灵活变通，具体问题具体分析，采取不同的管理方法。

⑤ 习近平：《加快建设社会主义法治国家》，《求是》2015 年第 1 期。

作者简介：王志贤，平津战役纪念馆，副研究馆员，天津市红桥区平津道 8 号，300131。

以微博为例看公共考古网络发展趋势

王 菁

（元明清天妃宫遗址博物馆）

摘要：本文为了探索公共考古在网络虚拟世界的发展趋势，选择"微博"中三个关键词为研究对象，试图找出这种自媒体在公共考古中的应用规律，为公共考古在网络世界中进一步发展提供参考。

关键词：公共考古　微博　文物　博物馆　考古

近年来，考古学研究领域的一门新的分支——公共考古成了研究的热门领域。作者认为公共考古领域主要的研究内容包括：考古行为的管理者（政府等部门）、考古行为及信息的产生者、考古信息的接受者（受众）。而在互联网中，这三者的信息均得到体现且收集相对快捷方便。因而本文拟通过对互联网公开信息一段时间的收集及分析，找出公共考古在网络世界的发展趋势，为研究现实世界中的公共考古行为打下基础。

一、以微博为数据分析的样本

自媒体是 21 世纪后随着互联网的兴起而发展起来的新兴媒体，主要指普通公众通过数字科学技术手段，与全球的知识体系进行相互联结，向不特定的大多数或者特定的个人，提供和分享自身的生活事实，展现他们自身的信息[①]。自媒体普遍带有私人化、平民化、普泛化、自主化的特点。我国现有的自媒体大体包括：博客、微博、微信、百度官方贴吧、网络社区（如论坛），也包括法人所建立的发布自身信息的网站等。

随着我国智能手机保有量的不断增加，微博与微信因为其便利的特性快速占领了手机市场，成了目前我国使用量最大的自媒体。根据中国互联网信息中心（CNNIC）发布的《2015 年中国社交应用用户行为研究报告》显示："用户对社交应用的使用行为表现出极鲜明的差异化，本次调查中，我们选取了微博、微信等代表性应用进行重点分析，调查结果显示，用户对微信的使用偏重沟通，微信偏重熟人关系链上的沟通，'和朋友互动，增进和朋友之间的感情'提及率为 80.3%；微博作为兴趣信息的获取、分享平台的地位凸显，微博在'及时了解新闻热点''发表对新闻热点事件的评论''关注感兴趣的内容''获取或分享生活、工作中有用的知识'等方面都是用户首选的平台。"

博物馆、考古机构等单位目前迫切需要将自身的信息传递给公众，以达到沟通政府、协调社会资源、教育公众、提高文化遗产保护意识的目的。微博因其"发布""转发""微博热搜榜""评论""分享"等功能能够满足上述单位的需求，成了发布自身信息的首选自媒体。

二、微博趋势分析

本文选定微博中经过认证的官方微博为观察对象（简称蓝 V），选定"博物馆""文物""考古""博物馆 + 文物 + 考古"为关键词，进行了 2015 年 8 月至 2016 年 2 月共 7 个月的结果收集与整理，以求发现其中的发展趋势。

本次数据的抽样方式为"等距抽样"②，即在每月的 13 日进行数据收集。

（一）以关键词进行数据搜索及收集

1. 以"文物"为关键字所搜索到的蓝 V 开通量变化

表一　以"文物"为关键字搜索到的蓝 V 开通量的变化趋势

时间	2015 年 8 月	2015 年 9 月	2015 年 10 月	2015 年 11 月	2015 年 12 月	2016 年 1 月	2016 年 2 月
微博数量（个）	749	754	760	773	780	781	790

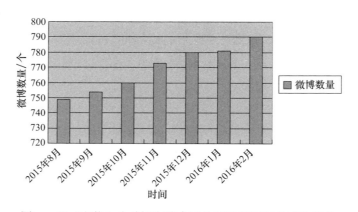

图一　以"文物"为关键字搜索到的蓝 V 开通量的变化趋势

从表一和图一我们可以看出，与"文物"相关的官方认证微博数量稳定在"百"这个量级中，且半年中每月都有所增长，通过分析增长的差值我们看出，这7个月增长的数量分别为：5、6、13、7、1、9。未能发现其中的增长规律。

2. 以"博物馆"为关键字所搜索到的蓝 V 开通量变化

表二　以"博物馆"为关键字搜索到的蓝 V 开通量的变化趋势

时间	2015 年 8 月	2015 年 9 月	2015 年 10 月	2015 年 11 月	2015 年 12 月	2016 年 1 月	2016 年 2 月
微博数量（个）	1414	1431	1446	1452	1474	1485	1496

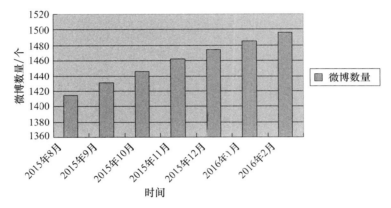

图二　以"博物馆"为关键字搜索到的蓝 V 开通量的变化趋势

从表二和图二我们可以看出，与"博物馆"相关的官方认证微博数量达到"千"量级，在这7个月中呈现缓慢增长。每月增长的差值分别为：20、15、16、12、11、11。虽从2015年11月开始增长速度减缓，但增长速度相对均匀。按照《中华人民共和国文化部2015年文化发展统计公报》③，截止到2015年末我国共有博物馆3852家。而收集到的数据中，官方认证微博数量达到"千"量级，将近占到我国博物馆总量的30%，说明"微博"已经是博物馆面向受众的重要途径之一。

3. 以"考古"为关键字所搜索到的蓝 V 开通量变化趋势

表三　以"考古"为关键字搜索到的蓝 V 开通量的变化趋势

时间	2015 年 8 月	2015 年 9 月	2015 年 10 月	2015 年 11 月	2015 年 12 月	2016 年 1 月	2016 年 2 月
微博数量（个）	161	162	162	163	163	163	163

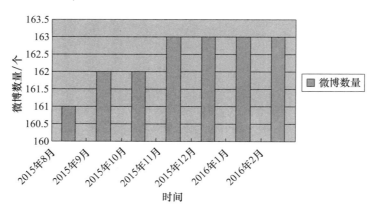

图三　以"考古"为关键字搜索到的蓝 V 开通量的变化趋势

从表三和图三我们可以看出，与"考古"相关的官方认证微博数量虽然在半年中有所增长，但每月增长的差值分别为：1、0、1、0、0、0，差距极小基本可视为无增长。

4. 以"考古＋文物＋博物馆"为关键字进行布尔检索^④搜索到的蓝 V 开通量变化趋势

表四　以"考古＋文物＋博物馆"为关键字进行布尔检索搜索到的蓝 V 开通量的变化趋势

时间	2015 年 8 月	2015 年 9 月	2015 年 10 月	2015 年 11 月	2015 年 12 月	2016 年 1 月	2016 年 2 月
微博数量（个）	33	33	32	32	32	32	33

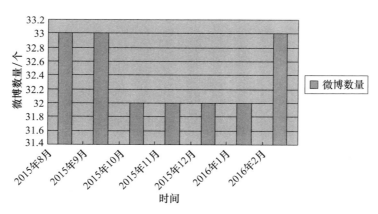

图四　以"考古＋文物＋博物馆"为关键字进行布尔检索搜索到的蓝 V 开通量的变化趋势

从表四和图四我们可以看出，与"考古＋文物＋博物馆"相关的官方认证微博数量在半年中出现了负增长现象。每月增长的差值分别为：0、−1、0、0、0、1，差异极小基本可视为无变化。

（二）"粉丝"数排名变化趋势分析

在 7 个月的数据收集中我们发现，以"文物"为关键词搜索到的"粉丝"数前 20 名的蓝 V 相对固定。在这 7 个月中这前 20 名共出现了 21 家微博（表五），表格中的数字为该微博当月的"粉丝"总数排名名次。这 21 家微博大致可以分为 4 类，这 4 类包括：博物馆、与文物考古相关的单位、党政机构、商业机构。其中，党政机构在这 21 家微博中入围 8 家，占比 38%；博物馆入围 4 家，占比 19%；与文物考古相关的单位入围 7 家，占比 33%；商业机构入围 2 家，占比 10%。虽然国家博物馆与故宫博物院的微博在这 7 个月中的排名略有升降，但还是牢牢占据了前两位，且他们与第三名的"粉丝"总量差距始终保持在 30 万以上（截止到 2016 年 2 月），占有绝对优势。

表五　21 家进入过"粉丝"数前 20 的微博

用户	"粉丝"数8月排名	"粉丝"数9月排名	"粉丝"数10月排名	"粉丝"数11月排名	"粉丝"数12月排名	"粉丝"数1月排名	"粉丝"数2月排名	分类
国家博物馆	1	1	1	2	2	2	2	博物馆
故宫博物院	2	2	2	1	1	1	1	博物馆
承德避暑山庄官方微博	3	3	3	3	3	3	3	文物考古\旅游
绍兴博物馆	4	4	4	4	4	4	4	博物馆
宜春多胜游	5	5	5	5	5	5	5	党政机构
中国考古网	6	6	6	6	6	7	8	文物考古
汉唐网	7	7	7	7	7	6	7	党政机构
安徽省旅游局	8	8	8	8	8	8	6	党政机构
中国文物网	9	9	10	10	11	11	11	文物考古
吉林省博物院	10	11	11	11	12	12	12	博物馆
微博保定	11	10	9	9	9	9	9	党政机构
西安大明宫遗址区	12	12	12	14	14	14	14	文物考古
上海锦江饭店	13	14	14	15	15	15	15	商业机构
银川文化	14	15	15	13	13	13	13	党政机构
平顶山外宣	15	13	13	12	10	10	10	党政机构
中国文博	16	16	16	16	16	16	16	党政机构
中华遗产杂志	17	17	17	17	17	17	17	文物考古\杂志
会稽山景区	18	18	18	18	19	0	0	文物考古\旅游
天津文广之声	19	20	0	0	0	20	20	党政机构
中古陶拍卖	20	19	19	19	20	19	19	商业机构
紫禁城杂志	0	0	20	20	18	18	18	文物考古\杂志

三、综　　述

　　从上文的 1～4 项变化趋势中我们可以看出，以"文物"与"博物馆"为自身特点的微博量远大于以"考古"为自身特点的微博量。从现实世界中看，与文物相关的行业既包括专业的博物馆、考古科研机构，也包括一些艺术品经营机构，甚至是仿制文物的纪念品销售机构。因此，以"文物""博物馆"为关键词的蓝 V 数量比其他二个关键词的微博数量多。

　　博物馆是文物的主要收藏机构，所以以"文物"为关键词的微博与以"博物馆"关键词的微博在现实中存在一定的包含关系。同时，依据我国现行法规《博物馆条例》的规定："博物馆，是指以教育、研究和欣赏为目的，收藏、保护并向公众展示人类活动和自然环境的见证物，经登记管理机关依法登记的非营利组织。""国家文物主管部门负责全国博物馆监督管理工作。国务院其他有关部门在各自职责范围内负责有关的博物馆管理工作。县级以上地方人民政府文物主管部门负责本行政区域的博物馆监督管理工作。县级以上地方人民政府其他有关部门在各自职责范围内负责本行政区域内有关的博物馆管理工作。""设立博物馆，应当具备固定的馆址以及符合国家规定的展室、藏品保管场所；相应数量的藏品以及必要的研究资料，并能够形成陈列展览体系；与其规模和功能相适应的专业技术人员；必要的办馆资金和稳定的运行经费来源；确保观众人身安全的设施、制度及应急预案。"由此可知，"博物馆"从定义、管理机构、设立标准是有十分严格的规定的。但在进行网络搜索中仅以关键词作为搜索标准，如果一个微博设置了关键词，但博物馆并非其主业，那这个微博也有可能出现在搜索结果中，这就造成了以"博物馆"为关键词得到的微博数量比其他三个关键词所得到的结果要多。

　　考古学是根据古代人类通过各种活动遗留下来的实物以研究古代社会历史的一门科学。在我国现行法律框架下，地下文物均归国家所有。进行考古研究活动特别是田野考古活动，需由拥有团体考古领队资质的单位，并由国家文物局进行审批才能开展。因此，准入门槛相对较高。上文的 3～4 项变化趋势（即使用"考古"为关键词的微博数量少且基本无增长）印证了现实中的上述事实。同时说明，"考古学"在我国还是相对冷的一门学科。

　　"文物"一词的外延很大，它既是博物馆、考古机构工作的主要对象之一，也可以作为独立机构存在，因此在上文第二部分专门将其按粉丝数排名进行了进一步的分析。

　　其中，"党政机构"入围"粉丝"数排名前 20 位最多，占到了 38 %。分析其原因可能有三点：①可能与行政管理机关经费投入与人员相对固定有关；②作为行政管理机构获取下级文物、博物馆、考古单位信息较为便利；③作为官方发布信息有一定权威性，这样更易吸引"粉丝"。"文物考古相关的单位"涵盖范围较为广泛，在上表中我们可以看出这些单位有的是期刊，有的是旅游景区。因此其入围比例也较高，占到33%。"博物馆"虽然仅入围4家，但却牢牢占据粉丝榜的前两位，这说明博物馆文物收藏的专业地位是受到受众认可的。

因此，掌握信息化时代自媒体发展规律，加大互联网公共考古研究力度，将会成为现阶段热门研究方向。

注　释

① 许跃：《自媒体时代环境下的个性化新闻分析》，《科技传播》2015年第24期。

② 等距抽样也称为系统抽样、机械抽样、SYS抽样，它是先将总体中各单位按一定顺序排列，根据样本容量要求确定抽选间隔，然后随机确定起点，每隔一定的间隔抽取一个单位的一种抽样方式，是纯随机抽样的变种。在系统抽样中，先将总体从 1～N 相继编号，并计算抽样距离 K=N/n。式中 N 为总体单位总数，n 为样本容量。然后在 1～K 中抽一随机数 k1，作为样本的第一个单位，接着取 k1+K,k1+2K……，直至抽够 n 个单位为止。

③ 中华人民共和国文化部网站：http://zwgk.mcprc.gov.cn/auto255/201604/t20160425_474868.html。

④ 布尔逻辑检索也称作布尔逻辑搜索，严格意义上的布尔检索法是指利用布尔逻辑运算符连接各个检索词，然后由计算机进行相应逻辑运算，以找出所需信息的方法。它的使用面最广、使用频率最高。布尔逻辑运算符的作用是把检索词连接起来，构成一个逻辑检索式。

作者简介：王菁，元明清天妃宫遗址博物馆，馆员，天津市河东区大直沽中路 51 号，300170。

国外科技馆教育传播的分析和启示

——基于韩国、日本、新加坡科技馆的考察

李保平

（天津科学技术馆）

摘要：科技馆是一个国家科技、文化和社会发展形象的体现和重要窗口，也体现了经济、科技、社会和综合国力。本文在考察韩国、日本、新加坡科技馆现状的基础上，从功能定位、展览内容、展示手段和传播教育理念等方面进行分析，得出一些对我国科技馆的建设与发展具有实际操作价值的启示，以期最大限度地发挥我国科技类博物馆的教育和传播功能。

关键词：国外科技馆　教育传播　分析　启示

科技馆是体现一个国家科技、文化和社会发展形象的重要窗口，也是经济、科技、社会和综合国力的标志。其主要任务是面向公众弘扬科学精神、普及科学知识、传播科学思想和科学方法，满足公众的科技需求，提高公众的科学素养，为全面贯彻落实科学发展观，构建和谐社会，建设社会主义物质文明、精神文明、政治文明建设服务。

科技馆作为"普及科学技术知识、传播科学思想和科学方法"的平台，是面向公众尤其是青少年开展经常性、群众性科普展览教育活动的重要阵地，对提高国民的科学素质发挥着重要作用。随着科学技术的进步，世界科技博物馆事业蓬勃发展，科技馆教育亦日益引起各国的重视。为了紧跟世界科技发展的潮流，吸取国外先进科技馆建设的经验，2017年，笔者考察了韩国国立果川科学馆、日本科学未来馆、新加坡科学馆，就其功能定位、展览内容、展示手段、传播教育理念等进行了详细调研。本文在对亚洲这三个典型的、水平较高的、主流的科技博物馆进行分析的基础上，得出一些对我国科技馆的建设与发展具有实际操作价值的启示，以期最大程度地发挥我国科技类博物馆的教育和传播功能。

一、国外科技馆概况与特点

（一）国外科技馆概况

1. 韩国国立果川科学馆

　　果川科学馆 2008 年开馆，建筑面积 52485 平方米，年接待观众 200 万～240 万人次，平均日接待量 5000～6000 人次。现有正式员工 80 人，为国家公务员编制，外包企业员工 200 人，展馆运营人员 55 人，讲解人员 7 人，其中 1 人为英语讲解员，6 人为韩语讲解员。馆内设有基础科学馆、尖端技术馆、儿童探究体验馆、自然展示馆、传统科学馆、表演室等 7 个常设展区。户外设有天文馆、天文观测台、太空世界、昆虫、生态公园、科学运动场 6 个展馆。展厅内 700 多件展品中 50% 以上利用尖端媒体技术，其中 70 多件为参与体验项目。展示环境具备世界水平，生动形象地向人们展示科学技术。

2. 日本科学未来馆

　　日本科学未来馆 2001 年开馆，展厅分为地上 8 层和地下 2 层，总面积 8881 平方米。现有 200 多名员工，其中研发人员 60 余人。

　　科学未来馆以让观众接触和体验尖端科技为己任，展示理念是以 21 世纪新知识为主，通过常设展览、企划展、影像、互联网等各种方法在馆内外传播尖端科学技术，同时努力以独特的方式开发传递方法。展品不涉及自然博物史以及基础学科和基础知识，展厅里的展品数量不是很多，但大都留有足够的教育外延空间，以科技发展的最前沿信息作为展品的主要依托，介绍科学技术与社会发展之间的关系，了解科学技术对生活的影响，对大众进行科技教育、培养青少年对科学技术的兴趣。为让参观者亲身体验科学技术，在每个展厅都设有实验区，并有科学交流员和志愿者进行现场指导，与观众进行多种互动实验，使参观者在亲身体验尖端科技的同时，思考科技的意义并展望科技的未来。

3. 新加坡科学馆

　　新加坡科学馆 1977 年开馆，占地 3.5 万平方米，展示厅 1.5 万平方米。包括万象馆、天文馆、儿童站、外太空、人脑等 8 个展馆，展示 850 多个展品展项，为公众提供能够参与并且专心学习的环境来普及科学。通过举办自然科学、生命科学、应用科学、技术与工业领域等一系列展示日常生活和国家发展的创新科学展览，以及各类参与性的实验，培养公众特别是青少年动手探索的能力。该馆设有 DNA 实验室、创客实验室等各类培训教室 12 个。

（二）国外科技馆的特点

为了达到更好地向公众普及科学知识的目的，亚洲部分科技馆有以下 7 个办馆特色非常值得借鉴。

1. 科普工作接地气，尖端科学与普通市民有效衔接

韩国国立果川科学馆非常注重科学知识对小朋友的启迪，营造环境激发他们对科学领域的向往。馆内在不同区域用大面积展示诺贝尔奖及获得者的事迹、亲笔题词等，并将诺贝尔奖获得者设计成小朋友们喜欢的卡通人物造型，使这些人物事迹以小朋友们耳熟能详的造型展现出来，易于接受且便于记忆，一下子拉近了距离，让人们感觉诺奖不再枯燥和遥远。

日本科学未来馆通过举办"传播科学知识"等实践活动，在馆内外培养科学知识宣传员，还将研究人员、技术人员、媒体、志愿者、朋友会、来馆宾客、立法府、政府机关、学校、国内外的科技馆、产业界等多个部分作为连接未来馆活动与社会的纽带，形成网络，起到将尖端科学技术与普通市民连接在一起的作用。

2. 与最尖端的科学家进行合作，共同开发展览展项。

日本科学未来馆十分重视与国内一流科学家和研究人员间的关系，联系非常紧密。例如中微子展览，中微子因为非常小，很难探测到。日本一位科学家利用一个装置探测到了中微子并因此获得诺贝尔奖。科学未来馆与该科学家联系希望能有此展项，因其研究繁忙，推荐另一位学者开展合作，若干年后，这位学者也获得了诺贝尔奖。因此，该馆的中微子展览是全部由诺贝尔奖获得者撑起来的。

3. 邀请各个大学、研究机构，把研究室搬到科技馆。

日本科学未来馆为大学和各研究机构提供研究的设施和条件，每周末开放研究室，供到馆的公众参观。使生活中没有条件接触科研机构研究室的公众，特别是青少年学生接触到不同科学领域的研究。同时，研究人员通过与大众的交流，也可以获得研究方向及开发产品的意见，从而开展新的研究。为其提供了双向交流的场所，科研项目

人员也可以利用场馆区域进行研究试验，获得科研试验数据，收集资料，达到事半功倍的效果。

4. 建立科技交流员机制

日本科学未来馆建立了科技交流员机制，以5年时间为最长雇佣期限，交流员必须有硕士以上学位和做过科学研究的经历，在5年时间内掌握将研究以简单明了的方式传达给参观者的技能，以问答等互动方式将展品更多的背景材料及深度知识提供给来馆公众。因为展览涉及内容有限，此方法把更多的思考方式和空间留给公众，弥补了展览内容不足的缺陷。5年合约期满后，交流员把此项技能带到大学、研究机构、企业等其他领域，进行更大范围的讲解和科学知识的普及。这也是培养将研究成果等科技生产力向大众普及的能力。

5. 将科技馆教育纳入国家教育体系

亚洲部分科技馆在青少年的参观普及方面也给全世界起到了积极作用，例如日本的学校把科技馆的科普教育纳入教育体系，作为课程的一部分。一些距离科技馆较近的学校会把科学馆作为校外活动课的一部分，学生课余时间到馆参观；全国范围内一些较远的学校会把科技馆教育作为休学旅行，用2～3天的时间在某一地区停留，其中将一部分时间作为到这个地区的科技馆学习的时间。学生们在学校学习物理、化学等理科方面的知识，这些在教科书中能学到，但在生活中如何应用对学生来讲是没有具体概念的，科技馆会把教科书的内容结合实际生活中的应用进行理论与实践相结合，有助于学生们的学习。

6. 主题展览丰富多样

韩国、日本、新加坡的科技馆都设有多个主题展厅和培训教育。例如韩国国立果川科学馆十分重视培养青少年"动手操作"的能力，多个不同主题的创客活动培训教室分布在展厅各区域，根据个人兴趣为各种年龄的同学们提供计算机、自然、拼装等动手实践活动的场所。新加坡科学馆设有面积不一的展览厅21个，可单独使用，也可拉开间隔打通来举办展览。每隔几个月就会举办一次不同主题的展览，同期可有2～4个展览。由大学教授、工程专家等在内的顾问团队对展览提出设计意见。展览经费方面，由政府拨付启动资金，剩余资金由场馆邀请企业等赞助商注入，赞助资金一般情况都大于预算金额，资金充裕，展览的规模和实际内容往往超出预计效果。

7. 展品更新周期短

韩国国立果川科学馆、新加坡科学馆展品按主题和展期平均每 5 年翻新改造一次，其中机器人等科技含量高的展区每 2～3 年进行更新。展品的设计和布展方面，新加坡科学馆邀请制造商参与，由场馆设计团队设计，制作方根据馆方的规划和要求进行制作，展品由馆方负责维护，涉及展品概念、理念及获得的相关专利由馆方持有。

展品的维护方面，日本科学未来馆和新加坡科学馆的一些常规展品是由馆内的馆员和相关技术人员维护，另一部分展品由开发制作厂家负责维护。因厂家到馆成本较高，展品的维护以馆员和馆内技术人员为主、厂家维护为辅。

二、分析与研究

通过对国外科学馆的考察，亚洲发达国家的科技馆教育已深入人心，成为市民文化生活的一部分，观众量较为稳定，长年不断。经过长期的积累和发展，韩国、日本、新加坡的科技馆已经在功能定位、经营管理、运行模式等可持续发展方面积累了丰富的经验，运营体制相对成熟稳定。其功能定位主要是文化研究、交流和科普，将科技馆提升到了文化产业的高度，每个科技馆都有自己显著的特色和不可替代的功能，有着自己独特的运作模式。科技馆也从立法和资金保障两方面得到政府的大力扶持。政府通过种种政策鼓励民间机构对科技馆的资助。科技馆的发展与布局已进入稳定时期。

（一）政府重视科技馆建设

韩国、日本、新加坡科技馆都是政府投资建设，科技馆的管理经费、工作人员经费列入政府财政预算。科技馆馆址一般选在人员流动性大的地方，如日本科学未来馆建在繁华的东京湾，与之齐名的日本国立科学博物馆建在东京著名的上野公园内，从中可以看出政府对科技馆建设的重视。

（二）展示高新技术和科学的未来

调研的 3 个场馆展示的均为当今世界高新尖端技术，涉及基础学科的内容比较少，同时对未来科技发展和人类生活进行畅想，从而唤起人们对科学技术的向往。如日本科学未来馆、韩国国立果川科学馆展示的都是这方面内容，给人全新的感觉。

（三）展示内容贴近生活

日本的科学未来馆、东京国立科学博物馆和韩国国立果川科学馆都设置了环境保护方面的内容，大阪科学馆还有防地震灾害、防火灾的内容，这部分内容不如高精尖科学技术显眼，但却贴近生活，更加实用。另外这3个国家的科技馆都用先进的数字技术演示人类现在或未来的生活，显得非常真实，把高新技术融入生活中，容易吸引观众。

（四）展品完好率高，展品设计突出"动手"操作

鼓励参观者"动手"操作是韩国、日本、新加坡科技馆最大的特点。在展的展品不论美观与否和教育效果如何，都坚固耐用，展品完好率很高。在韩国国立果川科技馆，日本科学未来馆、东京国立科学博物馆、大阪市立科学馆和新加坡科学馆内几乎看不到破损和待修不能运行的展品。

（五）有自己的展品研发机构，各场馆间展品不雷同

韩国、日本、新加坡科普场馆都设有自己的展品研发机构，其展品给人耳目一新的感觉。同一个国家不同地区的科技馆也没有相同的展品。每个场馆都配备大量研发人员，日本科学未来馆的研发人员占全馆员工的三分之一，展品制作过程一般是馆内研发人员提出创意设想，外请美工人员修饰定型，然后请有关工厂制作。

（六）管理方式灵活，与各类企业和商家广泛开展合作

韩国、日本、新加坡科技馆均为国立科学馆，建馆主要由政府投资，但也有展览、展品、实验室是行业协会等企业投资建设的。开馆运营资金来源主要有政府拨款、自筹和社会赞助三种途径。国外绝大多数科技馆兴建时主要靠政府投资，但开馆后的社会赞助则较为普遍。

三、启示与思考

通过此次考察，笔者对于国外科技场馆的办官理念、运营方式以及科学管理等方面有了较为深入和系统的认识，针对国内科技馆特别是天津科技馆的发展，有如下启示与思考：

（一）承接中小学科技活动课职能

充分发挥科技馆第二课堂的作用，把科技馆教育与学校教育相结合。随着社会的进步，教育和科学形成了各自的分工体系，让每一所中小学都进行科学试验是不可能的，让科研机构和实验室对广大公众经常性开放也是很困难的。而科技馆就是教育和科学相合的纽带，将科技馆作为中小学科技活动的基地，结合科技馆相应展品进行现场教学，使枯燥的科学原理与互动相结合，同学们通过亲自动手和现场体验加深对书本知识的理解。同时，创新展教职能，天津科技馆也要在培养公众尤其是青少年的创新意识和能力上下功夫，进一步激发公众对于科学技术的兴趣。

（二）展品设计研发突出科学与艺术完美结合

随着时代的发展，社会文化知识一方面表现出专业化、精细化趋势，另一方面又体现出与其他学科交叉，学科综合现象日益显著。现代科技馆在展品的研发设计和更新方面也面临同样的发展趋势。传统理念的展品已经不能满足人们对科学的探索。保持科技馆展品常展常新，满足公众日益增长的对科技文化的需求是科技馆面临的一项课题。实现展品设计与艺术的融合，形成科技馆创新与特色，实际上就是科学与艺术的结合。将科学与艺术融合理论用在科技馆展品设计研发的各个环节，用科学与艺术相融合的展品吸引公众，保持在展展品常展常新，以此促进科技馆的发展。

（三）建立科技馆智能化展教管理

随着移动互联网及物联网技术的发展和科技馆行业的发展，借助现代化的管理方式，依托大数据平台，将智能化技术应用于展教服务管理中，实现展厅展品的控制管理、展品监测和维修管理、数据统计分析、客流监测、智能导览等功能，将科技馆的展教管理智能化，大幅度提升科技馆的服务水平和服务规范性，对科技馆展教管理和服务将会起到良好的促进作用。

（四）开展不同主题的科普活动

为了丰富科技馆的活动内容、引发青少年对科学的兴趣，在财政条件允许的情况下，利用各种方式，开展丰富多彩的科普活动。充分利用"创客空间"的设施和条件，开展各种动手类活动，还可以通过科普报告会、短期专题科普展览、科技馆活动进校园等活动将科学知识带到社会的每一个层面，更能广泛宣传科技馆、增加知名度。或许直接参与此类活动的观众有限，但通过这些活动可以吸引媒体宣传报道科技馆，使更多人了解科技馆，进而喜欢科技馆，这可在一定程度上增加科技馆的潜在观众群，增加了科普的辐射面。

（五）进一步加强科技馆研究

随着科教兴国战略实施，各地区科技馆已经成为各级政府高度重视、公众广泛关注的重要科普文化基础设施。天津科技馆事业也正面临着进一步发展的转折阶段。因此，加强科技馆管理、建设的研究，进一步提高公众对科技馆工作重要意义的认识，研究和探讨加强科技馆建设的新思路、新措施，增强科技馆工作者的责任感，推动科技馆事业健康、持续发展。

（六）深入学习掌握科技馆建设规律

科技馆建设和发展有其自身的规律和特点，由于我国科技馆建设起步较晚，目前对科技馆理论和实践的研究还不够深入，需要深入学习掌握世界上发达国家科技馆的建设规律和特点。在条件和时间允许的情况下，应将业务考察与研讨培训相结合，不断加强科技馆理论研究，把我国的科技馆办成出具有世界眼光、符合我国和公众需求并具有地方特色的科技馆。

参 考 文 献

耿建役、李志强：《国外科技馆见闻》，《学会》2003 年第 4 期。

黄体茂：《世界科技馆的现状和发展趋势》，《科技馆》2005 年第 2 期。

胥彦玲、何丹、吴晨生：《国外科技馆建设对我国的启示》，《科普研究》2010 年第 5 期。

作者简介：李保平，天津科学技术馆，馆员，天津市河西区隆昌路 94 号，300201。

三、文物研究

由天津博物馆馆藏管窥"三藩钱"

李 君

（天津博物馆）

摘要：吴三桂进入云南后铸行的"利用通宝"、建立大周政权后铸行的"昭武通宝"、其世孙吴世璠铸行的"洪化通宝"，以及靖南王耿精忠响应吴三桂反清后铸行的"裕民通宝"，在当时具有解决军队兵饷不足、满足地方货币流通、发展地方经济、稳定人心等作用。其中"昭武通宝""洪化通宝"还具有一定的政治意义。对吴三桂、吴世璠、耿精忠铸钱进行关注、研究，有助于更深入地还原明末清初的社会历史。

关键词："利用通宝" "昭武通宝" "洪化通宝" "裕民通宝"

明末清初，清军扶植明朝降将吴三桂、尚可喜、耿仲明的军队，攻击李自成大顺军和南明小朝廷，实现"以汉制汉"。清朝初年，清廷将这些明朝降将中的有功者封为藩王，管理部分南方省份，其中封吴三桂为平西王，镇守云南，兼辖贵州；封尚可喜为平南王，镇守广东；封耿仲明为靖南王，耿仲明去世后其子耿继茂袭封，耿继茂去世后其子耿精忠袭封，镇守福建。因尚可喜、尚之信没有铸钱，人们一般将吴三桂进入云南后铸行的"利用通宝"、吴三桂建立大周政权后铸行的"昭武通宝"、吴三桂世孙吴世璠铸行的"洪化通宝"，以及靖南王耿精忠响应吴三桂反清后铸行的"裕民通宝"俗称为"三藩钱"。

一、吴三桂及其孙吴世璠铸行钱币

吴三桂（1612~1678），字长伯，祖籍江苏高邮，明崇祯时为辽东总兵，封平西伯，镇守山海关。崇祯十七年（1644年），吴三桂降清，在山海关大战中大败李自成，受封平西王。顺治十六年（1659年），吴三桂镇守云南，引兵入缅甸，迫使缅甸王交出南明永历帝。康熙元年（1662年），吴三桂杀永历帝于昆明。吴三桂受封平西亲王，镇守云南，兼辖贵州，总理滇黔事务，与福建靖南王耿精忠、广东平南王尚可喜并称三藩。随着三藩纷纷建起自己的势力范围，三藩各有重兵，分据各地，在所镇守的省份权力很大，远远超过了当地的地方官员，在用人、征税、铸钱等方面各自为政。全国统一后，拥有兵权、财权和地方政治影响力的三藩，成了清朝社会极大的不稳定因素。康熙十二年（1673年），朝廷下令撤藩。同年十一月，三藩中实力最强的吴三桂最先发动叛乱，举起反清旗帜，吴三桂自称周王、总统天下水陆大元帅、兴明讨虏大将军，发布檄文，"三藩之乱"由此开始。康熙十三年（1674年）正月，耿精忠在福州起兵响应吴三桂叛乱。康熙十五年（1676年）二月，尚之信响应吴三桂叛乱。康熙十七年（1678年）三月初，吴三桂在衡州（今衡阳市）称帝，国号"大周"，建都衡阳，建元"昭武"。同年秋，吴三桂在衡阳病逝。

吴三桂铸钱开始沿用明末清初折银钱体系，反清后，吴三桂铸币逐渐摆脱折银钱的影响，在钱文、形制上更多受到了明朝铸币的影响。吴三桂最初铸行的"利用通宝"，在吴三桂反清后仍然继续铸行，成为吴三桂政权独立发行的货币。康熙十七年（1678年）三月初吴三桂称帝后，铸行"昭武通宝"。在吴三桂死后，其孙吴世璠继位，铸行"洪化通宝"。"利用通宝"是其中铸行时间最长、铸造量最大、种类最丰富的货币。

进入云贵之初，吴三桂需要大批资金解决兵饷不足、地方财政危机等问题。为了解决这些问题，吴三桂上书朝廷请求在当地铸钱，以满足当地货币流通的需求。清政府将宝泉、江宁所铸铜钱供给云南，并没有给予吴三桂在当地铸钱的权力。但是宝泉、江宁两局的铸钱不能及时运到云南，并不能及时解决当地货币流通的问题，军费开支以及当地的经济发展仍然受到影响。因此吴三桂开始利用当地的铜矿资源，以及孙可望与永历政权在当地旧有的钱座、设备及工匠铸行地方性货币"利用通宝"，用于发放军饷、发展地区贸易。《尚书·大禹谟》："正德，利用，厚生，惟和。""利用通宝"钱文的"利用"应是取自此意，"利用"这一名称在一定程度上说明了铸行此钱的目的与意义。"利用通宝"在铸造工艺上使用了明代典型的翻砂铸造技术，其铸地广，种类多，版式丰富。"利用通宝"有三大类，分别为素背小平钱、纪地钱（背"云"字、背"贵"字，分别表明云南铸、贵州铸）、纪值钱（背"厘""二厘""五厘""一分"等）（图一~图四）。素背小平钱和背"云""贵""厘"字钱皆为小平钱，每枚一文折银一厘。背"二厘"钱为折二钱，形体较大于上述素背小平钱、背"云""贵""厘"字小平钱，折银二厘，折小平钱二文（二枚）使用。背文为"五厘"的钱是折五钱，形体大于上述小平钱和背"二厘"的折二钱，折银五厘，折小平钱五枚使用。背文"壹分"（图五、图六）、"一分"的钱是当十钱，形体大于上述小平钱、折二钱、折五钱，折白银一分，折十枚小平钱使用。"利用通宝"是明末清初白银货币化背景下受孙可望政权影响，形成的可以直接对白银作价的完整体系的折银钱。"利用通宝"在康熙十二年（1673年）十一月吴三桂反清后仍然铸造流通，直至吴三桂称帝，建元"昭武"后停铸。在吴三桂反清后，此时的"利用通宝"应该已经从地方性货币演变成吴三桂独立政权发行的货币。"利用通宝"的铸造范围也扩大到了湖南和广西。铸行独立货币具有扩大政权政治影响力的意义。

图一　利用通宝（背文"厘"）

图二　利用通宝（背文"厘"）

图三　利用通宝（背文"一分"）

图四　利用通宝（背文"一分"）

图五　利用通宝（背文"壹分"）

图六　利用通宝（背文"壹分"）

康熙十七年（1678 年）三月初，吴三桂在衡州（今衡阳市）称帝后，建元"昭武"，铸行"昭武通宝"。"昭武通宝"仿明代钱币旧制，该钱有小平钱、折五、折十三种。"昭武通宝"平钱分楷、篆二体，小平楷书钱比较多，一般素背，背"工"（图七、图八）比较多见。小平篆书的比较少，折五、折十型钱币都是篆书大钱，背"壹分"（图九、图一〇）。但是吴三桂在康熙十七年（1678 年）八月就去世了，之后其孙吴世璠继位，改年号"洪化"，又铸行新的年号钱，因此"昭武通宝"流通时间不长。

　　吴世璠（1642～1681），吴三桂之孙，吴周第二位皇帝。康熙十七年（1678年），吴三桂称帝后不久病死，八月吴三桂部将拥戴吴三桂之孙吴世璠在贵阳继位吴周皇帝，年号"洪化"。吴世璠继位后，铸行"洪化通宝"。康熙二十年（1681年），清军攻破昆明，吴世璠自杀。"洪化通宝"只有小平钱，有素背和背"户"（图一一、图一二）及"工"（图一三、图一四）者，分别是吴周政权的工部、户部铸造。

图七　昭武通宝（背文"工"）

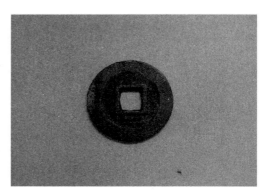
图八　昭武通宝（背文"工"）

图九　昭武通宝（背文"壹分"）

图一〇　昭武通宝（背文"壹分"）

图一一　洪化通宝（背文"户"）

图一二　洪化通宝（背文"户"）

图一三　洪化通宝（背文 "工"）　　　　　图一四　洪化通宝（背文 "工"）

二、耿精忠铸行钱币

耿精忠（1644～1682），为耿仲明之孙、耿继茂的长子。耿仲明（1604～1649）先为毛文龙辖下参将，在毛文龙被袁崇焕所杀后降于努尔哈赤，编入汉军正黄旗，顺治六年（1649年）受封靖南王。耿仲明死后，其子耿继茂袭爵，康熙十年（1671年）耿继茂去世，其子耿精忠袭靖南王爵。康熙十二年（1673年），清廷颁布撤藩令。康熙十三年（1674年）正月，耿精忠在福州起兵响应吴三桂叛乱，与吴三桂合兵入江西，"裕民通宝" 就是在此时所铸。当时因为军队粮饷不足，耿精忠于1674年在福州耿王庄鼓铸 "裕民通宝" 铜钱。康熙十四年（1675年）铸就背文 "浙·一钱" 的 "裕民通宝" 新钱币。康熙十五年（1676年）八月进攻浙江舟山前夕，耿精忠部将投降，耿精忠被困在福州城中，最后被迫出城投降。康熙二十一年（1682年）正月，三藩之乱彻底平息，康熙下诏将耿精忠处死。"裕民通宝" 小平为素背；折二，背文 "一分"；折五，背文有 "壹钱"（图一五、图一六）及 "浙·一钱"（图一七、图一八）两种。从上述内容可知，"裕民通宝" 从康熙十三年（1674年）开始铸造，到康熙十五年（1676年）清军攻克福州后停铸。"裕民通宝" 在当时是一种权银钱，如钱背铸有 "一分" "一钱"，这表明是对银作价，即每枚可兑换一分银、一钱银。

图一五　裕民通宝（背 "壹钱"）　　　　　图一六　裕民通宝（背 "壹钱"）

图一七　裕民通宝（背"浙 一钱"）　　　　　　图一八　裕民通宝（背"浙 一钱"）

三、结　语

三藩中的另一位藩王尚可喜（1604～1676），字元吉，号震阳，祖籍山西洪洞。康熙十五年（1676 年）二月，尚可喜被其子尚之信发兵围困府邸。尚之信夺取了广东最高指挥权，响应吴三桂叛乱。但是在清军的攻击下，尚之信很快归降，并没有铸钱。

"利用通宝"在吴三桂反清之前已经开始铸行，而"昭武通宝""洪化通宝"以及"裕民通宝"都是在藩王反清之后开始铸行。虽然铸行时间先后有别，而且像吴三桂称帝后铸行的"昭武通宝"及其孙吴世璠继位后铸行的"洪化通宝"具有独立政权铸币的性质，具有一定的政治意味与影响，但总的来说，"利用通宝""昭武通宝""洪化通宝""裕民通宝"都是由地方势力铸行的货币，主要在相对集中的区域发行流通。同时这些钱的铸行时间都较短，例如"昭武通宝"仅在吴三桂称帝到其孙吴世璠铸行"洪化通宝"之间这段极为短暂的时间铸造，同样"利用通宝""洪化通宝""裕民通宝"的铸行时间也都较短。而且在"三藩之乱"平定后，清政府更是将这些钱作为逆钱，查禁并大量收缴、销毁。尽管如此，从"三藩之乱"平定后一直到清代中后期，这些钱仍然有夹杂在清代钱币中流通的现象。由前文可知，铸行"利用通宝""昭武通宝""洪化通宝""裕民通宝"，具有解决军队兵饷不足、满足地方货币流通、发展地方经济、稳定人心等目的，"昭武通宝""洪化通宝"更是具有一定的政治意味。因而对"利用通宝""昭武通宝""洪化通宝""裕民通宝"这些发行流通区域相对集中、铸行时间相对较短的钱币进行关注，有助于更深入的还原明末清初的社会历史，具有重要的学术意义。

参 考 文 献

葛群：《漫谈南明时期的钱币》，《合肥教育学院学报》2001 年第 3 期。

刘舜强：《"利用通宝"考》，《故宫学刊》2015 年第 2 期。

刘舜强、辛岩、袁凯铮:《地方志所见明末清初云贵地区钱弓铸行》,《中国钱币》2015 年第 1 期。

刘舜强、袁凯铮、崔剑锋、陈建立:《吴三桂政权时期铸钱工艺初探》,《故宫博物院院刊》2014 年第
　　1 期。

叶真铭:《裕民通宝见证三藩之乱》,《中国商报》2007 年 11 月 22 日。

作者简介:李君,天津博物馆,副研究馆员,天津市河西区平江道 62 号,300201。

高丽青瓷茶具探析*

——从《宣和奉使高丽图经》谈起

隋　璐

（天津师范大学历史文化学院）

摘要：高丽时期，朝鲜半岛制瓷手工业飞速发展，伴随大量中国茶的流入和茶文化传播，高丽青瓷茶具应运而生。本文将《宣和奉使高丽图经》等文献资料与实物结合，对高丽青瓷茶具的功能、类型及中国瓷器因素进行初步考察。

关键词：高丽青瓷　茶具　中国瓷器因素

高丽青瓷是朝鲜半岛在高丽王朝（918～1392年）时代烧制的瓷器，高丽燕饮器皿"以青陶器为贵"，远销中国的高丽青瓷被誉为"天下第一"，可见高丽青瓷已成为当时最具代表性的手工业制品之一。这一时期，中国茶大量流入高丽，引领高丽饮茶风尚，高丽青瓷茶具应运而生。宣和五年（1123年）徐兢出使高丽所撰的《宣和奉使高丽图经》记载了高丽饮茶品种、器具、方式、习俗等内容，本文以该书相关记载为切入点，结合其他文献和实物资料，对高丽青瓷茶具的功能、类型以及来自中国瓷器的文化因素进行初步考察。

一、高丽饮茶品种与来源

（一）高丽饮茶品种

《宣和奉使高丽图经》中"茶俎"条载："（高丽）土产茶味苦涩，不可入口，唯贵中国腊茶，并龙凤赐团。"①高丽时代的饮茶品种主要为中国腊茶和当地土产茶。腊茶是片茶中品色最高、最精细者，片茶需蒸造并"卷模中串之"，腊茶则要"既蒸而

---

*　基金项目：天津市哲学社会科学研究规划项目"宋金瓷器装饰研究"（项目编码：TJZL17-006）。

研，编竹为格，置焙室中"[②]，制作时还须"杂脑子诸香膏油"，最后"以香膏油润饰之"[③]。腊茶主产于建、剑二州，以建宁北苑为第一，大观以后，品种渐多，有銙截、片铤等品种。

龙凤茶产于北苑，是自北宋太平兴国初年起，作为贡品特制的腊茶，表面模制龙凤图样，以别庶饮，团茶为其专称，宋初以后，加工日渐精细，品类不断出新。与其他茶品相比，龙凤团茶的制作要求极高，甚至在制茶前，要求工匠保持头、面、身体的清洁。《宋会要辑稿》载："建州岁造龙凤茶，先是研茶丁夫悉去须发，自今但幅巾洗涤手爪，给新净衣，吏敢违者，论其罪。"[④]盛装龙凤茶的包装也有专门的式样，《宋史》载："自是上供龙凤、京铤茶料，凡制作之费、筐笥之式，令漕司专之。"[⑤]龙凤团茶因选料上乘、耗工费时、品质出众，而赢得"独冠天下，非人间所可得"[⑥]之盛誉。

脑元茶是高丽土产茶中品质较高的一种，常被高丽国王赏赐大臣或进贡他国，《契丹国志》载，新罗国进贡物件中就有"脑元茶十斤"[⑦]。有学者统计，终宋一代，高丽共向宋朝派出官方使臣68次[⑧]，所贡方物也应包含脑元茶在内。

（二）中国茶流入高丽的方式

《宣和奉使高丽图经》载，中国茶流入高丽的方式"自赐赍之外，商贾亦通贩"，宋丽之间的往来以海路交通为主，为方便赐赍物品的运输，神宗时专门建造了"凌虚致远安济神舟"和"灵飞顺济神舟"，徽宗时"更造二舟，大其制而增其名"[⑨]。北苑茶中等级最高的龙凤团茶仅供御用及赏赐高官，《苕溪渔隐丛话后集》引《谈苑》云："（北苑茶）凡十品，曰：龙茶、凤茶、京挺、的乳、石乳、白乳、头金、蜡面、头骨、次骨。龙茶以供乘舆及赐执政、亲王、长主，余皇族、学士、将帅皆凤茶；舍人、近臣赐金（京）挺、的乳，馆阁赐白乳。"[⑩]龙凤茶通常以赐赍方式经海路流入高丽，使用特制的金银盒子盛装。《高丽史》卷9载："丁卯命太子诣顺天馆导宋使至閤阁门下马，入会庆殿庭，王适不豫使左右扶出受诏。其诏曰：'卿世荷百禄、抚有三韩……别赐龙凤茶一十斤，每斤用金镀银竹节合子明金五彩装腰花板朱漆匣盛。"[⑪]高丽国王还常将宋朝赏赐的龙凤茶，分赐亲贵大臣[⑫]。

茶叶是宋朝海外贸易的重要输出商品，腊茶作为茶中精品，享誉海外，在岁贡、赏赐之外，官私贩运数额可观，往往以进贡为名，过数制造，或者以好充次，违法贩运。《宋会要辑稿》载："建州北苑焙所产腊茶……往往以进贡为名，过数制造，显是违法。"同书又载："惟福建路腊茶即与诸路草末茶大段不同，访闻冒法射利之徒，多与山场园户私相计合，将上等高品茶货却作下等纽计批引，请嘱合同场公吏通同作弊，以至经由海道，抵冒法禁。"[⑬]私贩腊茶，特别是向海外输出更受到了严格的限制。《宋史》载："（绍兴）十二年，兴榷场，遂取腊茶为榷场本，凡胯、截、片铤，不以高下多少，官尽榷之，申严私贩入海之禁。"⑭《宋会要辑稿》又载："契勘客贩腊茶，辄装上海船经由海道……贩物人并船主、稍工并皆处斩；水手、火儿各流三千里……"⑮私贩腊茶被治以重罪反映出腊茶贸易的活跃状况，大量的腊茶通过官、私贩运的方式流入高丽。

二、高丽青瓷茶具类型

高丽推崇以腊茶、龙凤团茶为代表的中国茶，必然要配以配套的品饮方法和茶具。饮用腊茶使用点茶法，据《茶录》《大观茶论》等文献的记载，结合宋墓壁画中的茶道图像及各地出土的实物资料，点茶具的种类主要包括茶碾、茶罗、燎炉、火箸、汤瓶、茶盏、茶托、茶筅等，其中瓷质器具有汤瓶、茶盏、茶托等。

（一）水　　瓶

点茶用的汤瓶又称茶瓶、茗瓶。《资暇集》的"注子偏提"条云："（注子）其形若罂，而盖、嘴、柄皆具。大和九年后，中贵人恶其名同郑注，乃去柄安系，若茗瓶而小异，目之曰偏提。"⑯从上述文献来看，注子、偏提和茗瓶造型相近，其间有一定的演变关系。出土实物和墓室壁画图像也显示，饮茶汤瓶的外观与饮酒注子并无明显的差别，只在使用方式和配套器具方面有所不同。《宣和奉使高丽图经》中"水瓶"条云："水瓶之形，略如中国之酒注也，其制用银三斤，使副与都辖、提辖官位设之，高一尺二寸，腹径七寸，量容六升。"⑰高丽水瓶形似酒注、用于盛水的特质与点茶汤瓶契合，而汤瓶材质多样，也有金、银、铁、瓷制品，可见水瓶承载了汤瓶的一般功能。高丽青瓷水瓶的造型大致可分为 A、B、C 三型。

A 型：肩部外张，略呈瓶形，可分为 Aa、Ab 两个亚型。Aa 型：瓶体瘦高，如大阪市立东洋陶瓷美术馆藏青瓷象嵌芦苇纹水瓶（图一）。Ab 型：瓶体矮扁，如大阪市立东洋陶瓷美术馆藏青瓷水瓶（图二）。

B 型：腹部浑圆，颈、腹不分，可分为 Ba、Bb 两个亚型。Ba 型：腹部略呈球形，如大阪市立东洋陶瓷美术馆藏青瓷堆花草纹水瓶（图三）。Bb 型：腹部略呈梨形，如大阪市立东洋陶瓷美术馆藏青瓷象嵌堆花水瓶（图四）。

C 型：仿生造型，模仿动植物或人物形态，可分为四个亚型。Ca 型：笋形，如大阪市立东洋陶瓷美术馆藏笋形水瓶（图五）。Cb 型：瓜形，如大阪市立东洋陶瓷美术馆藏青瓷阴刻莲纹瓜形水瓶（图六）。Cc 型：瓢形，如大阪市立东洋陶瓷美术馆藏青瓷象嵌牡丹蝶纹瓢形水瓶（图七）。Cd 型：人形，如《高丽青瓷》中一件青瓷人形水瓶（图八）。

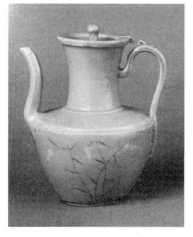

图一 青瓷象嵌芦苇纹水瓶

图二 青瓷水瓶

图三 青瓷堆花草纹水瓶

图四 青瓷象嵌堆花水瓶

图五 笋形水瓶

图六 青瓷阴刻莲纹瓜形水瓶

图七　青瓷象嵌牡丹蝶纹瓢形水瓶　　　　　图八　青瓷人形水瓶

（二）茶　托

在宋代文献中，通常将茶盏与托合为一副，称"茶盏托"，酒盏与托合为一副，称"盘盏"⑱，而单只茶托则称为"茶托子"，如《宋会要辑稿》载"诏赐太师蔡京出入金银从物"中就有"汤茶托子一十只"⑲。茶盏托与盘盏不仅名称、功能有别，造型也不尽相同，孙机先生在《唐宋时代的茶具与酒具》⑳中曾谈到二者的区别，凡托盘中心处凸起一小圆台的盏托为饮酒的"台盏"，而托盘中心凸起杯状托台的盏托则用于饮茶，杯状托台的功能是在点茶击拂时固定茶盏，防止茶汤倾溢。

高丽青瓷茶托可根据有无托底，分为A、B二型。A型：托盘带有托底，如"翡色出高丽"韩国康津高丽青瓷特展中一件青瓷花形茶托（图九）。B型：托盘中空，不带托底，如大阪市立东洋陶瓷美术馆藏青瓷阴刻茶托（图一〇）。

图九　青瓷花形茶托

图一〇　青瓷阴刻茶托

（三）茶　　盏

　　《宣和奉使高丽图经》指出，当时使用的茶具有"金花乌盏""翡色小瓯"等。茶瓯、茶碗、茶盏的称谓在唐代已经普遍使用，如《全唐诗》卷 620 有《越窑茶瓯》诗，皮日休作《茶中杂咏》之九《茶瓯》诗，徐夤作《贡余秘色茶盏》诗，施肩吾《越碗》诗又有"越碗初盛蜀茗新"之句[21]。《宣和奉使高丽图经》中提到的"汤盏"也与茶盏功能相近，常见于宋代文献，如《宋会要辑稿》载："翰林司状：'已降指挥，正旦使人到阙，就殿东朵殿设素幄引见辞，赐茶。所有本司合排办事件：一、御前进茶金稜掏汤盏，并宰臣赐茶金稜掏汤盏，已降指挥，并改用白成银稜。'"同书又提到大观三年罢贡六尚局的供奉物中，有供奉尚食局的"卅山府瓷中样矮足裹拨盘龙汤盏一十只"[22]。此外，洪迈《夷坚志》中还明确指出汤盏为点茶具一类[23]。

　　高丽青瓷茶盏大致可分为 A、B、C 三型。A 型：盏壁斜直或斜弧，如大阪市立东洋陶瓷美术馆藏青瓷阴刻菊唐草纹盏（图一一），该盏收藏箱盖上有"高丽青瓷茶碗　金皇统九年（1149 年）出自在铭石棺"箱书[24]。B 型：盏壁圆弧，如大阪市立东洋陶瓷美术馆藏青瓷阴刻牡丹纹盏（图一二）。C 型：盏壁直立，如"天青·秘色"高丽青瓷展中一件青瓷阴刻竹节纹筒形盏（图一三）。

图一一　青瓷阴刻菊唐草纹盏

图一二　青瓷阴刻牡丹纹盏

图一三　青瓷阴刻竹节纹筒形盏

三、高丽青瓷茶具的中国瓷器因素

高丽青瓷采众家之长，在造型、装饰、胎釉特征等方面受中国瓷器的影响。《宣和奉使高丽图经》中"陶尊"条载："陶器色之青者，丽人谓之翡色……复能作碗、碟、杯、瓯、花瓶、汤盏，皆窃仿定器制度。"又说高丽青瓷近似越窑、汝窑产品，与"越州古秘色、汝州新窑器，大概相类"。特别是在茶具制作方面，"金花乌盏、翡色小瓯、银炉汤鼎，皆窃效中国制度"[25]。下文试从造型、纹饰角度，探讨高丽青瓷茶具与中国诸窑场瓷器的关联。

（一）造　　型

高丽青瓷 A 型水瓶宽肩外展、肩腹之间转折突兀的特征在北宋之际中国定窑、耀州窑等窑场产品上均可见到，而水瓶带盖、盖面扁平内凹、盖与柄装有环状小系的特点多见于景德镇等窑场所产青白瓷器上。如景德镇出土南宋乾道九年（1173 年）青白釉莲纹执壶，喇叭口、长颈、广肩、筒腹、矮圈足，肩部置长流和扁平曲柄，碟形盖，圆柱形盖钮，盖沿与柄上各置对应的环形小系[26]，与 Aa 型水瓶造型相近。

高丽青瓷 C 形水瓶采用塑形装饰，其形态多见于同期或者稍早期的中国瓷器中。类似高丽青瓷 Cb 型、Cc 型水瓶的造型在中国唐代出现，至晚唐、五代时期又融入更多金属器元素，如临安水邱氏墓出土定窑白釉瓜棱执壶与寿昌五年（1099 年）尚暐符墓出土青白釉瓜棱腹执壶整体形如立瓜；河北定州西关粮食局院内出土白釉刻花龙首流执壶、河北滦南县宋道口乡西泽沱出土青釉刻花执壶、江西乐安出土嘉泰四年（1204 年）青白釉执壶皆取葫芦（瓢）造型，这些瓷器以弯折的长流及柄、深剔刻装饰模仿金属器特征，相较而言，高丽青瓷塑形水瓶线条流畅、比例得宜，更显清新自然、惟妙惟肖。顺义辽开泰二年（1013 年）净光舍利塔基出土的定窑白釉童子诵经壶、安徽宿松北宋天圣三年（1025 年）墓出土的仙人吹笙壶、安徽怀宁出土的青白釉人形执壶、故宫博物院藏北宋耀州窑人形执壶等均取仙道人物形象，与高丽青瓷Cd 型水瓶近似，二者人物塑形虽在冠带、衣着、执物方面不尽相同，但内涵、功能相通[27]。

中国瓷器中，托面凸起杯状托台的茶托造型大致出现于五代时期，见于越窑、黄堡窑等窑场中，同时也是宋代流行的茶托式样，南北方瓷窑广泛生产，形制大同小异，只在杯状托台形制、高度、托盘边缘等方面略有差别。除圆形托面外，将托面边缘做成花口的情况并不罕见，如河北定州静志寺塔基出土的定窑白釉"官"字款茶托、河南宝丰清凉寺汝窑址出土的 C 形盏托标本 C2：889[28]，托盘均为五瓣葵口式，景德镇湖田窑址出土 Ba 型盏托的托盘呈六出花口造型[29]。辽瓷中也常见花口托盘的做法，如张匡正墓出土的黄釉茶托、韩佚夫妇墓出土细线划花茶托等。

高丽青瓷 A 型茶盏是宋金时期碗、盏的常见造型，B 型茶盏与宝丰清凉寺汝窑址出土的成熟期 Ba 型盏（图一四）造型相近。C 型茶盏又称筒形杯或直口杯，此类器形在南宋景德镇窑、龙泉窑、越窑等中国南方窑场中较常见，如德兴南宋乾道元年（1165 年）徐衍墓出土的青白釉筒形杯、龙泉东区窑址出土的 Ⅱ 式直口杯（图一五）、寺龙口越窑址出土的直口杯等，这些窑场所产筒形杯外壁常饰多重刻莲瓣纹，与 C 型盏外壁刻划竹节纹、菊纹的装饰意趣不尽相同。

图一四　宝丰清凉寺汝窑址出土的成熟期 Ba 型盏　　　图一五　龙泉东区窑址出土 Ⅱ 式直口杯

（二）纹　饰

高丽青瓷 A 型茶盏常见外壁刻莲瓣纹装饰，此类纹饰在中国宋金时期的南北方窑场盛行。建隆二年（961 年）苏州虎丘云岩寺塔出土的一套越窑青瓷刻莲瓣纹托盏为其中年代较早的一例，盏外壁刻三重莲瓣纹，花瓣扁平、宽肥[30]。五代耀州窑遗址出土 A 型 IV 式、A 型 V 式碗和河北定州静志寺塔基出土白釉"官"字款刻花莲瓣碗也具有同样的莲纹特征，可见此类莲瓣纹主要流行于五代至宋初阶段。与静志寺塔同期的净众院塔基出土器物中还见有另一类莲瓣纹，花瓣细尖、中起凸棱，立体感强，如白釉刻花莲纹盖罐、莲纹长颈瓶腹部所刻的三重莲瓣纹[31]。此类莲纹与高丽青瓷 A 型茶盏的外壁刻莲瓣纹特征相近，在中国瓷器上延续时间较长。如江阴市夏港宋墓出土的定窑刻莲瓣纹碗、长春市农安窖藏出土的定窑刻莲纹钵、长饶市婺源南宋庆元六年（1200 年）汪赓墓出土的青白釉刻莲纹碗、衢州市南宋咸淳十年（1274 年）史绳祖墓和丽水市南宋德祐元年（1275 年）潘氏墓分别出土的龙泉青瓷莲瓣碗，都是南宋、金代的例子。

高丽青瓷菊纹颇具特点，除饰于碗、盏内底心的轮状菊纹外，主要流行一种单元图案细小的正面菊纹，常以象嵌或铁绘、堆花技法表现，这种纹饰或作散缀的小朵折枝菊，或以缠枝形式满饰器表，如大阪市立东洋陶瓷美术馆藏青瓷象嵌牡丹菊纹瓜形水瓶[32]，器分十面，各面象嵌菊花纹或牡丹纹，菊纹的花心以白泥作环形纹，中心点缀黑色象嵌圆点，再环绕花心象嵌白色花瓣一周。这种菊纹最早见于北宋早期定窑瓷器上，太平兴国二年（977 年）静志寺塔基出土的定窑绿釉净瓶、黄釉盖罐的肩部均装饰一周戳印菊纹，其图案特征就与上述高丽青瓷菊纹相近，但因运用了不同的装饰技法，装饰趣味和效果迥异。

综上所述，高丽青瓷茶具的造型、装饰受到定窑、汝窑、越窑、耀州窑、景德镇窑等窑场的综合影响，在选择性地吸收中国同期或稍早期瓷器因素的同时，又加以融会贯通、发展创新，从而自成体系，形成了独特的面貌。

注　释

① （宋）徐兢：《宣和奉使高丽图经》，商务印书馆，1937 年，第 109 页。

② （元）脱脱等：《宋史》卷 184，中华书局，1977 年，第 4477 页。

③ （元）王祯：《东鲁王氏农书译注》，上海古籍出版社，2008 年，第 583 页。

④ （清）徐松辑，刘琳、刁忠民等校点：《宋会要辑稿》食货三〇，上海古籍出版社，2014 年，第 6650 页。

⑤ （元）脱脱等：《宋史》卷 184，中华书局，1977 年，第 4509 页。

⑥ （宋）赵汝砺：《北苑别录》，《说郛》卷 60，中国书店，1986 年，第 23 页。

⑦ （宋）叶隆礼：《契丹国志》卷 21，中华书局，2014 年，第 203 页。

⑧ 陈慧：《试论高丽对宋的朝贡贸易》，《东疆学刊》2009 年第 3 期。

⑨ （宋）徐兢：《宣和奉使高丽图经》，商务印书馆，1937 年，第 116 页。

⑩ （宋）胡仔：《苕溪渔隐丛话后集》，人民文学出版社，1962 年，第 82 页。

⑪ 郑麟趾：《高丽史》卷 9，奎章阁藏本，第 18 页。

⑫ 《高丽史》卷 13 载："冬十月庚寅，以宋国信龙凤茶，分赐宰臣。"同书卷 96 又载："王尝赐龙凤茶，思诹进谢诗王和赐之。"

⑬ （清）徐松辑，刘琳、刁忠民等校点：《宋会要辑稿》食货三一，上海古籍出版社，2014 年，第 6680 页。

⑭ （元）脱脱等：《宋史》卷 184，中华书局，1977 年，第 4509 页。

⑮ （清）徐松辑，刘琳、刁忠民等校点：《宋会要辑稿》食货三一，上海古籍出版社，2014 年，第 6681 页。

⑯ （唐）李匡乂：《资暇集》卷下，丛书集成初编本。

⑰ （宋）徐兢：《宣和奉使高丽图经》，商务印书馆，1937 年，第 105 页。

⑱ 《宋会要辑稿》载："内奠酒银器合用注碗一副、银盘盏三副，系三次浇奠，银棱茶盏托一副。"

⑲ （清）徐松辑，刘琳、刁忠民等校点：《宋会要辑稿》礼六二，上海古籍出版社，2014 年，第 2086 页。

⑳ 孙机：《唐宋时代的茶具与酒具》，《中国历史博物馆馆刊》1982 年第 1 期。

㉑ 熊寥：《中国陶瓷古籍集成：注释本》，江西科学技术出版社，1999 年，第 8～10 页。

㉒ （清）徐松辑，刘琳、刁忠民等校点：《宋会要辑稿》职官二一，上海古籍出版社，2014 年，第 3609 页；同书崇儒七，第 2917 页。

㉓ 《格致镜原》引《夷坚志》载："周益公以一汤盏赠贫友归以点茶，才注汤其中，辄有双鹤舞，啜尽乃灭。"

㉔ 余佩瑾、王明彦主编：《尚青：高丽青瓷特展》，台北故宫博物院，2015 年，第 116 页。

㉕ （宋）徐兢：《宣和奉使高丽图经》，商务印书馆，1937 年，第 109 页。

㉖ 彭适凡：《宋元纪年青白瓷》，庄万里文化基金会，1998 年，第 65 页。

㉗ 刘毅：《宋辽高丽人形注子探析》，《中原文物》2005 年第 6 期。

㉘ 河南省文物考古研究所：《宝丰清凉寺汝窑》，大象出版社，2008 年，第 99、100 页。

㉙ 江西省文物考古研究所等：《景德镇湖田窑址：1988～1999 年考古发掘报告》，文物出版社，2007 年，第 148、149 页。

㉚ 苏州市文物保管委员会：《苏州虎丘云岩寺塔发现文物内容简报》，《文物参考资料》1957 年第 11 期。

㉛ 北京艺术博物馆编：《中国定窑》，中国华侨出版社，2012 年，第 98、130、131 页。

㉜ 余佩瑾、王明彦主编：《尚青：高丽青瓷特展》，台北故宫博物院，2015 年，第 262 页。

作者简介：隋璐，天津师范大学，讲师，天津市西青区宾水西道 393 号，300387。

浅析耀州窑剔花青瓷的界定
及其与刻花的区别

赵 磊

（天津市文物公司）

摘要：耀州窑是我国古代北方烧制青瓷的著名窑口，以其独具风格的刻花、印花制品闻名于世。本文重点对耀州窑青瓷中的剔花制品进行考察，明确界定耀州窑剔花的内涵和范畴，比较分析其与刻花在制作工艺和装饰效果上的异同，并对传世和出土的部分典型耀州窑剔花、刻花青瓷加以区分。

关键词：耀州窑 青瓷 剔花 刻花

一、从国宝青釉提梁倒注壶说起

耀州窑是我国古代著名瓷窑，始烧于唐代，中心烧造窑场曾长期位于今陕西省铜川市黄堡镇，明代中期黄堡窑场停烧后又转移至其东偏北 20 千米处的陈炉镇，此后一直到民国年间都在生产，连续烧瓷前后长达 1300 余年。在中国陶瓷发展史上，耀州窑属于为数不多历史悠久的"千年窑场"，具有深厚的文化内涵和底蕴。特别是宋金时期，耀州窑以独具风格的刻、印花瓷器享誉于世，与同为北方名窑的定窑一道，被各自视作"刻花之冠"和"印花之冠"，声名远扬。

耀州窑青瓷不仅刻、印花制品工艺精湛，剔花制品同样精美绝伦，具有很强的艺术性。由于刻花青瓷和剔花青瓷的外在面貌存在一定相似性，二者经常被混淆。以陕西历史博物馆（以下简称"陕历博"）所藏国宝"耀州窑青釉提梁倒注壶"（图一）为例，这件耀州窑珍品的展牌说明标注其所属年代是五代，而在两本耀州窑权威图录上则有另外两种不同的说法——《中国耀州窑》标示此壶为北宋早期制品[①]，《中国出土瓷器全集·陕西卷》则标示年代为五代至北宋[②]。诚然，对于这类缺乏明确纪年、风格又介于朝代更替时期的瓷器，很难百分之百准确断代，像《中国耀州窑》在该图版文字说明的最后就同样附有"有学者认为此倒注壶应为五代末北宋初产品"之语，但让人依然感到困惑的是，陕历博的展牌未在器物名称中标出这件倒注壶的装饰工艺，仅在文字说明部分简单提及"腹部刻缠枝牡丹花"。而查阅前述两本图录,《中国出土瓷器全集·陕西卷》定名为"青釉刻花倒流壶",文字介绍为"腹部剔刻缠枝牡丹纹,下腹刻花瓣形边饰。器物上集堆塑、剔刻和划花等装饰为一体";《中国耀州窑》定名为"青釉剔花牡丹纹倒注壶",文字介绍为"壶腹刻划一周牡丹纹,刀法犀利,线条流畅,牡丹产生浮雕的艺术效果"。翻阅不少书籍文章可以发现,类似这种在描述耀州窑同类青瓷制品时,"刻花""剔花"不分、随意互指互用的混乱现象屡见不鲜。从工艺技术和装饰效果的角度来说,剔花与刻花较之划花与刻花的分野更大。既然划花能被单独视为一种装饰工艺(尽管有其出现时间较早的因素),那么刻花与剔花也有必要加以区别和澄清。

图一　五代—北宋青釉剔花花卉纹提梁倒注壶(陕西历史博物馆藏)

二、"刻花"与"剔花"的区别

　　为了更好地分辨刻花与剔花,可以先从定义上对二者进行了解。《简明陶瓷词典》③和《中国古陶瓷图典》④均是古陶瓷研究领域中的专业工具书,从这两本书对"刻花"和"剔花"的释义不难看出,两书对"刻花"的解释基本一致,区别只在于《图典》介绍得更加具体,将刻花的刀法细分为了两种。对于"剔花",两书表述虽略有不同,但实质意义并无分别,《词典》中的"留花剔地"即指《图典》中的"剔去化妆土层",《词典》中的"留地剔花"则对应着《图典》中的"剔去釉层"。两相比较,刻花是在坯胎上刻出纹饰,剔花是将覆盖在坯体表面纹饰部位以外的化妆土层或釉层剔除,露出胎体,二者的装饰对象、装饰手法均不一样,因此毋庸置疑应该区分开来,不能混为一谈。

　　需要指出的是,剔花瓷器除剔化妆土和剔釉外,还有一种特殊的"剔胎"制品,即工匠在器物外壁刻出纹饰的同时剔掉许多胎体,从而使花纹凹凸有致,形成特有效果⑤。之所以《简明陶瓷词典》和《中国古陶瓷图典》都没有明确将剔胎列入剔花的行列,是因为剔花这一宋辽金元时期北方地区制瓷业中广泛应用的装饰工艺⑥,主要用来描述施有化妆土的磁州窑类型瓷器,尤其以河南窑口为代表。这类瓷器在剔去化妆土层后,露出的较深胎色与白度较高的化妆土色形成鲜明对比,有助于凸显纹饰的立体感。剔釉品种虽然不施化妆土,但其在坯胎上直接施深色釉,然后于釉上剔刻,露出胎土本色，强调胎与釉的质感对比，同样一目了然、泾渭分明。与这两种装饰手法相比，剔胎瓷器并不具备胎土或胎釉对比这一关键要素，而是只有较厚胎体与较薄胎体的差别，且这种建立在刻花工艺基础上的差别在剔胎瓷器施釉烧成后体现得并不像剔化妆土和剔釉品种那般显著。鉴于此，一些学者习惯将剔胎瓷器视为刻花而非剔花的一种特殊形态，为突出这一品种的特点，在描述时使用了"剔刻花"或"深剔刻"的称谓[⑦]。实际上，"剔"即意味着减地，而所有减地装饰的瓷器之间存在的这一共性是它们最明显的特征，因此更宜归为一类看待。比较"刻花"和"剔刻花（深剔刻）"，前者的纹饰多为阴文，后者的纹饰则呈明显凸起状，相比"刻花"和"划花"，主要是坯胎上所留纹饰的深浅度不同，剔胎制品有足够的理由从刻花中分离出来，纳入剔花品种。

　　当然，一件瓷器往往并非只以某种单一工艺装饰，很多时候都是多种技法相结合，如陕历博倒注壶上便综合运用了剔花、刻花、划花、堆塑等不同装饰手法。在描述这类制品的纹饰时，使用"剔刻花"的称谓并无不妥，一如经常以"刻划花"连称的定窑等窑口瓷器。但应明了的是，这里的"剔刻花"所指系"剔花"与"刻花"的结合，而不仅仅是等同于"刻花"的另一种叫法。此外，在对一件瓷器进行命名时，应以其最主要、最显著的纹饰或装饰技法为据，像陕历博所藏的这件国宝，称"青釉剔花倒注壶"或"青釉剔刻花倒注壶"均无不可，但要是只称"青釉刻花倒注壶"的话，似乎就不太确切恰当了。

　　综上所述，无论是考量剔化妆土和剔釉的装饰原理，还是观察剔胎的装饰手法，剔花其实与刻花有着比较明显的区别。这两种装饰工艺分辨不清、互指互用的情况应该予以解决，而不是听之任之地继续下去。

三、耀州窑剔花青瓷的界定

　　既然明晰了剔花与刻花工艺的不同，那么耀州窑青瓷中究竟哪些属于剔花制品？其与刻花青瓷如何加以区分界定呢？要想解决这个问题，离不开对耀州窑址考古发掘报告的检视，因为发掘报告建立在对出土第一手材料全面分析比较的基础之上，反映了对耀州窑青瓷面貌相对最为直观准确的认知。

　　截至目前，耀州窑址发掘报告已经出版了五部，分别为《陕西铜川耀州窑》（1965年）、《唐代黄堡窑址》（1992年）、《五代黄堡窑址》（1997年）、《宋代耀州窑址》（1998年）和《立地坡·上店耀州窑址》（2004年），其中关于剔花品种和工艺的介绍，《陕西铜川耀州窑》失之于简，《唐代黄堡窑址》失之于早，《立地坡·上店耀州窑址》失之于迟，只有《五代黄堡窑址》[⑧]和《宋代耀州窑址》[⑨]中有较为详尽的论述。然而，尽管这两部报告仅相隔一年问世，参与发掘和整理出版的人员也没有大的变动，但具体涉及剔花的概念、范畴却出现了前后不同的表述。

五代耀州窑划花、剔花青瓷在施釉前普遍施加化妆土[⑩]。《五代黄堡窑址》中所说的剔花虽与磁州窑类型剔花同属剔化妆土制品，但二者的差别是，磁州窑类型为剔去纹饰轮廓以外的化妆土，纹饰部位凸起具有浅浮雕感，五代耀窑则是剔去纹饰轮廓以内的化妆土，纹饰部位下凹。尽管装饰原理相似，装饰手法却是截然相反。从某种意义上来说，这种剔花工艺与划花有着一定的相似之处。划花青瓷的纹饰均为线条勾勒而成，刻线内没有化妆土，露出较深胎色。剔花青瓷的纹饰呈剪影式面状，露胎面积较大。如果用元代釉里红装饰方法作类比的话，划花如同用线条描绘不同图案花纹的釉里红线绘，剔花则像是以铜红料成片、成块涂绘成一定花纹图案的釉里红涂绘[⑪]。总之，由于不具备"纹饰凸起如浮雕状"这一典型特征，《五代黄堡窑址》中的剔花应该属于一种特殊的剔化妆土制品，事实上这类器物因其并不美观的装饰效果，生产的数量很少，存在时间也非常短暂[⑫]。

标准意义的剔胎青瓷制品在《五代黄堡窑址》中被归为刻花工艺的一种，这种分类方法与前文所述的一些学者观点相一致，但在《宋代耀州窑址》中，其又被独立出来冠以了剔花之名。也就是说，《五代黄堡窑址》和《宋代耀州窑址》所提到的剔花一个是剔化妆土，一个是剔胎，分属剔花制品中的两个亚种。而将"浮雕式减地剔花工艺"的剔胎青瓷去除后，刻花工艺从五代到宋代的发展脉络也有必要重新进行梳理。

按照《五代黄堡窑址》的说法，五代耀州窑青瓷中已经出现了直刀与斜刀相结合的"单入侧刀法"制品，而据《宋代耀州窑址》记述，具有浅浮雕特征的刻花工艺迟至北宋初期偏晚才在划花和剔胎剔花的基础上出现。这种新的装饰手法扬长避短，在保证装饰效果不减的同时，避免了剔胎制品费工费时、生产成本偏高、器物坯体结构因遭破坏而使烧成难度增加等诸多问题。值得一提的是，参与了耀州窑址发掘和报告整理的王小蒙女士在撰文介绍五代耀州窑青瓷装饰方法时，列有划花、剔花、减地刻划花、印花和贴塑，并没有提及刻花[⑮]。这里所说的剔花和减地刻划花与《五代黄堡窑址》的表述相同，分别为剔化妆土和剔胎，王女士更进一步指明前者是施加化妆土的黑灰胎类青瓷特有装饰，后者则全部装饰于不施加化妆土的白胎类青瓷之上。

翻查《五代黄堡窑址》，此时期的青瓷制品以素面和印花为多，刻花纹饰虽在盅、杯、渣斗、盏托、盏、壶、倒注壶、盆、钵、盂、五管瓶、净瓶、罐、盘、碗、烛台、枕、灯、擂钵、器盖、壶盖、盒盖等诸多器型上均可见到，但就出土的青瓷总体数量来说仍属少数。发掘报告提到的刻花青瓷中，大部分都是在器物外壁装饰如越窑青瓷一样的单层、双层或三层莲瓣纹，此类标本有 I 型Ⅳ式盅86ⅡT7②：113、I 型Ⅵ式盅、E 型Ⅶ式杯、J 型杯、A 型Ⅴ式渣斗86ⅣT9④：27、A 型Ⅴ式渣斗

86 Ⅳ T6 ④：9、A 型 Ⅴ 式渣斗 86 Ⅳ T6 ④：10、A 型 Ⅰ 式盏 86 Ⅳ T1 ③：17、B 型 Ⅲ 式盏 86 Ⅳ T1 ③：76、B 型 Ⅴ 式盏 90 Ⅵ T7 ③：1、C 型 Ⅰ 式盏 90 Ⅵ T9 ②：3、C 型 Ⅰ 式盏 86 Ⅳ T9 ④：32、C 型 Ⅱ 式盏、B 型 Ⅲ 式壶 86 Ⅳ T10 ④：65、B 型 Ⅲ 式壶 86 Ⅳ T10 ④：66、B 型 Ⅲ 式壶 90 Ⅵ T6 ④：1、B 型 Ⅳ 式壶 86 Ⅳ T1 ③：21、B 型 Ⅳ 式壶 86 Ⅳ T9 ④：42、B 型 Ⅳ 式壶 86 Ⅳ T9 ④：43、B 型 Ⅱ 式盆 86 Ⅳ T9 ④：45、E 型 Ⅰ 式盆 86 Ⅳ T9 ④：46、C 型钵、C 型 Ⅱ 式盂、C 型 Ⅲ 式盂、五管瓶 86 Ⅳ T10 ④：70、五管瓶 86 Ⅱ：057、C 型 Ⅱ 式罐 90 Ⅵ T9 ③：1、C 型 Ⅱ 式罐 86 Ⅳ T9 ④：59、C 型 Ⅱ 式罐 86 Ⅳ T9 ④：60、C 型 Ⅳ 式罐 86 Ⅳ T6 ④：28、E 型 Ⅲ 式罐 86 Ⅳ T9 ②：1、B 型 Ⅲ 式盘 86 Ⅳ T5 ④：43、C 型盘、K 型盘、A 型 Ⅳ 式碗、A 型 Ⅴ 式碗、B 型 Ⅱ 式注碗 86 Ⅳ T10 ④：80、C 型 Ⅱ 式注碗、C 型 Ⅲ 式注碗、A 型 Ⅰ 式灯 90 Ⅵ H1：1、D 型 Ⅱ 式灯、B 型 Ⅲ 式擂钵 86 Ⅳ T10 ④：87、D 型器盖 86 Ⅳ H19：6、G 型器盖、H 型器盖 85 Ⅳ H1：32、J 型器盖、E 型盒盖 86 Ⅳ T9 ④：115、F 型盒盖等。除了大宗的莲瓣纹，刻花纹饰还有装饰于盖面的朵花纹，此类标本见 B 型壶盖 86 Ⅳ T9 ④：96、D 型壶盖 86 Ⅳ T6 ④：59、E 型盒盖 86 Ⅳ T6 ③：38；装饰于肩部的锯齿纹，此类标本见 C 型 Ⅰ 式罐 86 Ⅳ T4 ③：25、C 型 Ⅱ 式罐 90 Ⅵ T24 ③：2、C 型 Ⅲ 式罐 86 Ⅳ T6 ③：17（锯齿纹部位以上另刻有植物纹）、K 型盘（装饰于口沿）；装饰于腹部的牡丹纹，此类标本见 B 型 Ⅲ 式壶 86 Ⅳ T6 ③：39、E 型 Ⅲ 式罐 86 Ⅳ T9 ④：62；装饰于腹部的竖条纹，此类标本见 A 型 Ⅲ 式杯、C 型灯。此外，B 型枕虽在发掘报告中称"周围壁上有刻、划花装饰"，但从图片来看还是以划花为主。B 型 Ⅲ 式盏托 87 Ⅰ T19 ②：123、B 型 Ⅴ 式盏托 88 Ⅵ T2 ③：21 在报告中分别称"外刻一周莲瓣纹"和"外面刻划双层莲瓣纹"，但书中线图表现得不是很清楚，值得注意的是除了这两件标本外，其他盏托上的莲瓣纹均为模印而成。D 型壶盖 91 Ⅳ T18 ②：1 在报告中称"盖面上刻三叶纹"，而线图同样模糊难辨。通观上述这些刻花纹饰，以仿越窑的莲瓣纹为代表，总体来说粗精不一，既有较为草率、在坯体上刻纹较深的"双入正刀法"制品，也有较为精细、已经初步具备了一定立体感的"单入侧刀法"制品，这与《五代黄堡窑址》中介绍的第一种刻花方法相符。同时，即使是具备了一定立体感的刻花青瓷，在装饰效果上也确实尚未达到直刀深刻与斜刀广削相结合而具有明显浅浮雕特征的程度，这又与《宋代耀州窑址》中的说法相吻合。总之，五代耀窑青瓷中已经出现了刻花工艺，只不过这一工艺正处于从比较简易的初级形态向北宋时期典型制品呈坡面状、具备强烈阴影立体感的"偏刀法"或称"两刀法"[14]发展演进的阶段，技术上还没有达到像后来那样炉火纯青的地步。这个阶段一直延续至北宋早期，不少宋代耀州窑青瓷上都可以看到装饰有同样风格的刻花莲瓣纹。

　　根据发掘报告的描述，可以确定的五代剔胎剔花青瓷有 A 型 Ⅱ 式壶、B 型 Ⅱ 式壶、B 型 Ⅲ 式壶 91 Ⅳ H8：6、B 型 Ⅳ 式壶 91 Ⅳ H8：7、B 型 Ⅳ 式壶 86 Ⅳ T10 ④：64、B 型 Ⅳ 式壶 86 Ⅳ T9 ④：41、B 型 Ⅳ 式壶 91 Ⅳ Z70：1（胫部另刻有莲瓣纹）、B 型倒注壶、净瓶、E 型 Ⅲ 式罐 86 Ⅳ T9 ④：61 等。D 型 Ⅴ 式盂 86 Ⅳ T9 ④：50 和拍鼓在报告中分别称"腹上雕刻牡丹纹及攀枝娃娃图案"和"外面刻莲瓣纹"，从图片来看应该也都是剔花制品。足部装饰壶门[15]的 A 型 Ⅴ 式渣斗 86 Ⅳ T5 ④：21（腹部另刻有蕉叶纹）、套盒、C 型烛台（壶门装饰于中间层，上层另装饰有莲瓣纹）在报告中称作刻花，C 型盒盖 86 Ⅳ T10 ③：5 则称"折沿上有三组减地刻花壶门图案"，从图片来看，这些标本均为剔去了壶门以内的部分，使其具有明显下凹感，装饰手法与前文所述剔去纹饰轮廓线以内化妆土的五代耀州窑青瓷相似，因此应该同 B 型 Ⅲ 式碗 86 Ⅳ：032、C 型 Ⅲ 式碗 86 Ⅳ T5 ④：123、D 型 Ⅱ 式碗 86 Ⅳ T6 ④：93、D 型 Ⅱ 式碗 84 Ⅰ T11 ②：161、H 型器盖 86 Ⅳ T1 ③：80 一样属于非典型的剔花工艺。总体而言，五代耀州窑剔胎剔花青瓷装饰主要集中在壶、倒注壶、净瓶、罐等几类器型的外壁，纹饰基本上都是大花大叶的牡丹纹和荷花纹，釉色以淡青色为主，也有少量呈翠绿色。尽管《宋代耀州窑址》称剔花工艺在宋初耀州窑青瓷中仍有延续，但遍观发掘报告，只在描述 La 型 Ⅰ 式碗 86 Ⅱ T10 ③：1 时明确提到"器内底剔团菊，内外腹皆剔刻缠枝牡丹，外腹与足相接处剔一圈连续花瓣纹"。由此可见，虽然瓷器制作工艺的演变不以朝代更替为严格界限，但相对来说剔花青瓷似乎更多生产于五代时期[16]。

　　通过《五代黄堡窑址》和《宋代耀州窑址》两部发掘报告可知，五代至宋初的耀州窑青瓷中刻花与剔花工艺并存。剔胎剔花是这一时期装饰效果最显著、工艺水准最高超的制品，国内除陕历博所藏的提梁倒注壶最具知名度外，比较有代表性的还有陕历博藏的三足盖罐（图二）[17]、西安市文物保护考古研究院藏的盖罐（图三）[18]，以及陕西省耀州窑博物馆（图四）[19]、成县博物馆（图五）[20]、平泉县文物保管所（图六）[21]，河北省张家口市博物馆（图七）[22]，台湾省台北鸿禧美术馆所藏双流执壶（图八）[23]等机构所藏的各式执壶。海外藏品则有法国吉美博物馆所藏双凤流执壶（图九）[24]、美国克利夫兰艺术博物馆所藏狮流执壶（图一〇）[25]等，其中吉美博物馆藏品与陕西省考古研究院所藏窑址发掘品（图一一）[26]、克利夫兰艺术博物馆藏品与成县博物馆藏品风格极为相近，鸿禧美术馆藏品亦与吉美博物馆藏品有异曲同工之处。这些剔花制品的共同特征是普遍具有明显立体感，地子与纹饰凹凸分明、对比强烈，纹饰层次清晰，有的可达数层之多。剔花纹饰的边缘较直，应以"双入正刀法"刻就，再剔去多余胎体。前文所述如陕西省考古研究院所藏香薰盖（图一二）[27]、套盒（图一三）[28]之类剔去纹饰以内部分的特殊剔花工艺在耀州窑青瓷中出现得很少，并非剔花青瓷生产的主流。

图二　五代—北宋青釉剔花荷花纹三
　　　足盖罐（陕西历史博物馆藏）

图三　北宋青釉剔花花卉纹盖罐
　　（西安市文物保护考古研究院藏）

图四　五代青釉剔花牡丹纹执壶
　　　（耀州窑博物馆藏）

图五　五代青釉剔花牡丹纹狮流执壶
　　　（成县博物馆藏）

图六 五代—北宋青釉剔花牡丹纹执
壶（平泉县文物保管所藏）

图七 五代—北宋青釉剔花花卉纹执
壶（张家口市博物馆藏）

图八 五代青釉剔花荷花纹双流执壶
（台北鸿禧美术馆藏）

图九 五代青釉剔花荷花纹双凤流执
壶（法国吉美博物馆藏）

图一〇　五代青釉剔花花卉纹狮流执
壶（美国克利夫兰艺术博物馆藏）

图一一　五代青釉剔花牡丹纹凤流执
壶（陕西省考古研究院藏）

图一二　五代青釉剔花枫叶纹香薰盖
（陕西省考古研究院藏）

图一三　五代青釉划花菊花纹套盒
（陕西省考古研究院藏）

　　五代时期刻花工艺被广泛应用于耀州窑青瓷莲瓣纹上（图一四）[29]，入宋之后继续一脉相承（图一五）[30]。耀州窑工匠在生产制作过程中充分吸收借鉴划花和剔花工艺的各自优点，将这两种技法熔于一炉，创造性地采用直刀深刻和斜刀广削的手法，先在器物坯体上垂直刻出纹饰轮廓线，再用斜刀剔去直线旁的地子，使之在保持线条流畅生动的同时，最大程度显现出如剔花一样的浅浮雕效果。耀州窑刻花青瓷在北宋中期技术成熟后大量生产，国内外公私机构多有精品收藏，如北京故宫博物院（图一六）[31]、陕西省考古研究院（图一七）[32]和日本大阪市立东洋陶瓷美术馆所藏的牡丹纹瓶（图一八）[33]，以及日本静嘉堂文库美术馆所藏的凤穿花纹枕（图一九）[34]、英国不列颠博物院（也称"大英博物馆"）

所藏的牡丹纹盖盒（图二〇）[35]等。刻花制品多采用"单入侧刀法"装饰，距离轮廓线近的地方刻得较深，距离轮廓线远的地方刻得较浅[36]，纹饰周围呈坡面阴影状而非直上直下，层次错落感不如剔花制品显著，这是耀州窑刻花工艺区别于剔花工艺最直观的特征。

图一四　五代青釉刻花莲瓣纹贴龟纹碗（定州市博物馆藏）

图一五　北宋青釉刻花莲瓣纹碗（耀州窑博物馆藏）

图一六　北宋青釉刻花牡丹纹瓶（北京故宫博物院藏）

图一七　北宋青釉刻花牡丹纹瓶（陕西省考古研究院藏）

图一八　北宋青釉刻花牡丹纹瓶（日本大阪市立东洋陶瓷美术馆藏）

图一九　北宋青釉刻花开光凤穿花纹枕（日本静嘉堂文库美术馆藏）

图二〇　北宋青釉刻花牡丹纹盖盒（英国不列颠博物院藏）

　　本文在考察窑址发掘报告的基础上，对典型耀州窑剔花青瓷和刻花青瓷进行了基本的区分。二者虽然装饰效果相仿，但装饰原理和装饰手法并不相同，不应混淆不清。囿于掌握材料所限，文中未能对五代和宋初耀州窑青瓷剔花工艺与刻花工艺各自的演进脉络作出更为细致的梳理。从磁州窑系剔花制品的年代分期来看，剔花装饰技法大致出现在北宋初年，流行于 11～12 世纪，其与耀州窑剔胎剔花工艺之间的互动影响关系有待今后进一步深入探讨。

注　释

①　北京艺术博物馆编：《中国耀州窑》，中国华侨出版社，2014 年，第 97 页。

②　张柏主编：《中国出土瓷器全集·陕西卷》，科学出版社，2008 年，第 113 页。

③　汪庆正主编：《简明陶瓷词典》，上海辞书出版社，1989 年，第 128、174 页。

④　冯先铭主编：《中国古陶瓷图典》，文物出版社，1998 年，第 370、371 页。

⑤　张燕：《从国家博物馆藏品看宋辽金北方剔花瓷器》，《中国历史文物》2006 年第 3 期。

⑥　秦大树：《白釉剔花装饰的产生、发展及相关问题》，《文物》2001 年第 11 期。

⑦　刘涛：《宋辽金纪年瓷器》，文物出版社，2004 年，第 20～22 页；穆青：《河北出土的耀州窑青瓷——兼谈五代至北宋早期青瓷与白瓷上的深剔刻装饰》，《中国耀州窑》，中国华侨出版社，2014 年，第 309～319 页。

⑧　陕西省考古研究所：《五代黄堡窑址》，文物出版社，1997 年，第 244 页。

⑨　陕西省考古研究所、耀州窑博物馆：《宋代耀州窑址》，文物出版社，1998 年，第 544、546、547、617、618、681 页。

⑩　禚振西、杜文：《耀州窑瓷鉴定与鉴赏》，江西美术出版社，2000 年，第 22 页。

⑪　冯先铭主编：《中国陶瓷》，上海古籍出版社，2001 年，第 463 页。

⑫　王小蒙：《五代黄堡窑青瓷与柴窑》，《收藏家》2001 年第 1 期。

⑬　王小蒙：《五代黄堡窑青瓷与柴窑》，《收藏家》2001 年第 1 期。

⑭　曾肃良：《宋代耀州青瓷研究》，三艺文化事业有限公司，2005 年，第 145 页。

⑮　实应为"壸门"。经明汉、刘文金：《传统家具文化文献中"壸门"与"壶门"之正误辨析》，《家具与室内装饰》2010 年第 7 期。

⑯ 关于耀州窑剔胎剔花青瓷的年代认定，学界观点不一，但基本范围大致在五代至北宋初。如果以窑址发掘报告为准，则装饰有典型剔花纹饰的壶、倒注壶、净瓶等几乎全部为五代时期制品。笔者认为这一看法可能过于绝对，值得商榷。

⑰ 张柏主编：《中国出土瓷器全集·陕西卷》，科学出版社，2008 年，第 112 页。

⑱ 张柏主编：《中国出土瓷器全集·陕西卷》，科学出版社，2008 年，第 115 页。此盖罐出土于北宋天禧三年（1019 年）李保枢夫妇墓中，普遍认为是北宋早期制品。

⑲ 北京艺术博物馆编：《中国耀州窑》，中国华侨出版社，2014 年，第 72 页。

⑳ 北京艺术博物馆编：《中国耀州窑》，中国华侨出版社，2014 年，第 73 页。

㉑ 北京艺术博物馆编：《中国耀州窑》，中国华侨出版社，2014 年，第 92 页。

㉒ 北京艺术博物馆编：《中国耀州窑》，中国华侨出版社，2014 年，第 93 页。

㉓ 北京艺术博物馆编：《中国耀州窑》，中国华侨出版社，2014 年，第 76 页。

㉔ 北京艺术博物馆编：《中国耀州窑》，中国华侨出版社，2014 年，第 75 页。

㉕ 〔日〕東京国立博物館：「特別展 中国の陶磁」，東京国立博物館，1994 年，第 99 页。

㉖ 北京艺术博物馆编：《中国耀州窑》，中国华侨出版社，2014 年，第 74 页。

㉗ 张柏主编：《中国出土瓷器全集·陕西卷》，科学出版社，2008 年，第 104 页。

㉘ 张柏主编：《中国出土瓷器全集·陕西卷》，科学出版社，2008 年，第 111 页。此套盒主要装饰工艺为划花，仅局部采用了剔花工艺。

㉙ 北京艺术博物馆编：《中国耀州窑》，中国华侨出版社，2014 年，第 87 页。

㉚ 北京艺术博物馆编：《中国耀州窑》，中国华侨出版社，2014 年，第 101 页。

㉛ 李辉柄主编：《故宫博物院藏文物珍品大系·两宋瓷器》上，上海科学技术出版社，2002 年，第 102、103 页。

㉜ 北京艺术博物馆编：《中国耀州窑》，中国华侨出版社，2014 年，第 123 页。

㉝ 〔日〕大阪市立東洋陶磁美術館：《中国中原に華ひらいた名窯——耀州窑》，朝日新聞社，1997 年，第 33 页。

㉞ 〔日〕静嘉堂文庫美術館：《中国陶磁展》，静嘉堂文庫美術館，1992 年，第 37 页。

㉟ 康蕊君、霍吉淑：《大英博物馆大威德爵士藏中国陶瓷精选》，文物出版社，2013 年，第 56、57 页。

㊱ 曾肃良：《宋代耀州青瓷研究》，三艺文化事业有限公司，2005 年，第 145 页。

作者简介：赵磊，天津市文物公司，馆员，天津市和平区四川路 2 号，300040。

天津博物馆藏明清时期
景德镇窑青花瓷器探究

崔伯鉴

（天津博物馆）

摘要：本文通过对明清时期景德镇窑青花瓷器重要发展的阐述，结合天津博物馆藏明清时期景德镇窑青花瓷典型器物的器型、纹饰、胎釉彩、款识、烧造工艺等时代特征及文化内涵的探究，分析总结明清时期景德镇窑青花瓷的发展规律及鉴定要点，为进一步深入研究明清景德镇窑青花提供重要的实物资料信息与理论依据

关键词：天津博物馆　明清时期　景德镇窑　青花瓷

　　天津博物馆的近 20 万件馆藏文物中瓷器是重要的一部分，经过 60 年来的收集，馆藏瓷器达到 5000 余件，在天津博物馆收藏的众多窑口瓷器当中，由以景德镇窑瓷器为重，可以说占据天津博物馆藏瓷的半壁江山，时间跨度从南宋至现代，历时千余载，而明清时期的瓷器收藏又占馆藏景德镇窑瓷器收藏的 80% 以上，青花瓷又是我馆馆藏的一大特色，目前在我馆常设展览里就有关于明清青花瓷器的专题展览"青兰雅静——天津博物馆藏明清青花瓷器"展出。

　　馆藏景德镇窑青花瓷主要来自天津文化局、文物处、天津市财政局多次拨交，天津市文物公司拨交和价拨，还有北京故宫博物院、上海市文管会、上海市博物馆拨交的各个窑口的瓷器，以及 20 世纪 50 年代末和 60 年代初在天津，北京购买的大量瓷器。尤以在北京韵古斋、宝聚斋、悦雅斋、懋隆和天津市文物公司购买的瓷器最精，历史价值、艺术价值和科学价值也最高。这不能不感谢天津博物馆的韩慎先、李济才、乔凤林、徐静修、张玉衡诸位老先生做出的贡献。

一、馆藏明代景德镇窑青花瓷器

　　明初洪武年间的青花瓷器存世稀少，以前认为洪武青花采取国产钴料绘制，青花呈色不佳是可以理解的，经科学实验证明洪武青料也是进口钴料。洪武青花发色有的

表现为清新明快的淡蓝色，呈色稳定不散，有的青花浅淡，少有晕散，还有的青花色泽泛灰，并呈现出较大斑状的黑青色。青花釉面肥腴、光润、细腻、平滑。器型主要有石榴形瓜棱罐、玉壶春瓶、执壶菱花口折沿大盘、菱花口盏托、折沿浅盘、盘、碗、高足碗等。纹饰以花卉纹为主，很少见元代青花瓷中的瑞兽、鱼藻、鸳鸯戏莲和历史人物故事图。常见的主题纹饰是缠枝或折枝花卉，主要有菊花、莲花、牡丹、灵芝、四季花、菊石、树石庭院、芭蕉庭院、松竹梅等。边饰有卷草、回纹、蕉叶、如意云、莲瓣、缠枝莲、双层莲瓣等，有的青花瓷中还暗印凸云龙纹。所有的青花瓷绘画均线条流畅、构图严谨、运笔熟练、准确有力。

天津博物馆藏一件明洪武青花印花云龙纹盘（图一），高3.6厘米，口径19.1厘米，底径11.7厘米。撇口，浅腹，平底，圈足。胎质精细，釉质肥腴细润。口沿内青花绘一周线条流畅的卷草纹，盘内壁印有暗花云龙纹，纹饰生动流畅，盘内底心，青花双圈内有"品"字形排列的3朵云纹，盘外壁青花绘云龙纹，青花色调浅淡，少有晕散，外底白釉无款，与1964年南京明故宫遗址出土的青花云龙纹盘残片相一致，盘心也是有3朵"品"字形排列的"风带如意云"，内壁印2条行龙纹，盘外壁青花绘云龙纹。其纹饰装饰特点与同时出土的洪武颜色釉瓷器如出一辙。

图一 明洪武青花印花云龙纹盘

到了永乐宣德时期青花瓷迎来了生产的黄金时代，此时青花胎釉精细，色泽浓艳，造型多样，纹饰优美，多数青花以进口钴料"苏麻离青"作为绘画颜料，烧成后形成自然的铁锈斑与浓艳的青花相映成趣。天津博物馆藏一件明永乐青花枇杷纹带鸟纹盘（图二），高9.7厘米，口径50.5厘米，底径34.8厘米，葵花瓣口，板沿，细白砂底，有火石红斑。盘通体白釉，满绘青花纹饰。内口沿绘一周缠枝莲纹，外口沿为一周汹涌澎湃的海水，内外壁用16个花瓣内绘形状不同的青花折枝果，内底双弦纹内绘一枝伸展的折枝枇杷，一只美丽的绶带鸟落于枝上，伸颈张嘴，深深地嗅着果香，正欲将饱满诱人的枇杷果噙入口中。整个画面布局疏朗明快，生动活泼，运笔顿挫有致，纹饰显然出自同时期画院画家的稿本。这件枇杷绶带鸟纹盘尺寸很大，纹饰精美，别有深意。绶带鸟在《禽经》中有"守鸟性勇，缨鸟性乐，带鸟性仁"。绶带鸟自古即被作为仁爱宽厚的象征，北本盘上，绝非信手拈来，而是传达统治者"仁布天下"的思想，一只绶带鸟成福中外关系的使节。此盘现传世仅 3 件，堪称珍品。

图二　明永乐青花枇杷纹带鸟纹盘

　　明永乐青花阿拉伯文纹器座，此盘座上下同大，平折沿，平足。器身为轴状，中空无底，器中部凸起一周弦纹棱。盘座通体白釉，满绘青花纹饰。上下沿面均绘变体莲瓣纹，器身凸棱处亦绘莲瓣，上下部分各绘一周缠枝勾莲纹，其上青花书写阿拉伯文字，有两句大意为"赞颂归于真主""万物非主""唯有安拉"。此器青花色泽浓艳深沉，蓝中泛黑，黑色结晶斑清晰可见，是用进口"苏麻离青"料所绘。郑和出使西洋，使中国和西亚的文化交流日盛，瓷器造型也借鉴西亚地区的陶器和金银器。埃及马穆鲁克王朝时期黄铜盘座曾风靡一时，开罗博物馆收藏一件刻纹彩绘陶盘座，天津博物馆珍藏的这件瓷盘座与西亚黄铜盘座造型十分相似，是瓷器仿制其他品种的杰出代表，曾一度被命名为"无档尊"。据目前资料得知，此盘座的品种有青花与白釉两种，白釉是景德镇御窑厂出土瓷片拼制而成的残器，青花器传世仅数件，已成为研究东西方文化交流的珍贵物证。除此之外还有明永乐青花云龙纹扁壶、明宣德款青花云龙纹天球瓶（图三）、

图三　明宣德款青花云龙纹天球瓶

明宣德青花牵牛花纹四方倭角瓶等都是此时期的典型器。

　　明朝青花瓷经过永乐、宣德时期的辉煌期，到正统、景泰、天顺时由于天灾人祸，瓷器产量和品种大幅度减少，进入陶瓷史上所谓的"空白期"（经过考古人员的在景德镇御窑厂的发掘，已证实此时期官窑仍在烧造），而我馆收藏的明景泰青花麒麟纹罐，高42.5厘米，口径23厘米，底径22厘米。唇口，短径，丰肩，腹部下敛，砂底无釉。通体饰青花纹饰，外口沿饰花朵锦文，肩部海水异兽纹，腹部主体纹饰为天降麒麟，高云远山的衬托下，两组麒麟四蹄生风，飞奔面来，样子雄壮威武。麒麟脚下的山石、飞蝶草本简笔而过，更衬托出画面的动感十足。麒麟是中国古代传说中麟凤龟龙"四灵"中的一种神兽，这种鹿身马足、牛尾圆蹄、通身鳞甲、头有独角的动物因"不履生虫、不生草"而被称为仁兽，被视为祥瑞。除此之外还有明天顺青花人物图罐，明天顺青花携琴访友图梅瓶，都因印证了此时期窑业还在继续生产，并不是所谓"空白"。

　　青花瓷发展到了明中期（成化、弘治、正德），钴料已从进口料改用国产的"平等青料"，发色浅淡而呈灰蓝，造型追求柔和之美，纹饰线条纤细流畅，绘画开始使用勾勒填涂之法。我馆典型器物有明成化青花四兽纹罐（图四），此器高30厘米，器型高大秀美，所谓"成窑无大器"，此罐就是对此话最好的反证。除此之外，明弘治青花缠枝莲纹葫芦瓶，明正德青花仙人故事图葫芦瓶，此瓶高53厘米，口径8.7厘米，底径17厘米，直口，束腰，平底无釉，呈双节葫芦状，造型优美，师法天然。胎质细腻，釉面白中泛青。青花色泽淡雅柔和，微闪灰色，是用"平等青"钴料所绘。画面布局繁满，多组构图。呈八周纹饰带；上腹口沿绘回纹、颈部绘莲杆八宝纹；主题纹饰绘云亭仙境故事，分别有"观莲""赏菊""题诗""赶考"4个情节；束腰处绘锦纹和仰覆莲花；下腹主题纹饰绘"吹箫引凤""携琴访友""炼丹求仙""鱼龙变化"等内容，近足处绘一周莲瓣纹。单看画面就可以感受到一个个故事，而且画面生动，可以看出人物的情绪，如赶考书生脚步匆匆、心情急切，高士访友的悠哉，吹箫人的淡定胸怀，炼丹人一心向往得道升仙。此瓶器型较大，绘画精致，工艺精细，虽非官窑器，但足可与官窑器相媲美，也是此时期的典型器。

　　明晚期（嘉靖、隆庆、万历），青花多采用进口的"回青料"，色调蓝中泛紫，浓重艳丽。万历中后期青花蓝中闪灰，发色渐浅。天津博物馆馆藏的此时期代表器物有明嘉靖款青花八仙过海图瓜棱罐、明隆庆款青花仕女抚婴图长方盒。长方盒高16厘米，长27.4厘米，宽16厘米，呈长方形，胎体厚重，盒盖锦地开光内绘侍女抚婴图，共绘5人：一贵妇，二侍女，二儿童。盖墙四周绘双龙戏珠纹。盒身四面均绘侍女抚婴图，人物多达7人：二贵妇坐在柳荫亭栏下，神态悠闲；一侍女手捧食盒前来侍奉，一侍女手牵一顽童；还有二子一手持风车，一手拿小鞭在花园中嬉戏奔跑，形象活泼天真，憨态可掬。整个画面似为一家女眷携子到另一家做客的情景。所绘人物均圆脸，体态修长。青花色泽艳丽，蓝中泛紫，系进口"回青料"所绘。盒底无釉，中心有一圆形

图四　明成化青花四兽纹罐

脐，内白釉，青花楷书"大明隆庆年造"二行六字款。隆庆时期青花盒造型较多，此为其中一种。隆庆历时六年，传世品稀少，官窑器尤甚。国内藏有的隆庆朝瓷器亦屈指可数，因而这件完整的青花盒更显珍贵。除此之外还有明万历款青花百寿纹盖罐等。

　　明末（天启、崇祯）青花瓷器多淡描青花，青花绘画开始出现分水现象，绘画纹饰精细，以文人画题材居多。如天津博物馆馆藏明天启青花花卉纹方花觚、明崇祯青花三顾茅庐故事图莲子罐和明崇祯甲戌春孟赵府造用款青花云龙纹盘，此盘底款"甲戌"为崇祯七年（1634 年），崇祯无官窑款器物，带纪念款的器物也甚是稀少，此盘带有明确纪念，可做断代标准器。

二、馆藏清代景德镇窑青花瓷器

　　清代顺治朝历时 18 年，社会动荡，百废待兴，政局尚未完全安定下来，御窑厂不可能全面恢复大规模生产，所以景德镇瓷业一度萧条，产量很少。官窑生产时停时产，所以官窑瓷器并不多见，而民窑则开始全面恢复大规模生产。此间，御窑厂施行"官搭民烧"制度。"官搭民烧"不仅为陶瓷生产闯出了新路子，同时也为后期康熙瓷器的繁荣与蓬勃发展打下了坚实的基础。

　　顺治青花瓷胎体偏厚重，胎体有粗、细之分，粗为渣胎，有灰白或灰黄色；细的洁白坚致，瓷化程度较好。顺治青花瓷使用的青料有质量较好的浙料和质量较差的江西土青。而顺治青花瓷的造型，一般来说线条简单平直，比明晚期所做更加规整细腻，一改万历以来民窑制作草率的风气。器型多高大厚重，轻巧的器型不多见，风格上风格趋于简单，朴素典雅，端庄大方。从青花的绘画题材总体看，顺治青花瓷装饰上以山水、洞石花卉纹出现最多，其次是人物纹。纹饰都粗壮稚拙，单纯的带图案性质的花卉纹很少见。外销瓷仍沿袭明末的山水加题诗的诗画题材。顺治官窑写年款的很少，主要是青花碗和茄皮紫釉盘。民窑青花既有楷书款也有篆书款，主要写干支纪年款，如"顺治丙戌年""庚子年制""大清丁亥年制""顺治丁酉年"等，另外还见"大青丁亥年制"。堂名款如"三堂佳器""玉堂珍器""百花斋""梓桑轩制""西畴书院""继善堂"等，其中"玉堂佳器"款最多。

天津博物馆馆藏清顺治"玉堂佳器"款青花麒麟芭蕉图盘，釉色白中闪青，呈鸭蛋青色，釉层较厚，透明度较差。纹饰麒麟和芭蕉画在一起，蕉叶中间多留白，只用双线画出主茎、主脉，相互之间，排列不是很紧密。麒麟芭蕉图为当时最常见的图案。清顺治青花花鸟纹筒瓶，纹饰简练，花鸟生动，像一幅写意画。此时画的鸟都是单只的，而不是成双成对的，战乱痕迹也在图画上有所反映，表现出人们孤寂无助的心态。

清代康、雍、乾时期，我国瓷器生产的品种、数量和工艺水平都达到了历史最高峰。

康熙青花瓷以胎釉精细，青花鲜艳，造型古朴多样，纹饰优美而负盛名。清代康熙朝（1662～1722年），经济贸易发达，康熙十九年景德镇恢复御窑厂，青花瓷器取得了突出成就。

康熙青花分为早、中、晚三个时期：早期是康熙元年至康熙十九年；中期是康熙二十年至康熙四十年；晚期是康熙四十年至康熙朝终，其中康熙中期青花瓷器最为突出。

早期青花使用浙料，呈色灰蓝，个别发色较灰暗，与顺治青花特点相近。康熙早期无款居多。而中期是康熙二十年至康熙四十年；康熙二十一年之后均有落款。晚期是康熙四十年至康熙朝终，其中康熙中期青花瓷器最为突出。民窑青花多数不书年号款，往往写堂名款，又称斋堂款。仿明代款有："大明永乐年制""大明宣德年制""大明成化年制""大明嘉靖年制""大明隆庆年制""大明万历年制"，多是楷书。

康熙青花瓷器的造型，千姿百态，仿古创新。既有陈设瓷，也有日常生活用瓷、祭器、外销瓷等。大件器物多是民窑烧制，尽管体积较大，但极少变形，风格挺拔向上，粗犷豪放，制作规范，丝毫没有笨拙感。中小件器物富有独创性，严谨大方。主要品种有盘、碗、碟、杯、盒、瓶、尊、壶、罐、炉、钵缸、香薰、笔筒等文具、挂钟等。康熙青花装饰题材广泛，图案布局巧妙合理，与造型有机结合在一起，尤其是民窑青花在纹饰方面，完全突破了历代官窑图案规格化的束缚，显得更加生动活泼，形式多样，充满生活气息。这种自然的民窑青花，具有很高的审美价值。而官窑青花则代表着当时工艺的最高水平。

清康熙时青花瓷是天津博物馆的大宗藏品之一。此时青花以青翠明快、层次分明和清新悦目的色泽成为清朝之冠。馆藏具有代表性的有清康熙文章山斗款青花山水人

图五　清康熙青花雉鸡牡丹图棒槌瓶

物题诗图笔筒、清康熙青花雉鸡牡丹图棒槌瓶（图五）。棒槌瓶高 48.3 厘米，口径 12 厘米，腹径 18.2 厘米，足径 12.5 厘米，盘口，短直颈，折肩，肩部以下垂直，圈足。因形似洗衣用的棒槌，故名。口沿绘云纹，颈部绘海水如意纹，并有一道凸棱，肩部绘云纹，腹部主题纹饰为雉鸡牡丹图，另绘两只嘤嘤作答的喜鹊和洞石花卉，底白釉青花双圈线。此瓶采用分水皴法描绘纹饰，青花发色娇翠欲滴，层次分明，画面渲染逼真，如同一幅水墨画一般，具有较高的艺术价值。清康熙青花福禄寿三星图棒槌瓶、清康熙款青花圣祖得贤臣颂文笔筒等是其中的精品。

清雍正青花瓷是雍正时期的青花瓷，无论造型和装饰，都可以用一个"秀"字来概括，与康熙青花挺拔、遒劲的风格迥然不同，而是代之以柔和、俊秀的风格。清雍正时期为时虽然短暂，但经济发展，社会安定，政府财力雄厚，国内外市场活跃，制瓷工艺突飞猛进，在继承康熙制瓷工艺的基础上，又有了许多创新、变化和提高，不仅品种多、题材广泛、造型多样，而且原料的选择和加工也比以前更讲究。青花瓷在雍正时期尽管不是官窑的主流产品，但其质量之精美，花色品种之丰富，艺术水准之高超，都是清代其他各朝所无法比拟的。

雍正时期在仿古方面达到了空前的水平，体现了高超的制瓷技巧。雍正民窑青花瓷有高、中、低三档。民窑的高档瓷与官窑瓷比较接近，民窑中档瓷有相当一部分是外销瓷，低档瓷主要是日用瓷。高档瓷中又包括三种类型的瓷器：仿古瓷，主要仿永乐、宣德、成化、嘉靖的风格；具有康熙朝风格的瓷器，由于康熙朝瓷器生产时间长，影响大，不是在短时间内可以改变的，所以雍正早期青花沿袭康熙朝风格的较多；本朝风格瓷，雍正时期，上自皇帝下至督陶官对瓷器制作都有着精益求精、锐意进取的意识，这种意识对民窑的影响也是非常巨大的。

雍正官窑青花的胎骨晶莹洁白，在 20 倍放大下呈糯米饭状。胎壁薄而坚硬，瓷化程度很高，用手指轻叩，发出清脆的金属声音。修胎一丝不苟，看不见旋削痕。民窑高档瓷与官窑瓷胎基本接近，很难发现未粉碎的瓷石颗粒，即使有也是很微小的。

雍正青花呈色有纯蓝、灰蓝和青紫三种。灰蓝色是典型的民窑粗器，青紫色的多属民窑仿明作品，标准的雍正官窑青花呈色极为纯正，洁净无瑕，有深浅不同色阶，略见晕散。

雍正青花在造型上既有继承也有发展，结构精巧，器型圆柔纤丽，修长俊秀，陈设与实用保持完美结合，形成高雅而朴实的艺术风格。雍正青花善于博采众长，无论是仿古铜器式样，还是对于自然界的花果形态，如瓜、石榴、海棠花等，不是单纯机械的模仿，而是以简洁、洗练的手法来增强其清秀的表现力。

雍正青花纹饰风格高雅细腻，内容以翎毛花卉为主，山水次之，人物较少。用笔精细纤柔，构图清晰，色彩雅丽，层次分明。纹饰简洁清晰，强调主题突出，图案整体感强，规矩中富于变化。不少画面配有诗句、印章，使中国传统的书画艺术完整地移植到瓷器纹饰中来。

雍正款识多而杂。有本朝官窑款、民窑款、方款，每一类款识又有许多种写法。

清雍正朝时间不长，但瓷器产品都很精致，造型纤巧秀丽，胎质洁白细腻，琢器无接痕，青花色调多样。代表作如天津博物馆馆藏清雍正款青花九龙闹海图天球瓶（图六），瓶高50.8厘米，口径11.1厘米，腹径37.8厘米，底径18.2厘米，直口、长颈、溜肩、球形腹，圈足。通体绘九龙闹海图，间绘火云纹。口沿下用四道青花弦线与腹部主题纹饰相隔，一面绘海水纹，一面青花横书"大清雍正年制"六字楷书款。近底处绘波涛汹涌的海水纹，与口部相呼应，九龙在天海之间自由翻腾，姿态各异。造型丰满端庄，绘工精细，发色稳定深沉，为宫廷大型陈设用瓷，是雍正青花瓷中的精品。天球瓶始烧于明代永乐、宣德年间，清代多有仿制，尤以海水云龙纹最为珍贵。清雍正款青花八角花纹蒜头瓶、清雍正款青花松竹梅图碗等。

图六 清雍正款青花九龙闹海图天球瓶

乾隆官窑青花瓷既与清幽的康熙青花有别，又与淡雅的雍正青花不同，它是以纹饰繁密、染画工整、造型新奇取胜。民窑青花种类丰富，色彩亮丽，画面多样，造型新奇。

除传统的白地青花外，乾隆朝的青花还是派生出许多新品种，把原有的传统工艺提高到一个崭新的阶段。清乾隆一朝60年，是清代封建社会发展的鼎盛时期，瓷器生产取得了空前的繁荣，青花瓷也达到了登峰造极的程度。此时，景德镇御窑厂规模庞大，在督陶官的管理下，每年烧造各种瓷器都在数十万以上，烧出的瓷器无论是工艺技巧还是装饰艺术都已达到了炉火纯青的地步。

乾隆朝青花瓷归纳起来有两大类，一类是典型乾隆器，一类是乾隆仿古器。典型乾隆器生产量极大，是当时社会大众生活用瓷、陈设用瓷、外销出口瓷的主体。其承袭康熙、雍正青花的特点，并在其基础上继续发展创新、提高，体现在制作技巧上达到前所未有的成就。从工艺制作上看，其胎体的成型、青料的绘制等，每一道工序都是一丝不苟，精工细做。乾隆仿古瓷不像雍正仿古瓷要求那么严格，但产量却远大于雍正朝。仿古的方法基本沿袭前朝，最多的是仿明宣德青花瓷。

官窑和民窑中高档瓷器的胎土淘洗精细，在中小器物的胎骨中找不到未粉碎的瓷石颗粒。胎骨洁白致密，胎釉交界处无火石红。胎壁比雍正青花略厚。中高档瓷釉色白中泛青，气泡细小，釉面光洁莹润，也有一些制作不够成功的作品，釉呈浆白和灰青色。有部分官窑和民窑瓷器圈足上涂抹一层护胎釉，多数呈黑色，也有酱色、褐色等。乾隆以后圈足上涂抹护胎釉的现象就比较少见了。

官窑和民窑中高档瓷器的圈足有多种，一般而言，盘碗仍采用泥鳅背圈足，但不再像雍正朝圈足着地面小，而是略有一个比较宽的着地面；瓶尊类器物圈足有一个明显的着地面，平面两边经打磨，呈一个无棱角的倒梯形；坛罐类器物圈足呈倒梯形，打磨粗糙。

乾隆青花在清代素以"稳定、浑厚、沉着"著称，使用国产青料绘制。早期发色与雍正青花差别不大，略见晕散，但比雍正时期稳定；中期呈色稳定明快，为纯蓝色；后期呈色较为厚重沉闷，无明快清丽之感。乾隆青花也有一些淡描以及浆胎青花，但数量不多。

乾隆青花既有继承前朝康熙、雍正青花式样，也有仿制明代永乐、宣德青花式样，仿古铜器式样，外销式样，还有创新式样，造型千姿百态，应有尽有。主要是日常生活用瓷、陈设观赏瓷、文房用具等。整体讲究上下对称、规矩。由于创意追求精、奇、巧，所以浑厚古拙程度不如康熙青花，柔和、俊秀程度不如雍正青花，但在工艺技巧上远远超过了康、雍青花。

乾隆青花纹饰绘画笔法与雍正相似，有勾勒平涂和勾勒填色后再点染等方法，分别应用于不同题材的作品上。勾勒线条平滑均匀，但与康熙纹饰比较，缺乏力度与生气。

乾隆官窑瓷器款识有"乾隆年制""大清乾隆年制""大清乾隆仿古"三种，以"大清乾隆年制"六字篆书款为主。"大清乾隆年制"六字款明显多于"乾隆年制"四字款。"乾隆年制"楷篆均有，楷书款一般用于彩瓷上。"大清乾隆年制"楷篆均有，篆书多于楷书。"大清乾隆仿古"一般用于仿古瓷上，青花篆款为主。高足盘、高足碗、双连瓶一般是在足内写篆书六字横款。外销瓷一般都不落年号款。

天津博物馆馆藏有清乾隆款青花缠枝莲纹赏瓶、清乾隆款青花折枝花纹扁六方贯耳尊（图七）。尊高45.2厘米，口径18.5厘米，腹径27.6厘米，足径18.5厘米，扁六方形，口外撇，长颈，折肩，腹微鼓，腹下内收。为阶形圈足。颈部饰对称贯耳，口沿下绘回纹一周，其下及圈足上绘折枝花卉，颈部绘海水纹，尊体六面各绘折枝牡丹纹和西番莲纹。圈足内青花书"大清乾隆年制"六字三行篆书款。造型规整，画工精细、釉色润白匀净，青花发色浓艳，是乾隆宫廷陈设用瓷中的精品。由于六方器形工艺难度极大，尤为难得。清乾隆青花缠枝花纹梅瓶、清"乾隆丙午"款青花团寿纹莲托八吉祥纹盘代表了当时的烧造水平。

清代中晚期青花瓷生产逐渐走向衰落，青花发色多灰暗深沉，造型纹饰基本延续前朝风格。此时期的青花瓷天津博物馆也多有收藏，清嘉庆款青花云凤纹瓶、清道光款青花云龙纹罐、清咸丰款青花云龙纹碗、清同治体和殿款青花花卉纹捧盒（图八）。盒高 16.2 厘米，口径 24.5 厘米，足径 15 厘米，扁圆形，子母口扣合。盒盖中心画团寿字，盖面及盒身青花绘折枝牡丹、菊花、兰花等纹饰，青花色泽淡雅，画面工整秀丽，尽显皇家御用瓷器的风采。圈足内蓝料书"体和殿制"四字两行篆书方款。体和殿是慈禧太后居储秀宫时的用膳之处，"体和殿制"款器物是同治朝景德镇御窑厂特为慈禧太后烧制的御用瓷，这些都是此时期的代表。

图七　清乾隆款青花折枝花纹扁六方贯耳尊　　图八　清同治体和殿款青花花卉纹捧盒

作者简介：崔伯鉴，天津博物馆，助理馆员，天津市河西区平江道 62 号，300201。

浅谈明代永乐宣德时期宫廷造像

李 玮

（天津市文物公司）

摘要：佛造像的制作方式多样，表现形式繁多，已经形成一种艺术门类，明代永乐宣德时期宫廷造像风格特征鲜明，在庄严的宗教背景下蕴含浓郁的艺术气息。要从艺术鉴赏的角度准确地对佛造像进行断代和真伪鉴别，必须深入学习和研究相关知识及历史文化背景，掌握相关历史时期佛造像的特征和工艺特点，方能对其价值有正确的认知。

关键词：永乐 宣德 佛造像 风格 价值

明代宫廷造像的制作主要集中于永乐和宣德时期，所以又通称"永宣宫廷造像"，这一时期也是明朝宫廷造像的兴盛时期。明代宫廷造像的产生和当时治理边疆民族的宗教政策是密不可分的。明太祖朱元璋有做沙弥的经历。明朝建立后，他对佛教的认识和尊崇，一定程度上延续了元代帝王的做法，如鼓励僧人到各地讲经说法，同时封藏族僧人为"法王"。佛教在中央集权统治的轨道上合理发展成为政治文化的一个组成部分，同时也为金铜佛造像发展奠定了基础。但目前尚未有"洪武"款识的宫廷造像发现。

由于明代在宫廷专设造像机构制作佛像，同时在边疆地区掀起了分封的热潮，这种大规模的分封活动，促使藏地的僧侣纷纷来京城请封朝拜。统治者往往来者不拒并赏赐他们大量珍贵礼物，这些馈赠之一就是宫廷制作的金铜佛造像。《明实录》中记载了首次赐予西藏僧人佛像是明永乐六年（1408年）"如来大宝法王哈立麻辞归，赐白金、采币、佛像等物，仍遣中官护送"。由此可见，佛像在当时已经开始作为礼品，并且逐渐形成官方的生产制作制度。

永宣宫廷造像一般有"大明永乐年施"和"大明宣德年施"二种款识，均阴刻于台座前方台面之上（图一）。造像题材多为释迦佛、阿弥陀佛、观世音菩萨、文殊菩萨、白度母、绿度母等。造像风格主要源于西藏佛像，但又绝非简单的模仿与技艺的照搬，而是具有浓郁的民族特色和地方特点，既符合西藏佛像的标准，又兼顾内地佛像的衣纹流畅、富丽华美。在制作上充分体现了雍容华贵的皇室气韵。造像整体材质多为红铜，鎏金偏黄色，由于时间久远，金色多磨损而露出铜色。一般常见的造像高

10～30厘米，尤其是高度为20厘米左右的造像居多，大型造像较为少见。

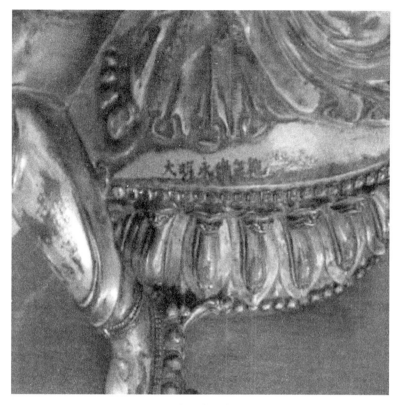

图一　大明永乐年施款

　　永乐时期（1403～1425年）是明代宫廷造像的创始期，所制作的鎏金佛像以精致的铸造技术与丰富的鎏金技巧而著称。还明显保留了印度和尼泊尔的遗风，表情含蓄，高鼻薄唇，五官匀称，眉眼较长，略有笑意，基本呈汉族方正脸相。有的佛像头饰螺发，顶有肉髻，肉髻上有宝珠；菩萨花冠头饰，头顶束高发髻，发髻成横圆柱状，其余垂于脑后，发丝细长清晰可见，发梢在两耳边和颈后形成一道弧线，两侧分出一条发辫垂于两肩，耳边还各饰有一个U字形翻卷的花带。在造型上束腰内收成锐角状，佛母和菩萨束身成S形。有的佛像上身披袈裟，下身着衣裙，全身基本无饰物；菩萨佛母像上身胸前饰U字形连珠璎珞，双耳垂大圆环，下身着衣裙，腰间束花带双肩披帛，帛从双肩垂于手臂内侧外搭在手腕上，胸部袒露得较多，全身还有手镯和臂钏、足钏等装饰（图二）。特别是前期莲花座上的莲花瓣，其形制细长饱满，劲健有力形似水滴外凸向上翘，上下有两道联珠纹，清瘦莲瓣之间露出秀美莲尖角（图三）。永乐后期是明朝宫廷造像的成熟时期，造像的体态趋于平稳。其形制比永乐前期略为宽肥，而且在莲瓣头部出现了卷草纹（图四）。四肢制作很秀美，尤其手脚的刻画非常灵活纤细，写实性很强（图五）。

图二　铜鎏金绿度母像

图三　永乐前期宫廷造像细部

图四 铜鎏金释迦牟尼像

图五 永乐前期宫廷造像细部

　　宣德时期（1426～1435年）基本延续了永乐时期的整体特点，脸型趋于端庄祥和，面部宽大，整体造型男性化，嘴唇略厚重，鼻梁鼻翼较显宽，造像面部宽平短小，面颊圆润清厚，有肌肉感。双目平直，眉眼较长，神态沉稳寂静，从某个角度看，都略带一丝微笑，面向慈善。躯体壮实，宽肩细腰，四肢粗壮，肌肉饱满，细部制作精细，比例匀称，双足刻画引人注意，脚趾明显逼真。衣纹顺畅，飘逸有垂感。无论是佛身的袈裟、僧裙还是菩萨、佛母等像的长裙和帛衣都采用这种手法，整体层次感很强。尺寸也比前期的略大一些。注意神情的刻画，莲座均较低矮，莲花瓣更加宽肥，卷草纹装饰华丽繁多，没有永乐这么浑厚有力（图六）。一般佛造像都是要"装藏"的，大都是在莲花底座的位置。可能由于各种原因，现在大多数造像装藏遭到破坏，没有底盖，底座部所装经卷等物品所遗失，只有极少数造像保存完好的封底。封底盖朝外的一面中间刻有十字金刚杵，金刚杵中心的部分有阴阳鱼图案，底部的底盖和周壁的固定方法一般包底，器壁剁出毛刺固定底盖为剁底（图七）。

图六　铜鎏金文殊菩萨

图七　造像底部

　　"永宣宫廷造像"作为明代金铜造像鼎盛时期的代表，其造型准确自然、制造工艺精湛，不仅是价值连城的佛教艺术品，备受珍爱，而且具有鲜明的文物价值、艺术价值与收藏价值。

　　文物作为历史文化的物质载体和见证，是对过去历史的展示，是整个民族的象征、国家的标记。要分析文物的真伪，必须了解其时代特征、材质工艺、款识等各种相关因素。这几种因素是相辅相成、互相影响的，这也是判断文物价值的先决条件。"永宣宫廷造像"作为明代珍贵的佛教艺术品，首先具有不容忽视的重要文物价值。同时，文物价值会随着社会发展、人们知识水平的提高，有一个不断发展的过程。比如"永宣宫廷造像"都是由铜铸造的，铸工精细，工艺过程复杂。当今高仿的佛像，做工粗略，制作程序简单，漏洞百出，和以前的造像相比相差甚远，同时体现了古代铸造工艺的高度发展水平，后人难以模仿制造。

　　明代宫廷造像都是佛教艺术品，分别拥有其宗教象征意义，风格独特，蕴藏的宗教文化内涵十分丰富，代表了藏传佛教艺术不同的思想理念和追求。对于古人来说，佛像作为赏赐的礼物和供养器，在他们日常生活中发挥着诸多作用。从佛造像的制作手法上也能体现出鲜明的时代性和地域文化艺术水平的差异。例如时代性的对比：唐代的佛像比较飘逸富有神韵，宋代的华丽具有古典之美，元代的粗犷宽大，明代的柔美纤细，清代的则厚重僵板。按地域文化上比较：南方佛像神韵而华丽，北方则淳朴而敦厚。从原则上说，评判艺术作品的价值，专家的判断引领了我们正确的方向，使优秀艺术作品的价值定位于历史，从而获得识别优劣能力，增加个人审美经验，提高自己的艺术修养。

收藏价值：宫廷造像作为艺术品投放入艺术品市场已经成为当今时代的热点，特别是带款识的永宣宫廷佛像，把持市场价格高端。佛像的精美工艺和其他时代的造像相比，要略逊一筹。投资者也看准了市场的主流，通过好的艺术品扩大自己的经济利益，使艺术品的交换价值得到提高。物以稀为贵，好的物品总是较少的一部分。作为收藏者不能一味地追求"捡漏儿"的收藏风格，应该分析物品的本质，进一步了解专业性的知识和本领，理性和感性相结合，用正确的思想姿态来面对艺术品的收藏现状。

总之，永宣宫廷造像汉藏合璧的优美艺术造型，精湛的金属雕塑工艺，不仅是佛教艺术史中的珍贵文化遗产，也在中国雕塑艺术史上具有不可磨灭的历史地位。

作者简介：李玮，天津市文物公司，助理馆员，天津市和平区四川路 2 号，300040。

馆藏植物标本的重要数据

高 凯

（天津自然博物馆）

摘要： 植物标本是认识和研究植物物种最基本的原始资料和命名凭证，世界上的植物标本是一个大型的原始数据源，建立数据库是充分有效利用标本数据资源的手段。植物标本数据内容繁多，其中标本的采集记录、鉴定记录及其他的资料、标本归档记录是标本数据的重要组成部分。由于不同时期的习惯不同，不同采集人和鉴定人使用的格式也不尽相同，因此必须在遵循保证原数据、便于管理、便于数据共享的前提下，确定数据库的结构并对标本数据做恰当的处理。必须建立采集资料与鉴定历史间一对多的关系，以录入一个标本的多个鉴定；以记录同一张标本纸上多个各自的鉴定历史，包括由于误码鉴定的订正，或因鉴定者所持系统观点的不同导致鉴定的种的个数的变化。

关键词： 植物标本　重要数据　结论

植物标本是植物学家长期从事科研活动的积累及人类自然遗产的永久记录之一，是研究物种的分布、历史、现状及其系统演化的证据。植物标本资源是指保存在标本馆和博物馆中各类型植物标本实物及其蕴含的信息，它是植物物种及生物学信息的基本载体，其作用是其他图文等记录形式不可取代的，具有不可替代和不可逆的特点。

植物标本是植物分类学、生态学、资源学以及生物多样性等研究的基础，也是开展其他应用学科的重要参考依据。目前世界上约有 2 亿份植物标本分别藏于约 2 千个标本馆里，这些植物标本是一个大型的原始数据，成为研究植物的物种、物种分布区及其动态变化、基因特征、物种多样性等的极其丰富的实物依据。

但是调阅查看这些标本会耗去大量的人力物力，加上频繁地翻阅标本造成标本不可逆的损坏，这大大限制了对标本的调阅。实际上，大量的标本及以标本为载体的各种数据并未能得到充分有效的开发和利用。以电子计算机为硬件基础的数据库系统已有效地将调阅资料的过程与调阅标本的实体分离，为解决植物标本资料量巨大和利用率低之间的矛盾提供了可能性。为了将可能性变成现实性，必须对数据进行整理归类。

天津自然博物馆现有馆藏植物标本约 9 万余件，从低等植物到高等植物不同类群，采集历史较长，其中有 6 万余件是法国神父桑志华（Emile Licent）1940 年以前在中国黄河流域以北各省采集的标本，我们统称为北疆植物标本，在 1940 年以后采集、征集或者交换的标本称为现生植物标本。

植物标本数据主要有三大类：① 标本采集记录、鉴定记录及其他的资料；② 标本归类记录；③ 标本的图像及相关绘制图形。其中第一类所占的数据量最大。本文着重分析第一、二类中重要数据的处理

一、重要数据处理

1. 采集记录

采集记录是指由标本采集人提供的文字记录，包括采集人名、采集号、采集日期、采集地点、植物俗名、植物性状描述、生境等。一份标本与采集记录之间保持着一对一的联系，这与标本和鉴定名之间可有一对多的联系是不同的。

2. 采集人

尽管常有数人共同采集一份标本，为了录入的方便，采集人在表格中设定为一个字段。采集者大多为人名，但国内的标本也有不少是以集体的名字作为采集名的，如"天津自然博物馆植物部"，在录入中作为采集人名来处理。采集者多于一人时，人名间以某个字符分隔，分隔符应选用人名不使用的字符，且字形与其他常用字母明显不同，使之不会造成混淆，如"\"。W. J. J. O. de Wilde and B. E. F. de Wilde-Duyfjes 为共同采集人，以 W. J. J. O.de Wilde \ B. E. F. de Wilde-duyfjes 录入。

3. 采集号

大部分标本都是使用数字当采集号的，如"0012"或"1308"，没有具体的规定使用几位数字，都是按照当时采集时所需的号来记录的。

4. 采集日期

以公元纪年，以阿拉伯数字录入。植物标本采集已有数百年的历史，用 2 位数表示年份是不合适的，应以完整的 4 位数字来表示。天津自然博物馆大部分植物标本都是法国人在 1940 年以前采集的，所以他们的采集日期用的是英式月份，英式日期写法为"日月年"，如"12.VII.1916"，并且鉴定签手写月份是用罗马数字代替的，我们在

录入时改为阿拉伯数字。美式则是"先月后日"。我们现在通常是用"年月日"来写，如"1977.8.10"。采集日期的设置应有起始日期和结束日期。若采用数据库软件的日期字段类型，则必须录入完整的年、月、日，但不少采集记录不完整，常常只记录年份，未能满足软件对日期字段的要求，因此应将采集日期拆分成年、月、日 3 个数字型字段。

5. 采集地点

采集地点的内容繁杂，考虑到查询、检索和录入的方便，对以行政区域为准的采集地点设置了 4 个等级字的符型字段：① 国家；② 在国家以下划分的最高行政单位，如贵州省、天津市；③ 下一级行政单位，如天津市蓟县八仙山后山。此外，与行政区无关的采集地点，即地理名如长白山、雾灵山、若尔盖等，必须另设一字符型字段。至于历史上的国界和行政区域的变迁，是一个复杂的问题不适宜在录入处理，录入时以忠实于原信息为准则。例如我馆北疆标本是桑志华时期采集，所以采集地都是以法文音译过来的，如"Peking（北京）""Cheu kia tchoang 石家庄"。

6. 其余的描述

海拔高度：采集人使用的计量单位有公制，录入时必须将单位（m）录入，如"800m"。为了方便录入计量单位，使用字符型字段。

经纬度：以往的采集记录极少有经纬度，近年来，随着全球性定位仪得到越来越广泛的使用，许多标本都标上了采集点的经纬度。

俗名：指植物种的常用名（非拉丁种名），如云南白桐，《中国植物志》上植物种的中文名称属于俗名。

土名：指采集地民间使用的名称，即当地民众对物种的称谓，如"盐荒菜""荒碱菜"，中文学名又称碱蓬草。

植物描述：包括植物类型（如草本、藤本、乔木、灌木）、高度、胸高直径、花果的颜色和气味等。在描述中，植物体的高度和直径单位可能不同，因此录入时要写上各自的单位，如"m"或"cm"。

生境：指对植物生长环境的描述，如森林、疏林、灌丛、水生、沙丘、阴处、阳处、山坡、路边、野生、栽培等。

用途：指如药用、材用、观赏等及其相关描述。

其他：指如稀少、常见等，生活期（花期、果期等），以及与分类名无关但又无法归上述各项的内容，包括台纸上记录的有关标本是否来源于别的标本馆等的资料，以及对标本具体状况的附加说明（如腐烂、不完整等）。

二、鉴定记录及其他资料

物种的鉴定记录是标本数据中极其重要的部分。它的特点是有无鉴定的订正、因物种系统分类位置的变化而改变、不同鉴定人因持有不同鉴定标本的标准而有不同的鉴定名等。因此鉴定记录有增加的可能，是动态性的数据。

1. 物种鉴定名

主要包括科名、属名、种加词、命名人、种下分类单位、种下加词、种下命名人、鉴定人和鉴定日期。除鉴定日期外，都是使用字符型字段。如鉴定名为 *Sinocalamus beecheyanus*（Munro）Mc-Clure var. pubescens P.F.Li，则属名字段录入 *Sinocalamus*、种本名字段录入 *beecheyanus*、命名人（Munro）McClure、种下分类单位字段录入 var.、种下加词字段录入 pubescens、种下命名人字段录入 P.F.Li。或者只有属名和种加词没有命名人字段，如 Grewia biloba var. parviflora（Bunge）Hand.-Mazz. 其中属名和种加词在查询中极其常用。对于未鉴定到属的标本，在属名字段中录入"未定"，如已鉴定到科，则将科名录入如 *Tiliaceae*；如已鉴定到属，但未鉴定到种，则将属名录入如 *Hibiscus*，种加词处填 sp. 即 *Hibiscus* sp.。19 世纪的部分鉴定中种加词的第一个字母改为大写，在录入时可遵循命名法规，种加词的第一个字母均以小写录入。一件标本有多个鉴定很正常，虽然标本最后只采用一个鉴定名，但是其他的鉴定都是有重要参考价值的资料，因此都必须如实保存在数据库记录中，只录入最后采用的鉴定名的做法是不合适的。如数个鉴定人都使用了同一种名，也都要完整录入。在装订过程中，如果也有各个鉴定签的，按照鉴定时间的不同，分别粘在标本台纸上，以便后人查看参照。

2. 鉴定人

多于一人时，人名之间仍用""或者""符号分隔。

3. 鉴定日期

与采集记录对日期的处理相同。常有无鉴定日期的标本，但可从定名签的粘贴位置推断鉴定的先后顺序，为此特设了数字型的日期码字段，用于标注时间顺序，它与鉴定时间一起构成完整的鉴定日期序列。

4. 鉴定历史

是研究中的重要资料，若以录入最后一个鉴定名，使采集记录与鉴定记录的关系简化为一对一的关系，固然能使软件的编写大大简化，但研究者就不能从数据中查到各个专家对该物种的不同的鉴定，所以这种简化是不可取的。每个鉴定历史都要记录在里面。

5. 鉴定日期及其他

鉴定日期完整的，按鉴定日期录入，日期码取默认值 0。

鉴定日期不完整的，按以下处理：无鉴定日期或部分无鉴定日期者，由标本录入人添加日期，并用日期码标注，如"2013 年 6 月 10 日录入"。

是否模式标本：模式标本在标本中占有极其重要的地位，为了检索方便，特设了一个是否模式的逻辑字段，默认值为否，只有当标本是模式标本时才录入"是"。

附注：是专门为记录与鉴定有关的其他内容。如异名、鉴定人的附加描述等。

三、标本归档记录

标本库归档记录：有标本登记号（条形码）以及标本存放柜。

标本登记号：标本登记号是每件标本的流水号，但不是所有的标本都有自己的标本编号。天津自然博物馆馆藏植物标本的登记号以六位数为准，分为 THB（代表北疆时期采集的标本，即从 1940 年以前），如 THB021356；TNB 为现生植物（即从 1940 年以后采集的标本），如 TNB073560，每个号段代表不同时期采集的。

条形码：是为了系统地管理标本和标本数据，并便于日后各个标本馆数据间的查询和交流。近几年天津自然博物馆与中科院植物标本馆合作，进行了植物标本数字化项目，每件标本逐一贴条形码，拍照上传，所以又有了"条形码是唯一的标准"这一说法。我们每件标本都有条形码与之对应的登记号，便于查找不重号。

标本存放柜：库房记录标本存放的位置，如标本号柜，为了便于查找，标本一般多依分类系统排列。中国各大植物标本室常根据德国恩格勒系统（德国学者 A·恩格勒于 1892 年提出的被子植物分类系统）排列，库房每个标本夹上都贴有代码号，如裸子植物 G1—G42、蕨类植物 P1—P89 等。

四、结　论

建立植物标本数据库包括了数据库结构的建立、录入和查询软件的编写、数据的录入。录入和查询软件终将随软硬件的升级而不断更新，但数据是永久性的，不因软硬件的升级而改变，因此数据在数据库中的地位是很重要的。

录入数据应忠实反应原始数据，而不是自己随意更改数据。实际上，标准化的工作完全可以在保留原始数据库的前提下进行，使标准化数据与原始数据并存。

标本的数据就如同人的身份证一样重要。各种信息都包含在里面，从它在最初的采集到制作上台纸、专家的鉴定、登记号条形码、拍照上传，每一个程序都是必不可少的，都要遵循于原始的数据。因此，标本数据是认识和研究植物物种最基本的原始资料和命名凭证，是馆藏植物标本中重要的科学依据。

参 考 文 献

李勇：《植物数字化与生物多样性信息综合》，《科学教育与博物馆》2015 年第 1 期。

沈晓琳、刘演、许哲平：《植物信息系统的设计与应用》，《电脑与电信》2011 年第 8 期。

沈晓琳、赵志国、刘演：《植物标本信息共享与整合——以广西植物标本馆为例》，《广西植物》2010 年第 6 期。

张爱民：《谈馆藏植物标本的制作与保管》，《中国博物馆》2006 年第 4 期。

作者简介：高凯，天津自然博物馆，馆员，天津市河西区友谊路 31 号，300201。

长征邮票选题初探

尹 航

（天津博物馆）

摘要：长征是新中国邮票的重要题材之一，长征邮票的选题可以分为长征中的历史事件、长征中的人物形象、长征文化三大类。长征邮票具有重要的宣传、教育意义，也具有很高的艺术欣赏价值和收藏价值。因此，在今后长征邮票的选题中应具有多元化的视角。

关键词：邮票 长征 选题 宣传

2016 年是长征胜利 80 周年，各地纷纷举办不同题材、不同形式的纪念活动，很多博物馆也相继推出纪念长征胜利 80 周年系列展览。长征是中国共产党领导的中国工农红军的一次伟大胜利，是党史上的辉煌篇章。邮票作为国家邮政部门发行的供寄递邮件贴用的预付邮资凭证，其方寸之间，常常体现了一个国家或地区的自然风貌和风土人情，也是传承一个国家或地区历史文化的重要载体。从邮票诞生之日起，邮票就具有宣传功能，甚至有人认为邮票的本质就是宣传。中华人民共和国成立以后，邮政部门先后发行了数套长征题材的邮票，以其特有的方式将伟大的长征浓缩在方寸当中。长征题材的邮票按选题可以分为三大类。

一、长征中的历史事件

这种题材的长征邮票是数量最多的。1949 年中华人民共和国成立以前，没有发行过长征题材的邮票。1955 年 12 月 30 日，为了纪念红军长征胜利 20 周年，我国邮电部发行了编号为"纪 36"的《中国工农红军胜利完成二万五千里长征二十周年》邮票，一套两枚（图一），设计者是我国著名邮票设计师孙传哲。其画面生动形象地描绘了飞夺泸定桥的震撼情景和红军战士翻越雪山时的英勇气概。这套邮票是中华人民共和国成立后发行的第一套关于长征的邮票。从票面上标注的时间来看，这套邮票是反映红一方面军长征情况的。从此，长征作为一个重要题材，屡屡登上中国邮票的方寸天地。

图一　《中国工农红军胜利完成二万五千里长征二十周年》

　　1934 年 10 月，中央红军突破国民党军的封锁线，人数锐减。1935 年中国工农红军攻克黔北重镇——遵义后，于 1 月 15 日至 17 日在此召开中共中央政治局扩大会议，史称"遵义会议"。遵义会议是中国革命历史进程中一个至关重要的转折点，是新民主主义革命时期一次挽救党和红军命运，进而挽救中国革命命运的重要会议。1960 年 1 月 25 日，中国邮政部门发行了编号为"纪 74"的《遵义会议二十五周年》纪念邮票，一套 3 枚。其中第三枚"强渡金沙江"（图二）表现了红军战士冒着枪林弹雨渡过金沙江的惊险历史场景。这套纪念邮票不仅是中华人民共和国成立后发行的第一套纪念遵义会议的邮票，而且就印刷版别而言，也是发行的第一套用两种版别（雕刻版、影写版）印刷的纪念邮票。

　　1965 年 1 月 31 日，邮政部门又发行了编号为"纪 109"的《遵义会议三十周年》纪念邮票，一套 3 枚。其中第三枚"娄山关大捷"（图三）表现毛泽东等人登临娄山关指挥作战的情景。这枚邮票图案取自彭彬的油画《雄关漫道真如铁，而今迈步从头越》，彭彬擅长油画，长期从事革命历史画的创作。由于邮票规格限制，票面图案将原画的两边部分截去，但主体基本未受影响[①]。

　　1985 年 1 月 15 日，邮政部门再次发行了"J107"的《遵义会议五十周年》纪念邮票，一套 2 枚，图案分别为"遵义会议""红军胜利到达陕北"（图四）。第一枚"遵义会议"图案用的是刘向平在 1983 年创作的《一九三五年遵义》，画面捕捉了会议休息期间，与会者热烈讨论会议内容的情景。第二枚"红军胜利到达陕北"图案取自 1975 年赵域为中国革命博物馆"纪念红军长征胜利 40 周年展览"创作的油画《长征胜利到达陕北》，表现了红军达到陕北时，受到当地人民群众夹道欢迎的场面。

图二 《遵义会议二十五周年》之"强渡金沙江" 图三 《遵义会议三十周年》之"娄山关大捷"

图四 《遵义会议五十周年》

1996 年邮政部门发行了编号"1996-29"的《中国工农红军长征胜利六十周年》纪念邮票，一套 2 枚，图案分别为"红军过草地""三军大会师"（图五）。"红军过草地"

是根据四川美术学院创作的群雕设计而成的，再现了红军将士穿越草地的艰苦场景。"三军大会师"是根据浙江美术学院教授蔡亮、张同凝夫妇共同创作的油画设计而成的，表现了红军三大主力胜利会师，大会师也宣告了红军长征胜利结束。

图五 《中国工农红军长征胜利六十周年》

2006 年 10 月 22 日，长征胜利 70 周年之际，国家邮政局发行了《中国工农红军长征胜利七十周年》纪念邮票，包括邮票 4 枚、小型张 1 枚（图六）。4 枚邮票图案分别以著名油画大师靳尚谊、彭彬、刘国枢、张文源的油画《送别》《遵义会议》《飞夺泸定桥》《过草地》为主题，小型张则以著名国画大师李宝林、周顺恺的国画《大会师》为主题。《大会师》是场景恢宏的大制作，画家用国画技法来表现红军长征胜利会师的宏大场面，让人感受到中国人物山水画的精到细致。画面以一种范宽式的饱满构图，准确传神地表现了人物造型，迎风招展的军旗、欢呼雀跃的人群，构成一个欢腾的海洋[②]。画作的下方是毛泽东诗词手迹《七律·长征》。

图六 《中国工农红军长征胜利七十周年》

　　为纪念遵义会议召开80周年，2015年1月15日，中国邮政在遵义会议旧址发行了《遵义会议八十周年》纪念邮票1套2枚，第二图"遵义会议"（图七）以著名油画家沈尧伊创作的油画作品为蓝本，展现了遵义会议会场内景，作者以细腻写实的手法刻画了20个重要历史人物以及他们各自的性格特征。

　　总的来说，长征中的历史事件至今仍是长征邮票最重要的选题，遵义会议、过草地等经典场景都曾反复出现在邮票画面上，这类邮票设计多取自于名家画作，直接、真实、细腻地描绘了长征这一丰功伟绩。几十年来，这种选题也有自己的突破：由突

图七　《遵义会议八十周年》之"遵义会议"

出红一方面军变为强调三军大会师；由单一描绘战争、行军场面，变为逐渐加大了军民团结这一主题所占的比重；由取材自油画到取材自雕塑、国画等更多门类的艺术作品，并加以综合。

二、长征中的人物形象

这一选题的邮票数量处于逐渐增加趋势。编号"纪74"的《遵义会议二十五周年》中的第二图"在毛泽东旗帜下，永远胜利的前进"（图八），领袖挥手致意，"大蓝天""红海洋"等背景图案的设计带有鲜明的时代特征。

图八　《遵义会议二十五周年》之"在毛泽东旗帜下，永远胜利的前进"

编号"纪109"的第一枚"决战前夕"（图九），表现的是毛泽东身穿灰蓝色棉衣，右手叉腰，左手拿着香烟，面对墙上的军事地图谋划作战方针的场景。图案以著名画家高虹的同名画作为主图。高虹是在战争环境和部队中成长起来的军事画家，擅长油画，他始终坚持用画笔描绘中国人民解放军的光辉战斗历程，善用写实主义手法，以朴实无华的风格描绘叱咤风云的历史人物[3]。第二枚邮票的图案，采用的是 20 世纪 60 年代后国内广为发行的毛泽东标准像（图九）。

图九 《遵义会议三十周年》之"决战前夕""毛泽东像"

此外还有一部分人物邮票主题虽然和长征没有直接关联，但票面图案是采用长征时期的人物形象，因此也应归在此类。例如编号"J21"的《伟大的领袖和导师毛泽东主席逝世一周年》中第二图"毛主席在陕北"，这是长征结束后毛泽东接受美国记者斯诺采访时拍摄的头戴红军八角帽照片。编号"J101"的《任弼时同志诞生八十周年（第二组）》中第一图"任弼时同志在长征途中"，编号"J170"的《张闻天同志诞生九十周年》中第二图"张闻天同志在遵义会议期间"，编号"J184"的《徐向前同志诞生九十周年》中第二图"峥嵘岁月"，编号"1992-18"的《刘伯承同志诞生一百周年》中第二图"长征时期的刘伯承"等都是表现党和红军的领导人在长征途中穿着朴素整洁的形象。

自邮票诞生以来，人物一直是最重要的选题之一。但出于政治、时代局限性等原因，人物选题往往较为单一，有时甚至容易引发争议。例如 1971 年"九·一三事件"后，林彪受到批判。1978 年邮电部邮政总局发布了《停止使用邮票的清单》（邮票字第826 号），所列停用邮票涉及 12 套，其中就有编号"纪 109"的《遵义会议三十周年》的第 3 枚"娄山关大捷"，因为图中有林彪形象[4]。从长征邮票的人物选题来看，由早期着重歌颂毛泽东个人的光辉形象和丰功伟绩逐渐变为强调党和红军领导人集体的智慧和力量，长征的胜利不是个人力量的结果。

三、长 征 文 化

　　长征文化题材的邮票目前有革命圣地和长征诗词两种。编号"纪74"的《遵义会议二十五周年》纪念邮票，第1枚是遵义会议会址外景（图一〇）。该会址是一座30年代初期修建的砖木结构中西风格合璧的两层楼房，是原黔军第二师师长柏辉章的官邸，1935年1月6日红一方面军到达遵义后，总司令部设在这里。1971年7月1日，发行了编号"12-20"的《庆祝中国共产党成立五十周年》邮票，一套9枚，其中第15、16号邮票分别是"遵义会议会址"和"革命圣地延安"。1969年10月1日到1970年4月20日，我国邮政部门分4次发行的普通无编号邮票，称《"文革"》普通邮票，全套为11枚。第4枚"延安"，第6枚"延安枣园"，第7枚"遵义会议会址"。此外"普11""普12""普14""普16"中均有延安和遵义会议会址图案出现，由于题材、图案多次重复，故不一一赘述。

图一〇　《遵义会议二十五周年》"遵义会议会址"

　　红色旅游是指以1921年中国共产党建立后的革命纪念地、纪念物为参观对象，以学习革命精神、接受革命传统教育为目标的旅游活动。2011年，党中央为促进经济发展，发挥红色旅游的积极作用，对全国发展红色旅游工作做出了部署。为配合全国红色旅游宣传，中国邮政于2012年6月30日发行编号"2012-14"的《红色足迹（T）》特种邮票，全套6枚，图案为革命根据地和革命圣地。其中"遵义""会宁"为与长征相关的革命圣地[⑤]。革命圣地系列邮票对促进旅游发展、弘扬爱国主义都起到了重要作用。

　　毛泽东诗词是长征邮票中一种独具特色的选题。1967年10月至1968年5月，我国分3次发行了毛泽东诗词手迹邮票3组14枚，其中3枚邮票上的毛泽东诗词创作于

1935 年 2 月至 10 月期间。1968 年 5 月 1 日发行的编号为"文 7"邮票，第五枚内容是毛泽东诗词《忆秦娥·娄山关》手迹，精致地展示出毛泽东为庆贺"娄山关大捷"即兴创作出的诗词全文。第八枚是毛泽东创作的《七律·长征》，这首革命英雄主义和浪漫主义高度结合的诗篇，史诗般地记录了红军长征惊心动魄的场面，歌颂了红军将士大无畏的革命英雄气概[6]，是长征诗词中的佳作。第九枚内容为毛主席诗词《清平乐·六盘山》手迹。长征诗词邮票无论是从书法艺术还是从革命情怀上来说都是不可多得的精品。

四、结　语

总之，长征是中国共产党和中国人民军队的一张驰名中外的历史文化名片。从 1955 年至今发行的邮票里有数十枚与长征有关，这些方寸之中蕴含着丰富的长征文化。长征邮票作为红色收藏的重要组成部分，历来为广大收藏者所喜爱。长征题材邮票很多主题取自美术作品，本身具有很高的艺术欣赏价值。其中"纪"字头邮票和 20 世纪 70 年代初发行的编号邮票，由于发行量较少、损耗大等原因，现已不多见，具有很高的收藏价值。

长征作为一个永恒的主题，将会继续出现在今后的邮票画面上。未来长征邮票图案的选择应该更具多元化，所有涉及长征中重要事件和人物的题材，都可以纳入长征邮票的选题当中。首先可以选择先前未被采用过的历史事件，例如湘江战役、四渡赤水等，避免简单重复。其次在人物选题方面，可以扩大选择范围，除了精英人物之外，可以选择一些做出可歌可泣不平凡事迹的普通红军战士，如纪实文学《军需处长》中的红军形象等。长征文化方面，则可以选取长征题材经典大型艺术演出场景及其他多样的艺术形式。在今后通过新角度、多元化的选题，使长征邮票能够讲好长征故事，发扬长征精神，弘扬长征文化。

注　释

① 孟红：《方寸邮票诉说长征大事典》，《党史纵览》2016 年第 6 期。

② 孟红：《方寸邮票诉说长征大事典》，《党史纵览》2016 年第 6 期。

③ 孟红：《方寸邮票诉说长征大事典》，《党史纵览》2016 年第 6 期。

④ 李毅民：《红军长征题材邮票的变化与拓展》，《集邮博览》2016 年第 9 期。

⑤ 苏芃芃：《新中国邮票上的长征题材》，《党史博彩》2016 年第 8 期。

⑥ 周洪林：《壮丽史诗凝方寸——邮票上的红军长征》，《中国民族报》2016 年 10 月 21 日。

作者简介：尹航，天津博物馆，馆员，天津市河西区平江道 62 号，300201。

四、艺术史研究

齐白石与吴昌硕会面新证

——兼论二者的交往

徐志慧

（天津市文物公司）

摘要：齐白石和吴昌硕同为中国近现代绘画大师，学界对二人是否曾经会面有所争议。本文从吴昌硕《拟张孟皋寿桃图》出发，结合了齐白石的手稿等资料，肯定了齐白石与吴昌硕曾经会面的事实，并对会面的背景和意义进行了阐述；同时将齐白石的上海之行考订为六次，希望对齐白石年谱的编写有所补益。

关键词：齐白石　吴昌硕　会面

吴昌硕比之齐白石年长二十多岁，算不上同代之人，二人之间究竟有没有见面，一直是学界在讨论的问题。王琪森先生和何频先生更是对此问题进行了考证与争鸣，分别撰写了《大师不了情——从吴昌硕、齐白石的〈竹石双寿〉图说起》《再说大师不了情》《吴昌硕的北京，齐白石的上海》。由于过去许多资料琐碎而不清楚，两位先生主要是围绕 1921 年吴齐会进行讨论，而本文则主要论述 1927 年的吴昌硕与齐白石的会面。

一、齐白石与吴昌硕的会面

齐白石方面的说法是二人并没有见过。胡佩衡在《齐白石画法与欣赏》明确说过"对他（齐白石）影响最大的画友是陈师曾，使他最崇拜而没有见过面的画家是吴昌硕"[①]。启功先生在《浮光掠影看平生》中也曾提到：

> 齐先生最佩服吴昌硕先生，一次屋内墙上用图钉钉着一张吴昌硕的小幅，画的是紫藤花。齐先生跨车胡同住宅的正房西边有一道屏风门，门外是一个小院，院中有一架紫藤，那时正在开花。先生指着墙上的画说："你看，哪里是他画的像葡萄藤（先生称紫藤为葡萄藤，大约是先生家乡的话），分明是葡萄藤像它呀！"姑且不管葡萄藤与画谁像谁，但可见到齐先生对吴昌硕是如何的推重的。我们问起齐先生是否见过吴昌硕，齐先生说两次到上海，都没有

见着。齐先生曾把石涛的"老夫也在皮毛类"一句诗刻成印章，还加跋说明，是吴昌硕有一次说当时学他自己的一些皮毛就能成名。当然吴所说的并不会是专指齐先生，而齐先生也未必因此便多疑是指自己，我们可以理解，大约也和郑板桥刻"青藤门下牛马走"印是同一自谦和服善吧！②

齐白石方面的论述都是采访自齐白石本人，是直接材料，初步看来可信度比较高。

吴昌硕方面的说法有些混乱。《何珊轩下人艺林散忆》的作者与吴昌硕长孙吴长邺过往曾密，引述吴长邺的观点，认为吴昌硕并未与齐白石会面。《何珊轩下人艺林散忆》这样写道："吴长邺是这样说的：'吴昌硕没见过齐白石。'事情是这样的，齐白石二次来上海住在当时五马路的东方饭店，通过陈师曾介绍，欲拜在吴昌硕门下，均

图一　《拟张孟皋寿桃图》

被吴昌硕拒绝。吴昌硕说：'他（齐白石）这样很好，没必要再拜我为师'。"③王琪森的《再说大师不了情》认为吴昌硕与齐白石在1921年秋天曾见面。另外，王森琪先生于"2007年10月5日下午与吴昌硕先生的嫡孙吴长邺先生作了近三个小时的长谈，其中专门问了吴长邺先生关于齐白石当年来上海要拜吴昌硕为师及吴为齐写润格之事。吴长邺先生讲：'那时我还很小，只是后来听我父亲吴东迈讲这件事是有的，当齐白石要拜老太爷（吴昌硕）为师时，老太爷很客气地回头脱（掉）了，在这之前，已有陈师曾拜他为师了。老太爷觉得有些过意不去，就为他写了一张润格。老太爷还对齐讲你刻印一个字一块大洋太便宜了，就二块大洋吧。'"④若依此说法，吴昌硕应是当面拒绝了齐白石的拜师，所以写了润格，那么吴齐会面的时间应该是吴昌硕为齐白石所作润格的时间，即庚申岁暮，公历应为1920年底或1921年初。这个时间似乎又与王森琪提出的1921年秋吴齐会面观点相矛盾。王琪森采访的人证是吴昌硕的嫡孙吴长邺，吴长邺又说自己当时很小，也是听吴东迈先生讲的，算是间接材料。另外，在《何珊轩下人艺林散忆》记述中吴长邺是承认吴昌硕没有见过齐白石的，与《再说大师不了情》中的说法相矛盾。因此从吴昌硕方面的论述来看，双方未见面的可能性更大。

那么两位大师真的没有见过面吗？其实不然。吴昌硕《拟张孟皋寿桃图》⑤（图一）准确地回答了这个问题。此画见录于邢捷《吴昌硕书画鉴定》，其款识一："度索山桃偷皋不了，酿酒饮之人不老。仙乎味比安期枣。丁卯雨水先二日

画，竟适木居士过我危楼，狂饮读之以为大美。吴昌硕年八十四。"（二）："晓霞仁兄，五裘大寿，为拟张孟皋设色，吴老否写祝。"吴昌硕在款识中所提到的木居士是不是就是齐白石呢？尽管号"木居士"的名家很多，但他们的生活的时代都早于吴昌硕，如瞿中溶（1769～1842）、贝青乔（1810～1863）；而跟吴昌硕有所交集，且又号"木居士"的，只有齐白石。齐白石在《白石老人自传》中说："其他（别号）还有木居士、木人、老木一，这都是说明我是木工出身，所谓不忘本而已。"⑥齐白石有多方"木居士"印章，其中有两方带边款，分别刻于1920年和1933年。1920年的图章边款为："此三字五刻五画，始得成章法。非绝世心手，不能知此中艰苦。寻常人见之，必以余言自夸也。庚申四月二十六日记，时家山兵乱，不能不忧。白石老人又及。"⑦1933年的"木居士"边款为："癸酉五月，白石自刊。"⑧这两方印说明齐白石在1920～1933年中常用"木居士"的名号。因此，吴昌硕在《拟张孟皋寿桃图》中所说"木居士"应是齐白石无疑。再来看《吴昌硕拟张孟皋寿桃图》款识，短短25字交代了吴昌硕齐白石相会的具体情形。"丁卯雨水"即公历1927年2月19日（农历正月十八），先二日应为2月17日（农历正月十六），也就是在年关里，齐白石在上海拜会了吴昌硕，有恭贺新年之意；"竟"字则表示了齐白石此行出乎吴昌硕的意料，有惊喜之意；"过我危楼"则交代了会面地点为吴昌硕的寓所；"狂饮"则表明吴昌硕以美酒家宴款待了齐白石；"读之以为大美"则说明齐白石现场观看吴昌硕作画题诗，对吴昌硕是一片溢美之词。简而言之，就是1927年正月，齐白石到上海给吴昌硕拜年，吴昌硕以礼相待，煮酒论画，宾主相见甚欢。

二、齐白石与吴昌硕会面的背景及意义

1917年，齐白石定居北京，受陈师曾指教，开始全面学习吴昌硕的绘画篆刻风格。庚申年（1920年）吴昌硕为提携后辈，为齐白石作了润格。齐白石《白石杂作》称："三月初二日。得吴缶老为定润格。此件南翁所赠也。其润格录于后：齐山人濒生为湘绮高弟子，吟诗多峭拔语。其书画墨韵孤秀磊落，兼善篆刻，得秦汉遗意。曩经樊山评定，而求者踵相接，更觉手挥不暇。为持重订如左：石印每字二元。整张四尺十二元，五尺十八元，六尺廿四元，八尺卅元，遇八尺另议。屏条视整张减半。山水加倍，工致者另议。册页每件六元。纨折扇同。手卷面议。庚申岁暮，吴昌硕，年七十七。"⑨齐白石也作了七言诗"青藤雪个远凡胎，老缶衰年别有才。我欲九原为走狗，三家门下转轮来"。这首诗一方面将吴昌硕与写意画双圣徐渭、陈淳相提并论，体现了齐白石对吴昌硕画艺的推崇和仰慕；另一方面则表达了希望入吴昌硕门下，得其真传的愿望。据侯开嘉先生考证，该成型于1920年，即请吴昌硕书润格之前。

1921年，吴东迈到北京拜访齐白石。《白石杂作》有简短的叙述："四月廿六日，吴缶老后人东迈与陈半丁访余。后余至兵部洼半壁街五十六号邱养吾家，访东迈也。

见邱家有缶老画四幅，前代已无人矣，此老之用苦心，来老（者）不能出此老之范围也。五月初一日约东迈饮。"⑩这里，齐白石再次表达对吴昌硕的推崇，对其画作给予了极高评价。吴东迈为吴昌硕之子，陈半丁为吴昌硕之徒，二人一起拜访齐白石，应该也表达了吴昌硕对齐白石的慰问。

以上是齐白石与吴昌硕交往的初期，双方和谐共处。当时吴昌硕为海上画坛巨擘，任西泠印社社长、上海题襟馆书画会名誉会长等职。而齐白石在北京还无人知晓，二人的画坛地位及实力对比悬殊。二人的交往，对吴昌硕而言是奖掖后进、提携新人；对齐白石来说，获得画坛宗师提点和认可也有利于自身画艺的提高，也是落寞画家生涯的一大闪光点。

这种和谐的交往，随着齐白石的成名而逐渐发生了变化。1922年齐白石的作品通过陈师曾参加了在日本东京举办的"第二回中日绘画联合展览"。经由这次展览，齐白石先是在国外一炮而红，随后墙外开花墙里香，竟成大名，标志着其衰年变法成功。

图二 吴昌硕为胡南湖作对联

> 陈师曾从日本回来，带去的画，统都卖了出去，而且卖价特别丰厚。我的画，每幅就卖了一百元银币，山水画更贵，二尺长的纸，卖到二百五十元银币。这样的善价，在国内是想也不敢想的。还说法国人在东京，选了师曾和我两人的画，加入巴黎艺术展览会。日本又想把我们两人的作品和生活状况，拍摄电影，在东京艺术院放映。这都是意想不到的事。经过日本展览以后……我卖画生涯，一天比一天兴盛起来。这都是师曾提拔我的一番厚意，我是永远忘不了他的。⑪

吴昌硕的作品也参加了此次画展，但未见吴昌硕对此次展览的记述。经由这次画展，齐白石快速蹿红，打破了齐吴二人关系的平衡。齐白石与吴昌硕在画坛的实力对比发生变化，齐白石在画坛的地位得到了提高。

1924年，画界传出吴昌硕言："北方有人学我皮毛，竟成大名。"表明吴昌硕与齐白石的嫌隙已生。吴昌硕在1924年为胡南湖作"歌辞自作风格老，经济实借英雄姿"⑫的对联（图二），是集杜甫的诗而联，言辞中强调独创的个人风格才能长久，借鉴"英雄"的风格虽然付出少收益多，却是经济便宜、不劳而获的，充满了对"皮毛者"的讽刺。同年，齐白石则刻"老夫也在皮毛类"印章作为回应。该印章边款："老夫也在皮毛类，乃大涤子句也。余假之制印。甲子，白石并记。"⑬同时，齐白石在《白石诗草》中再次回应"皮毛说"："吴缶庐尝与吾之友人语曰：'小技人拾者则易，创造者则难。欲自立成家，至少苦辛半世。拾者至多半年可得皮毛也。'造物经营太苦辛，被人拾去不须论。一笑长安能事辈，不为私淑即门生。旧京篆刻得时名者，非吾门生即吾私淑。"⑭说明齐白石承认私淑吴昌硕，但对于"皮毛说"却不认同，他认为自创风格尽管苦辛不易，但是能够影响到同行同业也是功德一件。从"皮毛说"的散播来看，与吴昌硕为胡南湖所作对联内容和时间高度吻合；又据吴昌硕为齐白石所书润格由胡南湖转赠，可知胡南湖为吴昌硕和齐白石沟通的媒介，那么齐白石所说"吴缶庐尝与吾之友人语"的友人应该就是胡南湖，"皮毛说"的传播者即是胡南湖。由此可以看出，吴昌硕与齐白石的关系可以说是成也胡南湖，败也胡南湖。"皮毛说"反映了吴昌硕与齐白石的画坛耆宿与新秀的矛盾，画坛盟主与继任者的矛盾，其深刻的根源在于齐白石成名以后以类似吴昌硕而又略出新意的大写意画风抢占了吴昌硕的市场份额。

由上文可知，齐白石由私淑吴昌硕而成名，也曾得到了吴昌硕的提携。同时，随着齐白石的成名及画坛地位的逐渐提高，他与吴昌硕的和睦关系也逐渐受到影响。齐白石秉承着"私淑何人不昧恩"⑮"受恩慎勿忘"⑯的心态与吴昌硕交往，期间又因"皮毛说"而心存芥蒂，因此来往并不密切，正所谓"寡交因是非"⑰。由此，我们就不难理解吴昌硕在《拟张孟皋寿桃图》中为何用了一个"竟'字来形容 1927 年正月会面的出人意料。这次会面，对吴昌硕来说是意外之喜，对齐白石来说则是报恩之旅。此后二位大师渐行渐远，吴昌硕于 1927 年底仙逝，齐白石则走进了一个新的时代。可以这样说，这次会面在某种程度上客观地完成了画坛新旧势力的交变，具有薪火相传、继往开来之意。

三、吴昌硕《拟张孟皋寿桃图》的意义

吴昌硕《拟张孟皋寿桃图》以即时即地的文字形式将吴昌硕、齐白石历史性的会面真实形象地记录下来，为齐白石年谱、吴昌硕年谱的编纂提供了新资料，填补了美术史上关于二人交往记载的空白。同时依据此图，我们将可考的齐白石上海之行更订为六次。

1. 1903 年的上海之行，见诸《癸卯日记》

十九日平明登船。天津一带皆洋房，举目所视，轮船、铁路、洋房无不寥落，不畏洋人者惟白日清风。……二十二日未刻到上海，共行路三千里。晚间饭食少许。与午贻、子芳书。画《茶山图》。茶山离上海二百四十里。二十三日，偕客栈吕某作上海闲游。晚间去天仙园观剧。……廿四日，有偕出游者，余辞去。举目皆非洋人房屋，不足雅观。余先拟句留四五日今日索然矣，呼栈主为买大通轮船，向晚可行。栈主人某妇之丫头，为余洗衣裳，被人偷去。⑱

2. 1909 年第一次上海之行，见于《寄园日记》

十七午刻到汉，即过大通轮船之上海。十八巳刻登岸，遇歌者邱艺林与街，偕余之篮子街访吴赛青女士。谈移时，小饮，复以小像赠余而归，余赠答以画幅。赛青者，郭五之故人也。余旧有句云："何事琵琶旧相识，为君泣下泪三升。"醒公、佩弟以为今日赋之。⑲

3. 1909 年第二次上海之行，见于《寄园日记》

廿日平明，到上海，寓陈江木桥长发客栈。是夜，携贞儿之同春园观剧。廿一日巳刻，买小轮船之苏州，黄昏始开行。廿二日午后，到苏州，寓穿珠巷宾鸿栈。即使刘汉湘问汪颉荀官于何处，于藩台衙。移时，汉湘归，问得伊之公馆在驸马府堂之前。其人闻去上海。余与汉湘之伊公馆问之，其门房书纸告：伊为上海新洋务总办。其局在新马路市浜桥，问汪公馆。苏州儿女多美丽者，前年以来偶有所闻，果然矣！

廿三日夕阳，搭轮船返上海。

廿四日平明即到，即之汪六处。汪六于昨日平明，因苏州抚台之夫人死，会葬去矣。余复寓长发客栈，伊仆约明日午后再去。

廿五日午后，再去汪公馆，汪六未归。是夜又去访之，汪方归。余被门人沮（阻）之，不得入。余将郭五之书付之门人，即归寓，决明日去矣，不欲再来。归片时，忽有人呼寓所之门曰："此居居齐君否？新洋务局致书来。"余惊醒，接读之，情谊殷殷，欲余明日去一晤："扫榻恭迓，如能小驻，尤所喜者。即弟他去，亦必有人接待。"廿六日巳刻，买车又之汪公馆。余下车投以名笺，其门人即大声曰："请！"汪六为瑞中丞夫人归榇致奠未归。其公馆之幕府某与谈……自廿七日以后，无夜不看剧。余事繁不胜记。……（九月）廿五日，今日起返湘。⑳

4. 1926 年上海之行，见于《致黎锦熙书札》

齐白石在《致黎锦熙书札》中写道："绍西先生鉴：尊大人与璜别后，璜先后三上书，只得一答。老书生胆小，避乱之沪，沪如是。尊大人处能无枪声否？璜甚念之。新年以来，回有家书否？如常同音问，乞转示我为幸。先请尊太夫人福安。齐璜揖。十五初十。[21]这封信札虽未有明确的纪年，仅有大概的时间"新年以来"、"十五初十"，但就其所说"避乱"、"躲枪声"来说，以至于整个新年都是在上海度过的情景来说，都与 1926 年北京动荡恐怖的时局以及知识群体的大规模南下相合。民国以来，北京政局虽不稳定，军阀之间争夺地盘的战争时时波及北京，但大都在城市外围，城内的治安并未陷入混乱，百姓的日常生活还算安稳。1926 年初，冯玉祥的国民军与直系、奉系军阀多有交战，战火从北京城外蔓延至城内，波及百姓生活。"上午能看到飞机投弹，晚上则饱听炮声。"[22]齐白石也因此避乱上海，信中所说"新年以来……十五初十"，"十五"应该指的就是民国十五年，即 1926 年，那么时间应该就是 1926 年的正月初十，即 1926 年 2 月 22 日。

5. 1927 年上海之行，见于吴昌硕《拟张孟皋寿桃图》

1927 年 2 月 17 日，齐白石、吴昌硕的上海会面。"癸卯雨水先二日画，竟适木居士过我危楼，狂饮读之以为大美"。同年，11 月 29 日，吴昌硕逝于上海。

6. 1946 年上海之行，见于《齐白石文集》

民国三十五年（丙戌·一九四六），我八十六岁。十月，南京方面来人，请我南下一游，是坐飞机去的，我的第四子齐良迟和夏文珠同行。先到南京，中华全国美术会举行了我的作品展览；后到上海，也举行了一次展览。[23]

综上，齐白石可考的上海之行为六次，其中 1927 年的上海之行，齐白石曾与吴昌硕会面，这也是二人唯一一次可考的见面。这与启功在《浮光掠影看平生》里提到的"齐先生说两次到上海，都没见着"的说法有所出入。因此，我们应该更加审慎地看待现存的一些关于齐白石研究的资料，如自述或锁记等。

注 释

① 胡佩衡、胡橐：《齐白石画法与欣赏》，人民美术出版社，1990 年，第 20 页。

② 启功：《浮光掠影看平生·记齐白石先生轶事》，陕西师范大学，2008 年，第 12 页。

③ 《何珊轩下人艺林散忆之五十二·齐白石见过吴昌硕吗？》，http://blog.sina.com.cn/s/blog_81df764a01019007.html，2012 年 8 月 8 日。

④ 王琪森：《再说大师不了情》，广西师范大学出版社，2013 年，第 301 页。

⑤ 邢捷：《吴昌硕书画鉴定》，天津人民美术出版社，2010 年，第 13 页。

⑥ 张次溪：《白石老人自传》，《齐白石文集》，商务印书馆，2004 年，第 17 页。

⑦ 郎绍君编：《齐白石全集》卷8，湖南美术出版社，1996年，第16页。

⑧ 郎绍君编：《齐白石全集》卷8，湖南美术出版社，1996年，第17页。

⑨ 北京画院编：《人生若寄：北京画院藏齐白石手稿日记下》，广西美术出版社，2013年，第270、271页。

⑩ 北京画院编：《人生若寄：北京画院藏齐白石手稿日记下》，广西美术出版社，2013年，第276页。

⑪ 张次溪：《白石老人自传》，《齐白石文集》，商务印书馆，2004年，第97页。

⑫ 刘江编：《中国书法全集·近代编吴昌硕卷》，荣宝斋出版社，1998年，第176页。此联定名不准，应为《吴昌硕为南湖集杜诗联》。

⑬ 郎绍君编：《齐白石全集》卷8，湖南美术出版社，1996年，第33页。

⑭ 北京画院编：《人生若寄：北京画院藏齐白石手稿诗稿上》，广西美术出版社，2013年，第483页。

⑮ 郎绍君编：《齐白石全集》卷8，湖南美术出版社，1996年，第55页。

⑯ 郎绍君编：《齐白石全集》卷8，湖南美术出版社，1996年，第47页。

⑰ 郎绍君编：《齐白石全集》卷8，湖南美术出版社，1996年，第47页。

⑱ 北京画院编：《人生若寄·北京画院藏齐白石手稿日记上》，广西美术出版社，2013年，第78、79页。

⑲ 北京画院编：《人生若寄·北京画院藏齐白石手稿日记上》，广西美术出版社，2013年，第93、94页。

⑳ 北京画院编：《人生若寄·北京画院藏齐白石手稿日记上》，广西美术出版社，2013年，第141～144页。

㉑ 齐良迟编：《齐白石文集·书信》，商务印书馆，2005年，第213页。

㉒ 顾颉刚编：《古史辨》第1册，上海古籍出版社，1982年，第96～102页。

㉓ 齐良迟编：《齐白石文集·白石老人自传》，商务印书馆，2005年，第129页。

作者简介：徐志慧，天津市文物公司，馆员，天津市和平区四川路2号，300040。

从《行草书诗卷》谈王宠的艺术思想

韩小赫

（天津博物馆）

摘要：《行草书诗卷》是王宠 35 岁时所作的一副手卷。本文详细参考了作品的内容、写作时间等。通过与王宠生平记载相结合，力求从作品的特征气息以及诗词的内容、意境上探寻王宠的艺术思想并总结这一段时期内王宠的书法艺术特征。

关键词：王宠　文徵明　行草书　石湖草堂

一、王宠的生平与简介

王宠（1494～1533），中国明代书法家。字履仁、履吉，号雅宜山人，别署铁砚斋，书室名采芝堂、石湖草堂、御风亭等，吴县（今属江苏苏州）人。为邑诸生，贡入太学。王宠博学多才，工篆刻，善山水、花鸟，他的诗文在当时声誉很高，而尤以书名噪一时，书善小楷，行草尤为精妙。为明代中叶著名的书法家。著有《雅宜山人集》，传世书迹有《诗册》《杂诗卷》《千字文》《古诗十九首》《李白古风诗卷》等。王宠在明朝书坛有很高的地位，他与文徵明、祝允明和陈淳并称为"吴门四家"。王宠虽然只活到了四十岁，但是在他十六年的艺术生涯中越宋元溯晋唐，同时受文徵明等人影响形成了自己鲜明的艺术风格。他简淡古拙的书法风格为后世的书法艺术发展开辟了新的道路。

王宠出生于市井却出淤泥而不染，他曾在诗文题跋中多次流露出对童年生活环境的不满。这就直接影响到了他对于恬静清雅的世外生活的向往之情。王宠的父亲王贞虽为商贾，却喜欢收藏器物、字画以自娱自乐，并且与文徵明等一批当时的文人名士往来甚众，文徵明也曾评价他"视他与市人独异"。因为有其父亲的不懈支持，王宠在 17 岁那年与其兄王守一起跟随蔡羽先生读书。蔡羽字九逵，吴县人，居洞庭之西山，故称林屋山人。蔡羽在《林屋集》中提到："晚得三友，为太原王守暨弟宠，中山汤子子重。宠以正德庚午奉莆田黄公之教，并与兄守来师予。"也就是从这时起王宠真正开始走上了书法艺术道路。

二、《行草书诗卷》释文

夜燕石湖草堂

风竹泠泠虚草堂，春星历历净琴张。

冥栖自许专丘壑，痛饮宁辞典鹔鹴。

歌曲玲珑花鸟恨，舞衣飒沓薜萝长。

十年献赋头蓬葆，明发天台度石梁。

春半

南山吐气朝氤氲，万树桃花和白云。

萦空蛱蝶已无数，穿叶流莺凡几群。

独客琴中哀鹤操，野人衣上采霞文。

天涯兄弟身相忆，春半音书伫未闻。

竹

爱汝南墙竹千挺，碧岩高下风琤琤。

群飞好鸟似人语，一片春湖如掌平。

苍苔浊酒已忘世，落花游丝空揽情。

猖狂颇慕苏门啸，踞石时为鸾凤鸣。

山堂

过雨山堂蒸翠云，四簷藤竹鸟声闻。

青天不动峯文垭，锦石相鲜涧道分。

流水桃花真隔世，草衣木食自为羣。

笼鹅写帖关幽兴，却忆风流晋右军。

雨

紫微村边暮雨急。茶磨岭上春雷行。

湖中风浪忽黯惨。天畔花柳独分明。

当门银杏总舒叶，隔竹斑离时雏鸣。

却忆王孙遥万里。山中萝薜解含情。

秋

黄竹白云凄凄秋，中天大火欲西流。

着书自信山林拙，耽酒却忘日月遒。

雕鹗翻腾荆楚阔，鱼龙瀺灂洞湖浮。

清风似减文园渴，荷□将期庐霍游。

霁

西山木落秋已分，千峰万峰新霁文。

望中淡淡入无色，空夕泠泠如有闻。

白羽低翻碧湖水，□松静度青天云。

茹芝采蕨有高士，击节长谣鸾鹤群。

谿上

百鸟清溪芦苇林，日光云气昼阴阴。

湖已得倏□□乐，霄汉空悬鸿鹄心。

结发入山非慢世，放歌松濑有遗音。

吴室粤馆皆灰劫，渔子樵夫自古今。

山下和瓜作

山田荦确苦多沙，学种东陵五色瓜。

激涧即看穿石竹，插篱偏自爱藤花。

囊中未得餐霞法，溪上时留泛海槎。

长日辍耕无一事，只须牛角挂南华。

夏日岳公房

石壁横开苍玉屏，古愿卷曲似龙形。

林箐背日寒萧飒，洞壑兴云画杳冥。

采葛时闻歌隐隐，枕沱长爱耳泠泠。

支离不愿论钟鼎，白石山中羹茯苓。

嘉靖戊子十月廿日，练川鹤村姚君访余楞伽山中，持素卷索诗，漫为书此，鹤村雅遊所与倡和，皆云间□公□咬之季何□入云和之矣，投笔惭汗耳，雅宜山人王宠（图一～图八）。

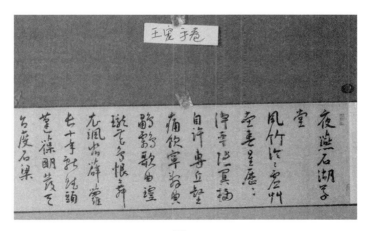

图一

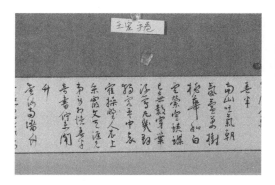

图二

图三

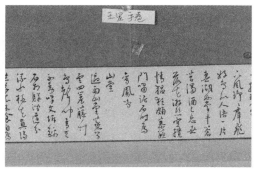

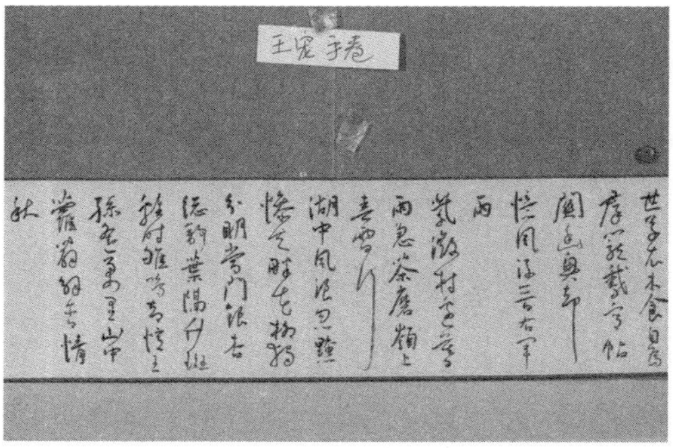

图四

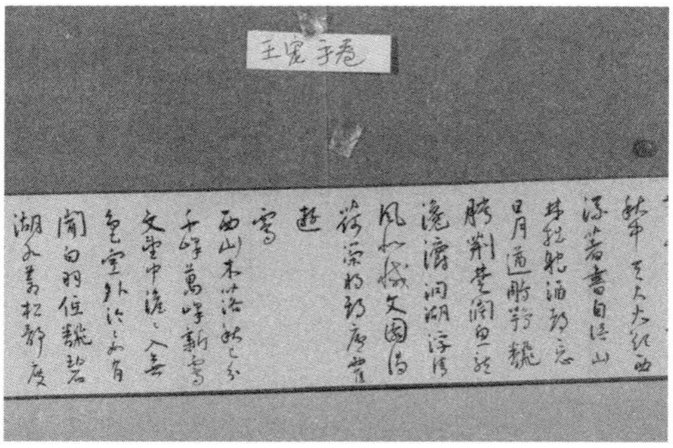

图五

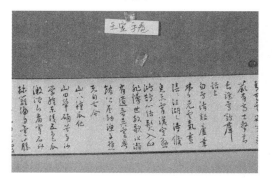

图六

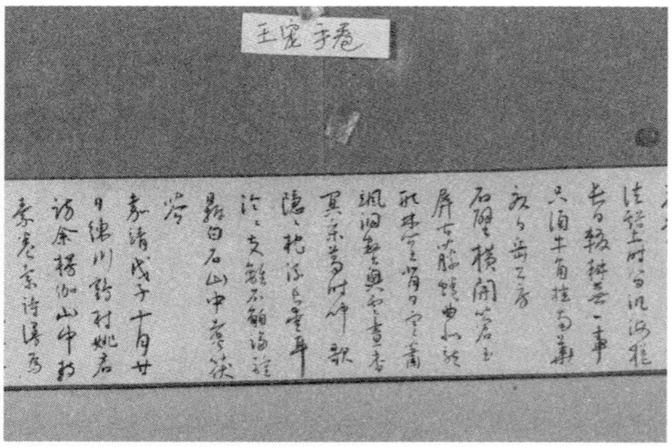

图七

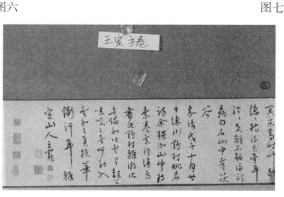

图八

三、《行草书诗卷》的创作时间及背景

由于本作有明确的干支题款，即嘉靖戊子年（1528 年）十月二十日，所以这年王宠应该是 35 岁。35 岁的王宠已经进入了他人生的最后几年，但是他的书法艺术却正值巅峰。在他人生的最后阶段，文徵明仍然是王宠最亲近的人。丁亥年（1527年）春后文徵明刚刚回到苏州，两人相别数年，但感情仍没有变。因为文徵明的归来，使得王宠乃至整个吴门和吴中的诗歌、书法创作都进入了一个创作的活跃期。丁亥年（1527 年）五月王宠赴南雍，可见他虽数次出仕不得，但是并没有放弃进学。这也是古代封建文人无法挣脱的桎梏。《行草书诗卷》就是诞生在这样的一个大背景下，其中《夜燕石湖草堂》比较有代表性，这首诗在他的《杂书贴》中也有收录。

四、从《行草书诗卷》看王宠的书法艺术

王宠并非出身于名门世家，他的书法基本上都是取法于《阁贴》。根据史料记载，王宠主要是取法王献之和虞世南两家，而行草更是有二王深深的印记，尤其以王献之为重。除了二王，他的师友蔡羽、祝允明、文徵明对他的影响也非常的巨大。王宠书法简、拙、雅风格的形成也与这些人的影响有密不可分的关系。

这卷《行草书诗卷》是王宠 35 岁时所作，此时的王宠正直自身艺术的成熟期，取法于晋唐却又脱胎出自己独特的艺术风格。他此时作品中的"锋芒"开始大量出现，行笔更加流畅，所以在整体感觉上更让人有一种清爽舒快之感。《行草书诗卷》应属王宠这一时期的代表之作。正如王世贞所评价王宠这一时期的行草书一样"王雅宜宠小行五绝句，是初变书体者。遒骨颠姿与冶态并见，而不免伤有意"。此作全卷气息平和，干净利落，行笔一丝不苟，笔势凝重洗练，草法严谨，笔画之间很少有连笔牵丝，字字独立，互不相连。整体呈现出典雅平淡、落落大方的格调。

从这幅作品我们可以清晰地感受到王宠此时神韵超旷的个人特色，这也是王宠得以在众星闪耀的明代书法史上留下浓重一笔的重要缘由。邢侗曾评价王宠："王履吉书，元自献之出，疏宕秀媚，婷婷天拔，即祝之奇崛、文之和雅，尚难以议雁行，矧余子乎？"王宠不但在明朝享有很高的声誉，而且也为后世的书法发展开辟了新的道路。王毂祥、陈椿皆求学于王宠，文嘉、文彭也深受其影响。不只如此，晚明诸家和清代的书法家们也多推崇并借鉴于王宠，使得王宠的书法艺术能向下延传。

五、从《行草书诗卷》谈王宠的生活经历对艺术追求的影响

王宠这种恬雅、淡漠、孤傲的艺术理念的形成与他的生活经历是密不可分的。王宠生性不喜喧嚣，从小出生于市井的他对喧嚣的城市生活更加厌恶。自从师于蔡羽之后，除了岁时省亲，他更少进城了，长居于石湖草堂之中。文徵明曾说："读书石湖之上二十年，非岁时省侍不数数入城。遇佳山水辄听然忘去，或时偃息于长林丰草间，含熏赋诗，倚席而歌。邈然有千载之思。"王宠远离烟火二十年，一心苦读、寄情诗书却在仕途上甚不得意，但是王宠对中举登官却从未放弃过。在王宠去世前两年，他还与文嘉、文彭等再次赴试金陵。可以说王宠短暂的一生就是在他这种清雅的性格和郁郁却也无可奈何的现实环境的矛盾中生活的，这也应该就是他无论书法还是诗文之中都不禁流露出世外高仕之气的缘由。

从《行草书诗卷》中我们就能读出他深深的世外情节，这十首诗也多是他真实的生活写照。如《夜燕石湖草堂》，这首诗句句流露着一种凄凉，八试不出使得王宠对于仕途的不顺更加抑郁。"十年献赋头蓬葆"正是他仕途不顺的真实写照，使得他只能寄情于山水，便有了"明发天台度石梁"。

六、结　　语

生于明朝中叶的王宠，正值明朝经济与文化最发达的时期。这一时期文人辈出，而吴中地区又是中国文化最发达的地方。吴门诸家相互影响、相互提携，在交往中不断地相互借鉴、融合和升华，使得吴门各家皆为大家，王世贞曾说："天下书法归于吾吴"。王宠作为吴门书派的代表人物，虽风格独异，但艺术思想却有着普遍意义。吴门各家的文人高仕气息浓厚，王宠的艺术思想也与吴门诸家相近，却又有所不同。明代中叶吴中地区经济发达，求画求字者络绎不绝，因此吴门各家大多数会有应酬之作。然王宠性格淡漠，寄情山林石湖，使得其作品显得格外清高。这也是为何王宠会受到诸家追捧。正是这些客观原因的存在与影响才形成了王宠在诗、书、画、印等各个方面简淡、古拙、典雅的共通艺术思想。

参 考 文 献

方建勋：《论王宠书法的简淡美》，《苏州教育学院学报》2009 年第 4 期。

傅红展：《谈王宠行书书札起居帖》，《故宫博物院院刊》2005 年第 4 期。

向彬：《王宠书法艺术风格研究》，《艺术百家》2005 年第 6 期。

薛龙春：《论王宠的以拙为巧》,《东方艺术》2006 年第 20 期。

薛龙春：《王宠门生与追随者考》,《南京艺术学院学报》(美术与设计版) 2011 年第 3 期。

薛龙春：《王宠绝笔考论》,《南京艺术学院学报》(美术与设计版) 2012 年第 3 期。

薛龙春：《中国书法家全集》, 河北教育出版社, 2003 年。

作者简介：韩小赫，天津博物馆，馆员，天津市河西区平江道 62 号，300201。

黄山谷论书

陈韵竹

（天津博物馆）

摘要：黄庭坚是中国历史上一位伟大的思想家、文学家、书法家，其行书上的巨大成就，与苏轼、米芾、蔡襄一起被世人称为"宋四家"，同时也是"苏门四学士"之一。他书文俱佳，有《山谷集》存世，是继承和发展苏轼书论最有成就的一位。本文从五个不同方面来阐释其书论"以禅论书"的核心思想。

关键词：黄山谷　以禅论书　开宗立派

黄庭坚，字鲁直，号山谷道人，晚号涪翁，宋仁宗庆历五年（1045 年）生于洪州分宁（今江西九江修水县）。其父黄庶，是庆历二年（1042 年）进士，一生未能发达，但他为人刚正，人格峻拔，雅好诗文，是一个精忠报国之人，中年卒于任所。他对黄庭坚的影响极大，也可以说是黄庭坚的第一位老师。黄庭坚一生仕途不顺，从未得到重用，因与苏轼交往过密，加之刚正不阿的性格，最终遭贬谪流放，一年后逝世，时年 61 岁。苏东坡对他的一生做出了准确的评价："瑰伟之文，妙绝当世，孝友之行，追配古人。"

《中国书法家全集·黄庭坚卷》有这样的一段话："在宋四家中，苏黄堪称是文学与书法上双料搭档，不论文学还是书法，他们都不甘居人后，力求创新。"在"苏门四学士（黄庭坚、秦观、张耒、晁补之）"中，黄庭坚是继承和发展苏轼书论最有成就的一位，以下从五个不同方面来阐释其书论"以禅论书"的核心。

一、熟观法帖，凝神偶悟

禅门重妙悟，黄庭坚把这一思想巧妙地运用到了论书当中。他在《书自作草书后》中说："绍圣甲戌在黄龙山中，忽得草书三昧，觉前所作太露芒角，若得明窗净几，笔墨调利，可作数千字不倦，但难得此时会尔。"这一年黄庭坚 50 岁。这是由于他看了怀素《自叙帖》真迹后，钻研数日后才恍然大悟。他又说："书字虽工拙在人，要须年高手硬，心意闲澹，乃入微耳。"他还说："古人学书不尽临摹，张古人书于壁间，观之入神，则下笔时随人意。学字既成，且养于心中无俗气，然后可以作示人为楷式，凡作字须熟观魏晋人书，会之于心，自得古人笔法乜。"

从上述黄庭坚的论述中可以发现，他是从自身的学书经历中启示后人，学习书法不能盲目临帖，必须对古人法帖进行深入细致的研究，才能得其中真谛。同时也能看出他对阅历与练习的重视。他认为，熟悉古人法帖，将它挂在墙上，不离人的视线，这样的熟观甚至比临帖更重要。因为没有经过认真研究的临帖，最多只能得其形似，只有多观察，才能得到妙处。看帖不是走马观花，而是要熟观，观之入神，也就是要凝神静虑，才能偶悟。这与禅宗所主张的空心静虑、静观默悟是相通的。他认为，"观"是"悟"的前提，是达到悟通书法的一条重要途径。

二、他山之石，字外求法

黄庭坚还特别提倡"字外求法"，在其他事物中偶然悟通书理。他说："在黔中时，字多随意曲折，意到笔不到。及来僰道，舟中观长年荡桨，群丁拨棹，乃觉少进。意之所到，辄能用笔。"他能从荡桨、拨棹的推、挽、拽、托以及俯仰中悟出笔法，既有力量又富于变化，这正是黄庭坚笔法中极具特点的"荡"的感觉。他在《论书》中也曾说："余寓居开元寺怡偲堂，坐见江山，每于此中作草，似得江山之助。"在书法史上，类似的触类旁通显得至关重要，王羲之通过观察鹅的叫声和神态，逐渐融入其书法艺术之中，所写的鹅字一笔而过，称为"一笔鹅"。这种看似无关的两种事物经由书法家的敏锐性以及瞬间灵感的助力使书法上升书道的过程中又近了一步。

三、笔法至上，富于变化

黄庭坚认为"字中有笔，如禅家句中有眼"，认为笔法是书法学习的关键，这一点是非常高级的。从他的论述中可以看出，他所谓的"悟通"主要指的是笔法。他在《跋此君轩诗》中说："近时士大夫罕得古法，但弄笔左右缠绕，遂号为草书耳，不知与科斗、篆、隶同法同意，数百年来为张长叟、永州狂僧怀素及余三人悟此法耳。苏才翁有悟处而不能尽其宗趣，其余碌碌耳。"这是他悟通了在笔法上草书通于篆隶的道理后得出的结论，他以为"古人工书无他异，但能用笔耳"，可见他对掌握笔法的重视。然而他又提出了"随人作计终后人，自成一家始逼真"的见解，足见他在守法与破法之间的辩证观点。针对这一话题，他和老师苏轼也有一番讨论：

士大夫多讥东坡用笔不合古法，彼盖不知古法从何出尔。杜周云："三尺

安出哉？前王所是以为律，后王所是以为令。"予尝以此论书，而东坡绝倒也。（黄庭坚《跋东坡〈水赞录〉》）

　　去病穿城蹴鞠，此正不学古兵法之过也。学即不是。不学亦不可。子瞻书。（苏东坡《跋黄鲁直草书》）

师徒二人辩证地阐述了各自对于古法的认识，既有革新书家应有的包容，也有老师对于学生观点上所产生的偏激进行的纠正。在学习书法的过程中，初学首先是要关注字形和基本笔法，这是对的。但如果练习多年依然如初，这就有些教条了。从黄庭坚的论述中可以清晰地看到，笔法是学习书法的第一要素，而且可以将其细分为基本笔法、中级笔法和高级笔法。例如古人所说的永字八法，当为基本笔法。而各类法帖所呈现出的起伏之中有提按，提按之中有起伏当为中级笔法，这已经从基本法度上升到意向的维度，多是通过节奏、情绪、书写性来展现。而高级笔法则是只能心领神会才能达到，需要书家在字外中求得，而变因也在这个环节中产生，且多是因人而异，千人千面。

四、妙得于心，心手两忘

黄庭坚认为，书家对笔法深刻领悟之后，应该进入一种心手两忘、浑然一体的状态和境界。其《论书》中曾载："元符二年三月十二日，试宣城诸葛方散笔，觉笔意与黔州时书李太白《白头吟》笔力同中有异，异中有同。后百年如有别书者，乃解余语耳。张长史折钗股，颜太师屋漏痕，王右军锥画沙、印印泥，怀素飞鸟出林、惊蛇入草，索靖银钩钗尾、狡兔爆骇同是一笔法，心不知手，手不知心法耳。"他认为，所有成功的笔法，都有一个共同点，就是摆脱矫揉造作的人工雕琢，进入一种忘我、忘法的境界，他认为张旭、王右军、颜鲁公都达到了这种境界。

黄庭坚在《书十棕心扇因自评书》中说："数十年来，士大夫作字尚华藻，而笔不实，以风樯阵马为痛快，以插花舞女为姿媚，殊不知古人用笔也。客有惠棕心扇者，念其太朴，与之藻饰，书老杜巴中十诗，颇觉驱笔成字，都不为笔所使，亦是心不知手，手不知笔。"又说："老夫之书本无法，但观世间万缘，如蚊蚋聚散，未尝一事横于胸中，故不择笔墨，遇纸则书，纸尽则已，亦不计工拙与人之品藻讥弹。譬如木人，舞中节拍，人叹其工，舞罢则又萧然矣。"这一阶段应该是黄庭坚晚年所悟，正如他的老师苏轼所言："本不求工，所以能工。此如没人之操舟，无意于济否，是以覆却万变，而举措自若。"（苏轼书《跋王巩所收藏真书》）这也与苏轼"书无意于佳乃佳"的主张一脉相承。这种在虚静关照下的书写状态，需要在自然的状态下收摄心神，不存芥蒂，毫无火气，体现了宋代文人萧散淡远的境界追求，不同于唐代张旭、怀素等人迷狂般的释放，更彰显一种蜕变后的真实。

五、意韵至上，全力避俗

刘熙载《艺概·书概》中说："山谷论书，最重一韵字，盖俗气未尽者，皆不足以言韵也。"在黄庭坚的书法审美取向中，他特别强调一个韵字，除了崇尚魏晋书风之外，在唐五代众多书家中，比较偏重颜真卿和杨凝式。他对杨凝式研究之深、钦佩之至，所谓"散僧入圣"也。这正是他的审美趋向所在，那种超迈洒脱、不拘一格、底蕴深厚、一字一面、一帖一面的风格，真若神仙起居，令人神往也。他既看到了杨氏书法对于传统的继承，也深刻体会到了其狂禅的意韵，这又是对于传统叛逆的一面。于同时代人中，黄庭坚最钦佩苏轼，在《题东坡字后》中说："东坡简札，字形温润，无一点俗气。"又在《跋东坡帖书远景楼赋后》中提到："余谓东坡书，学问文章之气郁郁芊芊，发于笔墨之间，此所以他人终莫能及尔。"在这里，韵又衍生到书卷气这一层面。

黄庭坚所说的韵，应该是一种高尚的精神境界，其反面则是俗。他认为，论人论书都应以韵胜，这也是他对人生、对艺术的基本态度。他认为，要以韵胜，就必须反俗、避俗，能避俗者既为韵。所谓俗，主要是指一般化、格式化、故意、刻意等。那么如何才能避俗？他说："学书要胸中有道义，又广之以圣哲之学，书乃可贵。若其灵府无程政，使笔墨不减元常、逸少，只是俗人耳。"

"反俗"来源于黄庭坚对禅宗"自性""顿悟"的深刻理解在书法学习上的运用。反俗实际上就是反对那些泥古不化、刻意求变、炫技、过于追求形式等现象，这在当代仍然具有十分重要的意义。

"反俗"不是反对出新，恰恰相反，黄庭坚也是力求新变、自成一格的典型代表。他在《跋杨凝式贴后》中云："世人学尽《兰亭》面，欲换凡骨无金丹。谁知洛阳杨疯子，下笔便到乌丝栏。"可谓"点铁成金""夺胎换骨"之法！

黄庭坚是中国历史上一位伟大的思想家、诗人、书法家，其书法上的巨大成就，与苏轼、米芾、蔡襄一起被世人称为"宋四家"。黄庭坚的行书取得了很高的成就，更为突出的是他的草书，不仅其他三家不能与其比肩，甚至可以说他能与张旭、怀素一比高下，这不仅在宋朝无人可及，甚至可以说在唐朝以后无人可及。他的书论虽不系统，但却极其高妙；他的以禅论书，揭示了书法的本源和真谛。历史上凡是能够开宗立派的书法家，无一不是"点铁成金、夺胎换骨"。众所周知，自魏晋以后，大家都在师法王羲之，只有颜真卿、杨凝式等能得其神韵而面貌与之迥异。黄庭坚的草书，师法张旭、怀素，亦得其神韵而面貌迥异。还有清代的何绍基，自谓师法颜真卿，得其神韵，面貌却一点也看不到颜真卿的影子，这些才是开宗立派的书法家。

参 考 文 献

（宋）黄庭坚《跋唐道人编余草稿》，《山谷题跋》，上海远东出版社，1999 年。

（宋）黄庭坚《豫章黄先生文集》，上海商务印书馆缩印嘉兴沈氏藏宋本。

作者简介：陈韵竹，天津博物馆，助理馆员，天津市河西区平江道 62 号，300201。

浅谈独乐寺观音阁壁画

陈红梅

（蓟州区文物保管所）

摘要： 独乐寺观音阁壁画绘制于元代，明代曾经重描，是佛教宗教画。壁画中共有世俗人物 72 人，涉及世俗题材包括表现儒家思想的传统故事、反映当时现实佛教生活的剪影、体现佛教思想的内容、具有元代历史特征的内容和一些充满生活气息的画面。从内容到形式，从壁画构图到人物画法都具有独乐寺独有的特点，独乐寺壁画见证了元代壁画的辉煌。

关键词： 独乐寺　壁画　绘画方法　元代　世俗题材

独乐寺位于天津市蓟县城内，始建于隋，主体建筑山门和观音阁重建于辽统和二年（984 年），1961 年被国务院公布为第一批全国重点文物保护单位。独乐寺的建筑和塑像早在 1932 年梁思成先生的《营造法式：蓟县独乐寺观音阁山门考》问世后便名扬海外，但对于它的壁画，却在之后整整 40 年才重见天日。1972 年修整建筑，发现观音阁的墙皮内包含有壁画，当年即被揭出，使隐没了二百年的艺术瑰宝重现于世，成为我国美术考古的一大发现，从此独乐寺以"建筑、塑像、壁画"三绝蜚声中外。本文从独乐寺笔画的构图、绘画方法和壁画中的世俗题材故事三个方面进行论述。

一、独乐寺壁画的主题构图

独乐寺壁画元代绘制，明代重描，主要分布在观音阁四壁，通栏满布墙面，高 3.15 米，全长 45.35 米，总面积 142.85 平方米。壁画以佛教十六罗汉和两明王为主题，间以佛教有关的神话故事、世俗题材和重修信士像，构成一组组各有独立内容，但又彼此相连的巨幅画卷。罗汉像依次分布在东、西、北三壁，世俗人物位于罗汉下部，大小不足罗汉的二分之一，每个罗汉与其下方的世俗人物组成一幅画面，每幅画面既有独立内容，又与整个主题相关联，在壁画构图方式上称为组合式构图，罗汉站立排列，他们大多面颊丰满，慈眉善目，身上披着袈裟，伫立在云气缥缈的仙境之中，或作法，或讲经，数倍大于周围眷属、弟子等世俗人物。罗汉背后是翻腾的海浪和起伏的山峦，海浪中浮现各种神兽和动物，山峦上流下缕缕清泉，使画面格外气势磅礴，生机盎然。二明王像分布在进入观音阁门口的两侧南墙上，作忿怒相，形象威武。东墙上分布着第一至第五尊罗汉。第一尊罗汉是"圣僧"宾度罗。画面上他庄严站立，掐指说法，跟前站着四人，从装饰看，应分别是朝廷官员、儒生、道士、僧官，皆面向宾度罗低首作礼，构成一幅隆重的三教礼佛画面。由于观音阁中央供奉高 16 米的十一面观音像，四面墙壁的十六罗汉正好围绕观音，构成一个庄严肃穆的神仙世界，显示了作画者巧妙的构思和艺术功力。全画留给人们第一特殊的印象正是"以密托疏"的总体结构法则，它以短小细密的线构成通幅背景，衬托着洗练粗壮的线描构成各种姿态的 16 尊罗汉主像，使画面背景充实，主像突出，这种构图和总体结构法则在古代壁画中尤其明代壁画中是少见的。

二、独乐寺壁画的绘画方法

独乐寺观音阁壁画的绘画方法以"铁线细描"为主，是用线条勾勒人物形象，兼用兰叶勾勒填色，适当加以晕染。壁画的制法是用细砂土、稻草、麻和泥抹墙面，压平后刷白粉绘制。由于使用了红、白、绿、紫、蓝、黄、粉、黑等多种色调的矿物质颜料，画面至今色泽艳丽，保存基本完好。壁画构图则以人物为主，采用组合式构图方法，罗汉是壁画中的主要人物，在整个画面中处于显赫的位置，十六罗汉有统一的高度，基本统一的服饰，基本一致的格调，每个罗汉和其下方的世俗人物构成一个画面。壁画的各个画面既统一又有差异，使得整个画面疏朗开阔，气势雄浑，规整有序；同时又显得有变化，不呆板。走进观音阁内，环视四周壁画，一眼便可以确定每个画面中不同人物的身份，罗汉和世俗人物都给观众以鲜明的印象。观众抬眼望去，总能找到一个画面，总能领略一个思想内容，这种构图方法给观者提供了极大的方便，很容易让人依次看下去。整个画面虽然很长，但观者决不会感到凌乱和无从入眼，所绘罗汉各不相同，世俗人物的体态各异，又促使人们对壁画产生极大的兴趣。

三、独乐寺壁画中的世俗题材故事

观音阁壁画共有世俗人物 72 人，涉及的世俗题材包括传统故事、佛教活动、日常生活、重修信士像等。在严肃的佛教题材壁画中加入大量现实生活素材，使整个画面清新有趣，生机盎然，增强了绘画的艺术感染力。

（一）表现儒家思想的传统故事

"郭巨埋儿"图位于观音阁西墙第十尊罗汉前方，图中的郭巨头戴覆钵式圆帽，上身赤裸，正在挥锹挖地，前面的坑中露出金子，郭妻头戴花冠，包袱一角衔在口里，一角握在左手，右手正忙着拾起金子，孩子在旁帮助。"郭巨埋儿"的故事最早见于东晋干宝所著《搜神记》，《太平御览》卷四引西汉刘向《孝子图》中亦见，郭巨是儒家孝悌思想的典型人物。儒家思想是中国历代文化的主流，儒家学说首称孝道，历代典籍莫不以孝道为其主旨，讲到佛教的伦理道德，也是以孝为宗，以孝为戒。这个故事宣扬了释道皆尊的孝道思想。

同一罗汉背后，"郭巨埋儿"图上部，山坡上有男女二人，正从山上疾步往下走，前面的妇女手中提着鱼篓，回首望着跟在后面的男子，后面男子扛着锄头，画面表现了封建社会的小农生活，耕种捕鱼，夫唱妇随，天下升平的美好愿望。《新唐书·隐逸传·张志和》中记载"帝尝赐奴婢各一，志和配为夫妇，号渔童、樵青。"便是此类故事的主题。

（二）反映当时现实佛教生活的剪影

壁画中"喝圣水""献经卷""摩顶"等画面，是现实佛教生活的剪影。

第九尊罗汉右下方是"喝水信众"，"喝圣水"这种活动在佛教中颇为流行，因造成疾病传染，历代朝廷均曾下令禁止，可也是屡禁不止。画面上男女老幼共有六人，正围在一小水潭旁喝"圣水"，他们的姿势、神态各异，有的用勺舀，有的用碗端，有的用瓢喝，有的直接俯身凑到水面去喝，有的还在伸手讨要。此幅画面，人物面部表情丰富，形象生动，生活气息浓厚，表现了佛教普度众生的主题。

"献经卷"位于第八尊罗汉左侧，三男两女正争着向一出家人递送经卷，其中一位身穿红衣的女子已完成凤愿，表情虔诚，正在合掌行礼。有一儿童被挤在边上，因无法上前，正在抹泪哭泣。"献经卷"也是佛教中布施的一种方式，可积德还愿。

第十一尊罗汉正在为一俗人摩顶，身后有两人也在观看。《法华经》"嘱累品"中云："释迦牟尼佛从法座起，现大神力。以右手摩无量菩萨摩诃萨顶，而作是言。"《楞严经》中也有数处描写摩顶加持。摩顶后为佛教授戒传法时的仪轨。高僧为信众摩顶，在佛教里也表示慈悲爱护之意，并使其消除魔障。

（三）体现佛教思想的内容

在第一尊罗汉跟前站立四人，前面一人头戴缀珠七梁冠，身着襕袍，腰系绶绅，足蹬朝靴，手持笏板，显然是元代官吏装束；后排第一人头戴软角唐巾，身着蓝色长衫，足蹬软底高筒长靴，应为儒生；后排第二人头戴七梁冠，穿红色长衫，为道士装束；后排第三人为身披紫色袈裟的僧官。他们都在向罗汉低首作礼，构成一幅朝廷献官和儒、释、道礼佛图。金元时期，全真教提倡以佛教为基础的"三教合一"，而此幅画面则告诉人们：佛是至高无上的。据此画面推断，壁画绘制时间应在元代佛道"廷对"时期，佛教取得胜利之后。

第四尊罗汉下是两个作逃跑状的妇女，面部惊慌，衣衫凌乱，形态狼狈，她们头戴花冠，袒胸露乳，衣饰艳丽，其中一名妇女还跑掉了鞋，跑散了裹脚布。佛教反对淫邪，同时也对妇女怀有偏见。《沙弥律》云："在家五戒，惟制淫邪。出家十诫，全断淫欲。"《涅槃经》曰："一切女人皆是众恶之所住处。"全图鲜明地表现了这一主题，颇具感染力。

第五尊罗汉下是一幅劝人信佛、弃恶向善的画面，图中罗汉左手直指一罪人和一解差，运用法力为罪人开脱枷锁，枷锁已经散落在地上，罪人脸上像是有后悔的意思，正拱手向罗汉致谢。解差的左手提棍，右手举起，正抬头仰望罗汉。画面生动地体现了佛教的教化意义，佛法的力量。

（四）反映元代历史特征的内容

观音阁壁画绘制于元代，蓟州当时虽为汉人聚集之地，但壁画也多处表现出了元代的时代特征。如人物中有三个卷发人，即第六尊罗汉旁的虎奴，第七尊罗汉旁的狮奴，第十五尊罗汉旁的侍从，从模样、衣饰均可判断为西域人，元代称之为色目人，色目人在元朝的建立和统一全国的过程中大量进入汉族居住地区，他们受到元朝的重视，被列为全国四等人中的第二等人，待遇仅次于蒙古人。第六尊罗汉旁的虎奴高鼻深目、卷发卷须，头戴瓦楞帽，足蹬高筒兽皮黑靴，是典型的元代装束。瓦楞帽是古代北方游牧民族的传统帽饰，元代蒙古人统治期间为了体现等级差异，凸显民族优劣，在1314年的时候作了关于服装的统一规定：汉人官员保持了唐以来的圆领衣和幞头，而蒙古官员多穿合领衣戴"四方瓦楞帽"，不过帽式有高低宽窄且装饰不同，以体现统治阶层的优越。山西永乐宫纯阳殿壁画中也出现这样的装扮，观音阁壁画也恰好反映了这一特定的历史特征。虎奴右手持锄，左手牵虎，图中老虎抬头望向罗汉。狮奴位于第十三尊罗汉后，鹰鼻鹞眼，上身袒露，肌肉隆起，左手牵着一头雄狮，昂首翘尾，右肩上扛着一头小狮子。佛典记载，狮子是镇兽之王、驱邪之灵，狮子的吼声能够震撼天地，扫荡邪恶，具有无比的威力，因此佛教中譬喻佛说法为"狮子吼"。史料记载，中国古代狮子均由西域引进，所以狮奴多为西域人形象。第十五尊罗汉后也是一西域人，卷眉卷须，身着汉人服饰，正向罗汉拱手施礼。从壁画中西域胡人形象，可见在这一历史时期，中西交通、人员往来和文化交流是十分频繁的，蓟州毗邻元大都，境内也少不了西域人活动。

（五）一些充满生活气息的画面

观音阁壁画在世俗题材的选择上，还融合了一些充满生活气息的画面。第五尊罗汉右下方，两个淘气的孩子正在捅马蜂窝，一个倒拿拂尘正在捅，马蜂四散飞去，一个孩子被马蜂追赶，抱头躲避，憨态可掬。在第七尊罗汉后面是一正在读经的幼童，面部被经卷遮住，只露出了头上的两个小抓髻。这样的画面生动活泼，与现实生活贴近。

观音阁壁画从整体上看气势磅礴，以人物为主题，用山峦、海水、云纹为背景。世俗人物的衬托，使十八罗汉仿佛从天上降落到人间，有很强的视觉冲击力，它一扫宗教画的神秘色彩，更贴近现实生活，表现了宗教画发展过程中的一个重要环节。除此之外，在壁画的背景中还有乌龟、猴子、飞鸟、蛤蟆等各种动物，特别是第十六尊罗汉后面水中，还出现了一条鳜鱼，此鱼是蓟县当地特产。这些动物个体较小，但却丰富了壁画内容。

观音阁壁画在我国佛教壁画中占有特殊地位，直立的十六罗汉以壁画形式分列大阁下层，在国内属首次发现。世俗人物众多，故事内容丰富多彩，人物特点鲜明，也是独乐寺壁画的一大特色。从内容到形式，从壁画构图到人物画法，独乐寺壁画进一步丰富了我国古代寺观的壁画艺术，也见证了元代壁画的辉煌。

参 考 文 献

韩嘉谷：《独乐寺源流考》，《天津文博丛刊》，2010 年。

纪烈敏：《独乐寺壁画》，《独乐寺重建一千周年纪念论文》，1984 年。

马大东：《蓟县独乐寺观音阁壁画中的罗汉像及有关问题》，《独乐寺重建一千周年纪念论文》，1984 年。

马玉成：《独乐寺观音阁壁画绘制年代考析》，《天津文博》1992 年第 4 期。

文展：《记新剥出的蓟县观音阁壁画》，《文物》1972 年第 5 期。

杨德树：《文采风流今尚好——关于蓟县独乐寺壁画的临摹》，《独乐寺重建一千周年纪念论文》，1984 年。

杨新编著：《中国古代建筑：蓟县独乐寺》，文物出版社，2007 年。

作者简介：陈红梅，蓟州区文物保管所，馆员，天津市蓟州区武定街 41 号，301900。

浅谈王羲之《兰亭集序》

秦昊禄

（天津博物馆）

摘要：中国古代的书法博大精深，内涵深蕴，有着悠久蔓延的历史，历朝历代大家众多，风格迥异，呈现出了百家争鸣的特点。东晋时期的王羲之有"书圣"之称，其代表作《兰亭集序》更是被誉为"天下第一行书"，现天津博物馆藏有王羲之《兰亭集序》的《宋拓木刻定武五字不损本兰亭序》，现将其一些特点和特色加以考证。

关键词：王羲之 《兰亭集序》 书法

天津博物馆现馆藏的《宋拓木刻定武五字不损本兰亭序》是王羲之最为经典代表的《兰亭序》的碑帖作品。王羲之书法真迹现已留存不多，《兰亭序》的真迹更是不复存在，本馆收藏的这幅碑帖具有较高的收藏鉴赏和学习临本价值。王羲之的书法造诣颇高，世人皆知。本作品不仅体现出王羲之对待每个汉字的精益求精，更体现出他对文章的严谨，最具有较强的文学性。

一、王羲之《兰亭集序》的创作背景

王羲之（303～361，一作321～379），字逸少，汉族，东晋时期著名书法家，有"书圣"之称。琅琊临沂（今山东临沂）人，后迁会稽山阴（今浙江绍兴），晚年隐居剡县金庭。

王羲之的《兰亭集序》是其一生中最经典、具有代表性质的一部书法作品。又名《兰亭宴集序》《兰亭序》《临河序》等。东晋穆帝永和九年（353年），王羲之与谢安等人在兰亭饮酒作诗，《兰亭集序》记述的就是兰亭周围的山水之美和聚会时的欢快之情，抒发了作者"修短随化，终期于尽"这种对于生死无常的感慨。与会者临流赋诗，各抒怀抱，抄录成集，大家公推此次聚会的召集人，德高望重的王羲之写作序文，记录此次雅集，故即为著名的《兰亭集序》。

兰亭，位于浙江省绍兴市西南14千米兰亭镇的兰渚山，是我国书法圣地，是东晋时期著名书法家王羲之的园林住所。而兰亭具体在什么地方，现在也是说法不一。《兰亭集序》中仅提到："会于会稽山阴之兰亭"，也没有正式确切的说法。兰亭在晋朝的时候已经历了数次迁移。人们相传是在春秋时期越王勾践曾经在此植兰，汉朝时期在此设立驿亭，故名被称作兰亭。吕祖谦曾在《东莱吕太师文集》中曰："十里含晖桥亭，天章寺路口也，才穿松径至寺，晋王羲之之兰亭。"来记载兰亭内以"景幽、事雅、文妙、书绝"四大特征享誉海内外。兰亭主要以曲水流觞为中心，四周环绕着鹅池、鹅池亭、流觞亭、小兰亭、玉碑亭、墨华亭、右军祠等。兰亭虽然不大，但世人皆知，王羲之正是在此创作并抒写了《兰亭序》。

二、《兰亭集序》版本的概况

《兰亭集序》现在主要有临本和刻本之区别，临摹的版本是具有非常重要的学习研究的价值，具有很重要的地位，但是数量极其稀少传播，世人很少知晓，从而刻本也变得非常有意义[①]，南宋姜白石在《兰亭考》中曾说："《兰亭》真迹隐，临本行于世，临本少，石本行于世，石本杂，'定武本'行于世。"宋代的《兰亭序》的版本数量居多，都是统治阶级才能接触到，后来《兰亭序》的拓本在南宋时期大量涌现，使广大的人文士大夫和普通老百姓都能够得到拓本，因比《兰亭序》得以广泛传播。目前主要有的一些《兰亭序》的版本，主要是《冯承素梨摹兰亭序》、《虞世南摹兰亭序》、《褚遂良摹兰亭序》、《宋拓定武兰亭序吴炳旧藏本》、董其昌的《临兰亭序》等。

《兰亭集序》的刻本中最著名的当数《定武兰亭序》，许多专家都认为是根据欧阳询的临本所刻。《定武兰亭序》中以"湍、带、右、流、天"五字米损本尤为珍贵。天津博物馆现藏有王羲之《兰亭集序》版本中的《宋拓木刻定武五字不损本兰亭序》，全文共28行，324字，内尺寸长为24厘米，宽为10厘米；外尺寸长为312厘米，宽为15厘米，品相保存完好，是一幅不可多得的传世佳作。

三、王羲之《兰亭集序》的艺术特色

王羲之的书法兼隶、草、楷、行各体，博采众长，精研体势，心慕手追，备精诸体，冶于一炉，摆脱了汉魏笔风，自成一家，影响深远，王羲之的字平和自然，圆润流畅，笔势委婉含蓄，遒美健秀。王羲之的书法能够"入木三分"，在一块木板上抒写祝词，再派工人雕刻，刻木者把木板削了一层又一层，发现王羲之的书法墨迹一直印到木板里面去了，他削进三分深度才见底，可见其力道之深，下了相当多的苦功夫。当代的留美书法新秀刘铎用"好字为之"来称赞他的书法。

《兰亭集序》在文笔上具有清心朴实、没有任何雕饰，纯天然创作风格。语言极其流畅，给我们以清新动人的感觉。句式整齐同时而又富于变化，主要是以短句为主，语言干练。在散句中增加了偶句，悦耳动听。作者时喜时悲，喜极而悲，抒写出来的文章也随之感情的变化由平静到激荡，再由激荡到平静，极尽波澜起伏，体现出了文字独特之美，令读者意犹未尽，想置身于其中。

唐太宗对王羲之的书法推崇备至，曾亲自撰写《晋书》中的《王羲之传论》，推崇他是"尽善尽美"。宋代的著名书法家米芾更是称其为"中国行书第一帖"。此帖以中锋为主，偶有侧锋，笔画纤细轻盈，笔断而意连，在中国书法史上具有崇高的地位。

王羲之的《兰亭集序》是中国书法历史长河中的一件瑰宝，展现出了中国书法用笔的方法、力道、韵味，体现出王羲之独特的笔锋、走势及起承转合。唐太宗曾评价王羲之："心慕手追，此人而已，其余区区之类，何足论哉！"金圣叹在《天下才子必读书》卷九中说："此文一意反复生死之事甚疾，现前好景可念，更不许顺口说有妙理妙语，真古今第一情种也。"可见后人对其赞誉有加，举世闻名。

我国的书法文化源远流长，大家众多，王羲之是其中的一位代表人物，给我们留下了宝贵的艺术和文学财富，让我们受益无穷，值得我们去深入的了解、学习、研究。

注　　释

① 　张之望、张嵋珥：《新发现的过云楼秘藏宋拓〈定武兰亭序〉帖考》，《文物鉴定与鉴赏》2014 年第 12 期。

作者简介：秦昊禄，天津博物馆，助理馆员，天津市河西区平江道 62 号，300201。

五、津沽史记

天津文庙的碑刻

敖承隆

（天津文庙博物馆）

摘要：文献记载关于明清两代天津文庙创建、重修的碑记，共有十三通。它们不仅是文庙重要的历史附属文物，而且也是研究天津文庙历史沿革发展演变的实物见证。

关键词：天津文庙　明清　碑刻　文物保护

天津文庙，是津门建卫，明清以来，是祭孔的庙宇、教学的学宫所在。据天津史志记载，该庙始建于明正统元年（1436 年），十二年（1447 年）大成殿落成。保存至今，已有五百八十年。现为天津旧城仅有的一处古建筑群遗存。于 1954 年被公布为第一批市级文物保护单位，现辟为天津文庙博物馆。

天津文庙，据《天津县新志》记载（以下简称《新志》），关于明清两代天津文庙创建、重修的碑记，共有十三通①。从这些碑的记述，可以清楚地了解天津文庙的殿堂、祠阁、门坊、泮池石桥、万仞宫墙和过街牌楼等；整体建筑逐渐形成"祭孔与学宫"融为一体的布局。据此充分表明，天津文庙的碑刻，它不仅是文庙重要的历史附属文物，而且也是研究天津文庙历史沿革发展演变的实物见证。

一、天津文庙明清两代的碑刻

天津文庙明清两代的碑刻，据《新志》记载，共有十三通碑刻，现按碑刻的年代和碑名题记，分列如下：

① 明代（具体年代不详），《创建天津卫学明伦堂记》；② 明代天顺二年（1458 年），《创建天津卫学两庑记》；③ 明代万历二十九年（1601 年），《重修天津卫学宫记》；④ 明代崇祯二年（1629 年），《重修天津卫学记》；⑤ 清代顺治十年（1653 年），《重修天津卫儒学碑记》；⑥ 清代康熙八年（1669 年），《重修天津卫儒学碑记》；⑦ 清代康熙十二年（1673 年），《修文庙记》；⑧ 清代康熙三十二年（1693 年），《重修天津卫学宫记》；⑨ 清代乾隆三年（1738 年），《重修天津府学明伦堂记》；⑩ 清代乾隆十六

年（1751 年），《重修儒学碑记》；⑪ 清代同治三年（1864 年），《重修郡邑学宫碑记》；⑫ 清代光绪元年（1875 年），《重修天津府县学宫碑记》；⑬ 清光绪三十年（1904 年），《天津文庙甲辰上丁礼乐记》。

以上所述，这明清两代十三通碑刻，据《新志》录文所载，明、清各有四通（共计八通）"碑佚"均已无存，实为可惜。仅有清代五通碑刻：① 清代顺治十年，《重修天津卫儒学碑记》；② 清代康熙三十二年，《重修天津卫学宫记》；③ 清代同治三年，《重修郡邑学宫碑记》；④ 清代光绪元年，《重修天津府县学宫碑记》；⑤ 清代光绪三十年，《天津文庙甲辰上丁祀乐记》。这五通清代碑刻，则保存直至中华人民共和国成立之初。

二、大成门前清代碑刻均被砸毁

天津文庙，在大成门前院内，仅存五通清代碑刻（图一），不幸均被砸毁。此举毁坏文物的事件，经查天津市文化局档案所载，1952 年间，占用文庙的单位"崇化中学藉口改造操场，大成门前院内碑刻，均被砸毁"。这是天津市发生较为严重毁坏文物的事件，虽已过数十年，如今还应引以为戒，杜绝类似破坏文物的事件再次发生。

与此相关，天津文庙已被砸毁的碑刻再现。1996 年，在府庙大成门前院内，清整

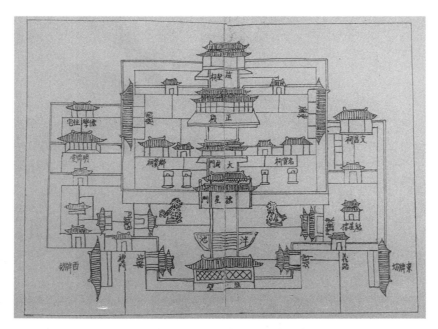

图一　康熙十四年天津卫志所附文庙图

地面时，于地下填土中掘出过去已被砸毁的碑刻、龟背、龙首碑座、蟠螭纹碑首数件（图二、图三），以及残断碑身碎石等；部分碑座、碑首已为复制碑刻利用（图四）。被毁碑刻的再现，令人触目惊心，颇感叹惜。

图二　被毁碑的碑座

图三　被毁碑的碑首

　　事过境迁，天津文庙在改革创新中，对该庙"庙学融为一体"的古建筑群遗存，保护管理好，合理利用好，使天津文庙整体建筑面貌，包括附属文物碑刻、松柏参天的树木等整修营造得更加完善，提升发挥文庙服务于众的有效功能。为此，对文庙原有的碑刻进行复制。天津知名书法家闻知，则以高度热心诚意，敬以奉献。依据天津有关史志《新志》所载，天津文庙的碑刻于1993年所书碑刻题额和碑文均已告捷，圆满完成任务。现将书法家所书题额和碑文，分述如下：

图四　棂星门外复制碑刻

（一）题额、碑文书者

清康熙八年《重修天津卫儒学碑记》，题额为龚望隶书"千古流芳"，碑文为唐云来书丹。清康熙三十二年《重修天津卫学宫记》，题额为余明善所书，碑文为曹柏崑书丹；清同治三年《重修郡邑学宫碑记》，篆额为黾翁王学仲所书，碑文为一禾赵伯光书丹；清光绪元年《重修天津府县学宫碑记》，篆额"重修学宫碑记"为李鹤年所书，碑文为顾志新书丹；清光绪三十年《天津文庙甲辰上丁礼乐记》篆额"上丁礼乐碑记"为孙其峰所书，碑文为宁书纶书丹。

（二）碑文书者

明代《创建天津卫学明伦堂记》碑文为韩嘉祥所书；明万历二十九年《重修天津卫学宫记》碑文为赵士英恭书；明崇祯二年《重修天津卫学记》碑文为陈骧龙所书；清康熙十二年《修文庙记》碑文为陈连羲所书；清乾隆三年《重修天津府学明伦堂记》碑文为李润泽所书；清乾隆十六年《重修儒学碑记》碑文为印德孙荣刚所书。

以上所复制的碑刻，于2007年文庙大修后，在府庙大成门和棂星门前，东西两侧，陆续有序树起，四周松柏围绕，黄琉璃瓦覆盖的大成门，棂星门，分居于中。其院内建筑风貌，交相辉映，显得格外幽雅宁静，赏心悦目，很值得到此观览一游（图五）。

图五 棂星门外复制碑刻

三、府庙文昌祠、幸存的卧墙碑

文昌祠②，位居府庙东侧，明伦堂一线的北端（图六）。在祠内东山墙，镶置卧墙碑一块。《重修文昌祠题石记》清宣统二年七月立，碑高 0.62 米，宽 1.51 米，碑文楷书，邑人附生顾连城书丹。碑文共四十行、行十二或十一字。其中有七字，已损坏不清（图七）。这块卧墙碑是天津文庙现存仅有的碑刻，当时正因立于祠内，所以未遭砸毁，值得庆幸。兹将此碑释文如下：

图六 府庙文昌祠现状

图七　文昌祠内卧墙碑

　　重修文昌祠题石记，吾郡府学宫东，□向有□文昌祠，载在县志有图可考。久为津绅士，春秋两丁，乡祭之所。次经合祀，于魁星阁，遂以魁星阁名岁，戊申③恭承诏书。孔子升为大祀，逾年官府筹款拓修殿宇，用崇体制时，□历城陈建侯太守，汝豫管理建造局受重其事，不料是年仲冬，工人不慎魁星阁毁于火。郡人以有其举之，莫敢废也。谋所以修复之。太守尤为赞其成，鸠工庀材重建正殿三楹，并接展广厦十二幢，为佾舞生演习之地，更为绅学两界遇事会议之所。自庚戌④四月动工，迄五月蒇事⑤是次也，所需之费，除由建造局照发重修之款外，其余不敷六百金，太守任其半，绅学两界任其半。工料□寔得以早观厥成。从此庙貌常新骏奔，将事太守之功诚伟矣，绅学两界亦与有荣焉，□将姓氏勒诏，□珉倬⑥垂不朽是为记。

　　学界词人公醵银洋陆拾元；石元士、黄昭章、王贤宾、李荣恒、卞宝廉、张炳、杨宾恒、王锡瑛、李士铭、各捐银洋叁拾元；窦荣光、杨希曾、吉维清、各捐银洋贰拾元；王观保、邹延廉、华学淇、刘恩光、陆寿恒、韩荫桢、李梦□、郭春麟、李久熙、朱家琦、武国桢、刘光菁各捐银洋拾元；共捐银洋伍佰拾元。除动用三百元外，余款作为家具等费。邑人附生顾连城书丹，宣统二年岁次庚戌庚月立。

　　该碑记述内容，文载扼要，为魁星阁毁于火，修复殿宇、扩展场地所需经费不足，筹款集资分担，捐资额数与姓氏，名列于后。在所列人名当中，石元士，字次青，为天津杨柳青石家人氏；王锡瑛，字益孙，为天津"益德王"家，第三代王益斋之孙；李士铭，字子香，为天津"李善人"家，第一代李春城之长子。以上三人，均属天津"八大家"的后代⑦。

此外，在府庙大成殿内，祭祀供器铜香炉、蜡钎，所铸铭文"中华民国十有四年李士铭捐赠"。再则，祭祀打击乐器特磬器身朱书题铭"二品顶戴，长芦盐运使司盐使，如山敬谨监造"。还有盛食物祭器，铜铜器底所铸铭文，也为如山敬谨监造。综合上述，可见明清以来，地方官员与知名人士，为天津文庙的修复屡作奉献，传承于世。

四、结　束　语

中国人热爱祖国古代文化遗存，"保护文物、人人有责"。尤其是对我国历代碑刻，要保护管理好、合理利用好，决不许损坏任何文物。作为文物考古工作者，更要接受完成历代所赋予我们的使命。

注　　释

① 《天津县新志》卷二十四·碑刻，民国二十年刻本。

② 文昌，星官名，又名"文曲星""文星"。中国神话中主宰功名、禄位的神。旧时多为读书人所崇祀。

③ 戊申，为清光绪三十四年（1908 年）。

④ 庚戌，为清宣统二年（1910 年）。

⑤ 蒇（音产）事，为把事情已办完、办好。

⑥ 珉（音民），似玉的美石，俾（音比），俾意使众周知。

⑦ 《天津近代人物录》，《天津史志丛刊》（二），天津市地方史志编修委员会总编辑室，1987 年。

作者简介：敖承隆，天津文庙博物馆，副研究馆员，天津市南开区东马路东门里大街 2 号，300090。

天津英租界新闻报刊对城市社会的影响

——以《京津泰晤士报》为例

邱 玥

（李叔同故居纪念馆）

摘要：18 世纪以来，作为北京门户的天津被迫开埠，成了西方文化和中国传统文化的载体。外国人创办的报刊是依托天津租界设立而出现发展起来的，是外国人从事宣传的主要媒介手段。本文通过介绍《京津泰晤士报》的创立情况、刊登内容、演变过程，在列举分析其刊登内容基础上，简要阐述了《京津泰晤士报》反映了当时天津城市社会的基本状况以及报刊产生发展促进了本地报业起步和国民思想进步等影响。

关键字：天津 英租界 《京津泰晤士报》 影响

西方资本主义国家自 18 世纪即对天津的重要性有了深刻的认识。1860 年《北京条约》签订后，天津被迫开埠，成为各国的通商口岸。各国在天津不同区域相继设立租界，引来了大批外国人。作为北京门户的天津，因其政治、经济上的核心位置，以及地理位置的优越性，迅速转变成为西方文化和中国传统文化的载体，也成了外国人的宣传阵地，而阵地的核心就是天津的报纸。这些侨民以日益繁荣的天津租界为背景，从事文化事业，开办英文报纸，推动了本土报业向多元化发展。

外国人创办的报刊作为一种大众传媒，是依托天津租界设立而出现的，是外国人从事宣传的主要媒介手段，并随着租界的繁荣而发展起来。据不完全统计，从 1860 年到 1947 年间，天津各租界报刊多达几十种，其中不乏在中国近代颇具影响的报纸。由于这一时期报刊的发展，使天津迅速成为仅次于上海、香港而居全国第三位的外国人宣传重镇[①]。

报刊是一个城市发展的历史见证。外国人在天津租界内创办的报刊，对近代中国城市的发展有着重要影响。天津开埠不久，英国于 1860 年首先在天津设立租界。作为天津英租界内影响最大的报刊——《京津泰晤士报》，对当时天津城市的发展产生了不可忽视的推动作用和深远影响，亦是天津近代文化的重要内容和组成部分。本文在简要介绍《京津泰晤士报》的创办、发展及内容的基础上，阐述该报对当时天津城市社会的主要影响。

一、《京津泰晤士报》的相关内容介绍

英文报刊是随着西方人在以天津为中心的中国北方城市的大量出现而创办、发展起来的。天津的英文报纸在近、现代时期数量与香港、上海相比并不算多。其中以《京津泰晤士报》（ *Peking and Tientsin Times* ）影响最大。该报经常在权威的 *The China Year Book* （中国年鉴）上发布广告，说自己是 "The Leading Daily Newspaper of Northern China. British Owned and British Edited. Entirely independent in its views and criticism, by far the most influential newspaper in the district（本报是中国北方最重要的日报，由英国人所有并编辑。该报可完全自主地发表观点和评论，是本地区内迄今为止影响最大的报纸）"[②]。

中国近代新闻发展历程中，外国报刊占据很大比例，在中西文化交融发展的特殊环境中，推动了近代天津报业的繁荣和天津近代文化的形成。《京津泰晤士报》，创办于1894年，英文，最初为周报，1902年10月1日改为日报，创刊于天津[③]，是当时北方影响最大的英文报纸，曾在19世纪20年代被时人誉为与香港的《孖剌报》（ *Hong Kong Daily Press* ）、上海的《字林西报》（ *North China Daily News* ）、汉口的《楚报》（ *Central China Post* ）同为英国人在华所办的"四大具有魔力的大报"[④]。

《京津泰晤士报》是由英国建筑师裴令汉（William Bellingham）于1894年3月创刊的，报刊内容涵盖关于政治、商业、文学、科技与社会各方面，日出20版，发行于京津两地，是一份典型的英国报纸。裴令汉（W.Bellingham）主编，助理编辑有伍德海（H.G.W.Woodhead）、彭赖尔（W.Pennel）等，由英商天津印字馆印刷。

《京津泰晤士报》表面是商业报纸，但却接受天津英租界工部局的资助，实际上是份半官方的英国报纸。天津的英租界工部局看到了英文报纸作为舆论阵地对西方人以及中国上层人士的巨大影响，因此，他们把该报作为自己的喉舌来扶持，使该报主要反映英国的官方观点。19世纪30年代以来，《京津泰晤士报》成为天津英租界工部局的机关报，反映天津英租界工部局的立场和观点。天津印字馆、路透社、《京津泰晤士报》构成英国在天津的三位一体的文化侵略工具。

《京津泰晤士报》报道重点在中国北方，经常评论时事，发表政见。在出版时间上该报逢每周六发行一期，每期4页，版块分为"广告""最新电讯""诗歌""航运情报""商业信息"等内容，销售量达到1200份。在创刊时，裴令汉就将该报定性为商业性报纸，首次在报纸的头版就刊登"广告"，同时在报头处清晰地标明每份报纸的价钱（10美分/份）、订阅全年的价格（3美元/年）和额外需产生的邮资[⑤]。

1918年，该报由英籍华人熊少豪接办，改名《汉文京津泰晤士报》，单独出版，在英国驻天津领事署注册，社址改在法租界。1927年11月17日，该报编辑部重申《本报之主张》："本报向来主张，不偏不党，无阿无好，惟事实之真相，作消息之传邮……此其一也；至于电影戏剧之类，方今艺术昌明，理当提倡，若夫粉黛胭脂，则乡党自好者之所不道，而谓舆论界鼓吹之可乎，此其二也。"⑥该报于1941年太平洋战争爆发后停刊。

二、《京津泰晤士报》对当时天津城市社会的影响

租界报刊在当时是人们接触了解西方事物的一种媒介，介绍的西方政治经济发展、文化教育知识，对中国的经济、文化等发展产生了重要影响，在当今也是中国人探究那段历史的珍贵史料，因此对《京津泰晤士报》进行相关研究是十分必要的。

作为租界报刊，《京津泰晤士报》是英租界内的主要新闻媒体，是当时人们接触和了解西方文化的重要媒介，对天津城市社会产生了深远影响。从当时特定的社会背景下分析，《京津泰晤士报》是一种强有力的媒体，具有较强的新闻导向和舆论宣传功能，它的产生和发展被赋予了不同性质的社会功能和历史影响：一方面，外国报刊对于中国本国文化是一种"文化侵略"现象。作为侵略中国的舆论工具，报刊起着举足轻重的作用。他们以租界为领地对中国进行文化侵略，宣传他们的文化价值观和生活方式。究其根本，这些都是为英国服务的，是为配合他们的侵华政策而服务的。另一方面，外国报刊打破了中国长期封闭的社会状态，是近代中国人了解和学习西方先进事物的途径，不仅将西方先进的科学技术引进中国，推动了中国社会加速前进，也对天津新闻事业迈入新的领域起到了催化作用。

第一，该报的本质特征凸显了外国人对天津本土文化的侵略。文化侵略是指文化优势国家通过文化输出垄断文化相对弱势国家的文化市场，并改变其国民的风俗习惯，阻碍文化传承。英国重视新闻、出版等意识形态和文化方面的舆论宣传工作，充分利用报纸的"喉舌"作用和宣传功能，向天津民众介绍西方社会的面貌，同时采取了一系列文化统治措施进行思想侵蚀，企图改变天津人民的思想观念和生活方式，接受西方化的事物，同化本土国民，从而达到侵略、统治的目的。《京津泰晤士报》对西方文化的宣传削弱了中国的民族文化和民族意识，力图以西方文化征服中国民众的灵魂，并消除他们反对侵略统治的革命意识，以保持对中国民众思想地控制。因此，《京津泰晤士报》总的来说是为外国殖民主义者侵略中国的目标服务的，是侵略者的舆论工具。外国人依托天津这个辐射力强的北方商埠，或普及宗教教义或宣传侵华政策或采集各类信息。但其在阐发种种无视中国主权的政治主张、控制甚至垄断言路的基础上，也能关注中国的政治变革，比较客观地分析中国社会现实，启迪民智，甚至对中国的西学启蒙和社会转型起到了潜移默化的推动作用⑦。

第二，该报的产生发展促进了本地报业起步和国民思想进步。随着大量外国侨民进驻天津租界，不少外国人借助天津租界创办报刊。以《京津泰晤士报》为例，由于

其在办报观念、栏目设置、版面设计以及报业经营方面，具有先进的理念和经验，这些为天津人创办本土报刊提供了有益的参考和借鉴，推动了天津报业的发展，起到的良好的示范作用。一些思想进步开明、愿意接受外部事物的文化人士纷纷借鉴外国报刊在新闻观念与报刊业务方面的经验。并逐渐被他们所掌握，之后创办国文报刊。因此，中国近代报刊的产生与外报的影响有直接的关系。天津的新闻事业在租界报刊的影响下受益匪浅，使得素有"华北地区新闻中心"之称的天津报业，向更加多元化、多样性的方向发展，推动了近代天津报业的繁荣。天津近代新闻业发轫于19世纪80年代，以在津外国人创办的外文和中文报刊为肇始。相继创刊《时报》、《京津泰晤士报》英文版、《直报》中文版等，起步较高且发行面及全国，同时也成为西方列强向天津思想文化领域渗透和侵蚀的重要表征[⑧]。此外，《京津泰晤士报》报道内容涵盖了当时天津的城市发展、租界生活及中西关系等，所关注的西方政治、经济、教育、文化等方面的内容，客观上推动了中国的科学进步、政治改革、社会发展，所倡导的新科技、新知识、新观念，激发了天津民众的社会参与意识。可以说，该报是读者了解中西文化的重要桥梁。一些知识分子通过报纸了解外部世界、前沿科学文化，使他们打开眼睛看世界，注重科学文化知识，促进了民众寻求变革和进步，推动了近代天津社会的发展。

第三，该报的登载内容反映了当时天津城市社会的基本状况。《京津泰晤士报》为民众提供了时事热点、经济发展、娱乐文化以及日常生活的详尽报道，这些丰富的史料，反映了当时天津城市的发展，为今天我们研究近代天津发展、近代中西关系提供了依据，也使人们看到了19世纪末天津设立租界后城市形态的发展变化。如在"广告"处经常刊登一些娱乐动态，天津戏剧、天津赛马俱乐部的演出时间、地点和售票价格，改变了以往外文报纸刊登广告的单一形式，使读者可以不用出家门就能获取最新的消费信息。该报"广告"版块形式的改变，主观上虽以商业利益为宗旨，但客观上却沟通了中外商情[⑨]。又如，登载一段时间内天津市场上肉、鱼、水果、蔬菜的价格，1894年3月17日的《京津泰晤士报》上就印有"牛肉每磅180钱，羊肉每磅240钱，鳗鱼每磅120钱，鸭子每只180钱，鸽子每只100钱，鲑鱼每磅80钱，橘子每磅160钱，菠菜每磅80钱……"，被报价的产品种类多达30余种。这些物价波动和丰富物产的新闻内容，我们可以清晰地了解当时天津的物价水平和人们的生活水平，在今天看来实属难得的历史材料[⑩]。该报登载的内容涉及多个不同的领域，记录的珍贵信息在一定程度上反映了近代天津经济社会文化的发展状况。

三、结　语

纵然百年已过，不复往昔，但在天津这座城市里，仍然存在着《京津泰晤士报》

的记忆地标。它在天津显现的持久的文化影响力，留给我们许多思考。《京津泰晤士报》作为近代天津一份具有重要历史意义的英文报纸，所记载的 19 世纪末天津的城市情况，为新闻史、天津发展史甚至中国近代史提供了具有重要史料价值的信息，使天津的城市外貌、社会生活、文化氛围在这一时期融入了西方气息。

注　释

① 　王薇：《近代天津租界报刊的产生及影响》,《新闻知识》2006 年第 4 期。

② 　向阳：《中国北方外国人的"圣经"——〈京津泰晤士报〉》,《东西走廊》2003 年第 5 期。

③ 　凤超：《中国的报刊》，人民出版社，1988 年，第 35 页。

④ 　国珍：《中国新闻发达史》，世界书局，1927 年，第 38 页。

⑤ 　张石：《天津早期的两家外文报纸》,《中国档案》2012 年第 6 期。

⑥ 　郭传芹：《关于〈汉文京津泰晤士报〉的再考察——对〈汉文京津泰晤士报〉一瞥一文的商榷》,《国际新闻界》2009 年第 7 期。

⑦ 　袁行霈，陈进玉：《中国地域文化通览·天津卷》，中华书局，2014 年，第 169 页。

⑧ 　袁行霈，陈进玉：《中国地域文化通览·天津卷》，中华书局，2014 年，第 168 页。

⑨ 　张石：《天津早期的两家外文报纸》,《中国档案》2012 年第 6 期。

⑩ 　张石：《天津早期的两家外文报纸》,《中国档案》2012 年第 6 期。

作者简介：邱玥，李叔同故居纪念馆，助理馆员，天津市河北区海河东路与滨海道交口处，300143。

浅析英国重商主义背景下的对外扩张
与天津开埠原因

王冬冬

（天津博物馆）

摘要：英国在重商主义思想的影响下，为了获取巨额财富，攫取更广阔的海外产品销售市场和原料产地，实施了对外贸易扩张和殖民统治的政治手段。由英巨商人建立的英国东印度公司成为英国皇室对外贸易、扩张殖民统治的重要工具。进入亚洲以后，中国的沿海城市被认为是进行殖民掠夺和贸易扩张最理想的场所。天津作为京畿要地，有着重要的城市地位和繁盛的传统商业，因此引起西方资本主义的重视。通过对华发动的两次鸦片战争，终于打开天津开埠的大门，并在天津第一个建立了享有自治特权的英国租界。

关键词：重商主义 英国东印度公司 鸦片战争 天津开埠 天津租界

一、英国重商主义背景下的对外扩张和殖民统治

重商主义思想最初源于欧洲，所谓重商主义就是"16—18世纪在欧洲一些国家兴起的以民族国家为对象，以发展商业贸易为政策，以金银敛聚为基础，以致富强国为宗旨，脱离神学和理论学而以政治经济学为对象的代表新兴工商资产阶级利益和王权利益的一种新的经济理论思想和政治体系"[①]。重商主义的观点主要包括：财富就是货币，就是金银，是从事一切经济活动的根本目的；财富的获取，除对金银的掠夺外，全部依靠商业利润。然而，在国内贸易不能给国家带来利润，只有对外贸易才能增加国家的财富；为在对外贸易中增加货币，必须创造贸易顺差，即出口大于进口，因此必须实行国家管制；为增加出口，应在国内发展高价畅销的手工业产品，需要国家立法手段和行政措施的保证。重商主义强调多卖，主张允许货币输出国外，认为只要购买外国商品的货币总额少于出售本国商品所得的货币总额，就可以获更多的货币。为了保证对外贸易中的出超，往往采取保护关税的改策。

英国重商主义的发展主要经历了两个阶段：15世纪至16世纪中叶的早期重商主义时期和16世纪下半期至18世纪初的晚期重商主义时期。16世纪晚期到17世纪初，

英国资本主义生产关系初步形成，英国的工商业得到一定程度的发展，在欧洲重商主义的背景下，受英国皇室重商主义政策的影响，开始更加重视对外贸易。当时的海上贸易之路被葡萄牙等国垄断，英国商人想组建一个公司来从事东方贸易，分享其利润。同时英国政府也希望打破这些国家的垄断，增加本国的财政收入。于是在 1600 年，由英国女王伊丽莎白一世颁发特许状，授予"伦敦商人在东印度贸易联合体与管理者"的贸易公司，简称英国东印度公司。该公司获得了英国皇家给予他们的对东印度的 15 年的贸易专利特许权。

17 世纪初，英国重商主义思想由早期向晚期重商主义转变。其代表人物是曾经担任过东印度公司董事和英国政府贸易委员会的托马斯·孟，他主张的重商主义思想涵盖了重商主义的贸易扩张思想和殖民统治理论。他撰写的《英国得自对外贸易的财富》这部书中，可以看出其中所反映出的托马斯·孟的经济思想。他在书中写道"货币产生贸易，贸易增多货币"[2]，他的观点有"除了通过对外贸易以外，我们就没有其他手段可以用来获得现金，这是任何一个有判断力的人所不能否认的"[3] "只有从我们的对外贸易的差额所带进我国的财富，才是会留在我们之间，并且从而使我们致富的"[4] "对外贸易是增加我们的财富和现金的通常手段，在这一点上我们必须时时谨守这一原则：在价值上，每年卖给外国人的货物，必须比我们消费他们的为多"[5] 和"我们必须输出的自己的货物，务须超过输入量，以便带回与这个超额的价值相等的现款"[6]等。从托马斯·孟的一系列论述中，我们可以清晰地看到其核心思想就是：① 货币是财富的唯一源泉，实现贸易扩张是国家发展的根本，对外贸易是国家致富的唯一手段。② 扩大本国国内耕地面积，增加农产品的生产，即增加自然财富；发展国内的工场手工业，即增加人为财富。但托马斯·孟更强调发展航运业和出口贸易，尤其主张发展殖民地贸易，他认为英国的工业对亚洲和其他国家原料的加工，会给英国带来巨额财富。出口商品如果是用本国船只运输，不仅会得到货物在本国的售价，还可以加上商业利润、保险费用和运输费用，从而使国家的收入增加。他特别热衷于发展出口贸易，力图将英国变成向外国输出粮食、靛青、香料、生丝、棉花和一切其他商品的货栈，这样就可以增加航运、贸易和关税的收入。③ 通过英国的经济扩张，垄断对外贸易，最终实现英国的霸权。

托马斯·孟的重商主义思想刺激并推动了英国对外贸易的发展和资本扩张，其思想在东印度公司对印度的殖民统治中得到充分体现。从 1607 年至 1858 年的两个多世纪中，英国东印度公司通过武力手段逐步征服了孟加拉、迈索尔、马德拉斯等土邦后，公司从政治上控制了大多数印度封建王公贵族，开始以多种方式加紧了对印度的经济掠夺，攫取了巨额财富。此时东印度公司已然成了英国殖民者统治印度的工具，英国获得了印度广阔的领土和丰富的资源，积累了大量商业资本，同时东印度公司向英国政府缴纳的大量关税、提供的奉献和贷款对近代早期的英国社会产生了深刻影响。东印度公司掠夺大量财富后，英国迅速投入到生产领域，转化为生产资本，成为英国资本主义发展的重要资金来源，促进了英国工商业的发展，对英国国内资本主义的发展起到了极大的推动作用，为资本主义的进一步发展积累了资本，同时也为英国工业革命奠定了坚实基础，但是印度的经济发展被严重地限制，对传统的印度社会产生了毁灭性的打击。18世纪60年代，英国爆发工业革命，对原料产地和产品销售市场的需求更加迫切。同时，美国的独立战争使英国逐渐失去了在北美洲的殖民统治地位，英国把殖民统治的重心开始向印度转移，力图把印度建立成为第二大英帝国。英国人认为印度的前途取决于中国。征服中国市场扩大对华贸易将会帮助英国解决在印度行使主权的费用。因此，早在17世纪初期，东印度公司对外贸易扩张的触角就已经开始伸向中国。

二、早期英国东印度公司的对华贸易及对天津的重视

英国是世界上第一个城市化国家，根据城市化和早期城市化理论，他的早期城市化进程与第一次工业革命时间大致相同。18世纪下半叶，英国爆发工业革命，城市化随之发生，对原料产地和产品销售市场的需求更加迫切。到19世纪中叶，工业革命在英国基本完成，英国城市人口也达到全国人口50%以上，结束了早期城市化阶段。随着工业革命的完成和西方资本主义国家的城市化运动的逐渐兴起，他们开始不断地向外扩张，以攫取更广阔的海外产品销售市场和原料产地。进入亚洲以后，中国的沿海城市被认为是进行殖民地和掠夺贸易最理想的场所，使英国迫切希望通过外交途径使中国开放更多的口岸。而在中国近代以前的明清时期，我国是封建君主专制主义中央集权制度统治时期，此时的清王朝以"天朝"自居，自认为中国是世界的中心，把其他各国视为"天朝"的藩属。对于一些外国船只到指定港口进行的贸易仍然认为是一种"朝贡贸易"。这个时期不断加强的封建集权政治，严重地制约了海外贸易的自由往来。为了打通对中国的海上贸易通道和贸易关系，西方国家先后不断地派出使节来到中国寻求建立贸易关系。

最初东印度公司同中国的商贸往来始于1613年，但都是从日本和苏门答腊的亚齐和爪哇的万丹建立商馆作为对华贸易的中转站来获得中国的茶叶等产品，这只可以说是一种间接的对华贸易形式。1644年，英国东印度公司贸易船"欣德号（Hinde）"到达澳门，公司与中国间的直接贸易正式开始。但由于中国政府当时执行的海禁政策，东印度公司在华的商业贸易活动受到很大限制。1699年东印度公司商船"麦士里菲尔德号（Macclesfield）"在广州受到欢迎外商来粤贸易的粤海关监督的优待后，公司来华贸易的商船逐渐增多。1700～1760年英国东印度公司对华贸易得到快速增长。并于康

熙五十四年（1715年）在广州第一次设立了商馆，之后法国、美国商船陆续来到广州并相继设立了商馆。但由于广州口岸的保商制度、关税问题和其他限制妨碍了其贸易范围，1755年开始，东印度公司为了扩大贸易范围，开辟新的贸易口岸，派出英商船只前往宁波进行贸易通商。乾隆二十年（1755年）英国东印度商人蛤蜊生（Harrison）与通事洪任辉（J.Flint）由广州粤海关取得商照后前往浙江宁波进行贸易。随着浙江贸易的英国商船增多，此后英国东印度公司屡屡绕过广州口岸前往宁波进行贸易活动，致使粤海关关税收入锐减。清政府先提高定海一关的关税后又下令禁止外国商船停泊定海。为此在1757年，清政府为了加强对包括英国在内的欧洲商人的管理和肃清浙江海防，乾隆皇帝下诏，命令英船："将来只许在广州收泊贸易，不得再赴宁波。如或再来，必令原船返棹至广，不准入浙江海口。"

乾隆二十四年（1759年）洪任辉（J.Flint）前往宁波舟山等地进行贸易，被定海总兵驱逐，于是他由宁波出发乘船北上驶入天津并使得天津官员呈文给乾隆皇帝，控告广东行商和粤海关营私舞弊等，但洪任辉回到广州后便被逮捕并驱逐出境。清政府的闭关政策使西方国家的对华贸易只限于广州一个口岸，大大局限了其对华的贸易范围，阻碍了其对华贸易的发展。值得注意的是，当时洪任辉是第一个进入天津的英国商人。此次乘船由宁波到达天津大沽口的航道，与咸丰十年（1860年）三月英法联军占领舟山之后，英舰北上驶入大连湾，然后于8月1日登陆北塘，21日占领大沽口炮台后继而领了天津城的航线如此相似，可以看出洪任辉的北上航线为以后英船赴津做好了准备。

清乾隆五十七年（1792年）英国政府以庆祝乾隆皇帝八十寿辰为名，首次派使节马戛尔尼来华，到北京觐见皇帝。1792年9月26日，英国特使马戛尔尼使团乘坐"狮子"号军舰，并伴有载重量很大的船只"印度斯坦"号，以及"豺狼"号等较小的船只驶离英国朴次茅斯港。1793年7月23日，抵达天津。

马戛尔尼使团的出使费用主要由东印度公司支付，东印度公司董事长巴林（F.Baring）赋予马戛尔尼使命："吾人欲在广州之北，获得港口之动机，乃希望伸展吾人之商务，……不能不想及吾人建设扩展之后，自接近于京师，而对于中国政府见闻较近，亦不无冒险之处。设使吾人在天津获得一立足地，而此种意外事后又发生于该埠，因其毗连京师，则消息难免传至皇帝及大臣之耳，其结果或会引起欧人商业之禁止。然吾人终欲以合理之举动，在北方获得一二立足地。阁下认为须防范者，尤须慎之于始而应付之。"⑦

很显然，一方面东印度公司希望把天津开辟为北方的通商口岸，从而扩大对华贸易。另一方面顾虑到天津开埠以后，中英之间的各种冲突会很快被清廷知晓，从而产生清政府针对欧洲在华贸易的限制，因此巴林提醒马戛尔尼出使过程中要须谨慎应对清政府。

1793 年马戛尔尼使团途经天津北上时，特别注意到天津传统商业的繁盛及其重要的城市地位。马戛尔尼此次使华欲通过与清政府谈判的方式，打开对华贸易通道并表示欢迎中国人前往欧洲进行贸易，同时提出关于减轻清王朝广州的贸易限制和苛征，要在广州以外的天津、宁波、舟山等处自由贸易等要求，但是都被当时的乾隆皇帝所拒绝。

马戛尔尼使团来华期间在天津停留了近一个月，他对天津的人文、地理等都有了初步的认识和了解，马戛尔尼的使华之旅也使天津这个京畿之地更加引起西方的注意，在他们的使节出使纪实中，都对天津作了特殊的研究与介绍。马戛尔尼使团的使团秘书乔治·伦纳德·斯当东使华回国后，撰写的《英使谒见乾隆纪事》一书中就详细记述了船队驶近大沽的情形。他认为天津是取义于"天上境界"的意思："据称此地气候适宜，土地肥沃，空气干燥，阳光充足。它位置在两河的汇流，是中国北方几省的商业中心。天津知府衙门建在河流汇合地点的一块突出的盆地上，俯临河上往来航行的大小船只。有些船只在内河往来运输，而不穿行自河口上的沙洲。"[8]他认为天津是"这样的地理条件使天津自从中国建成为大一统帝国以来就成为一个交通要地"[9]。这也让西方国家对天津的地理优势有了更加深刻的认识。

1816 年，英国又派了以阿美士德为首的外交使团到北京，重申类似要求，再次遭到清政府的拒绝。这使得西方国家想让清政府开设沿海城市作为贸易通商口岸的目的没有得到实现。在这种情况下。英国人认为，必须以武力强迫中国开放更多的通商口岸。

三、天津被强迫开埠的始末

天津城市的发展，传统商业的繁盛及其重要的城市地位，久已引起西方资本主义的重视。西方国家出于战略和经济目的，把天津开辟为北方通商口岸是西方列强侵略和殖民统治中国的必然选择。

1840 年，英国列强的大炮轰开了中国的大门，东南沿海五城市被迫对外开放。殖民地的目的初步达到，长江以南的沿海五个港口（广州、厦门、福州、宁波、上海）被开辟为通商口岸。但是南方五个沿海港口的开放由于中国小农与家庭手工业相结合的经济结构的顽强抵抗，使西方国家的对华贸易额，除鸦片之外，并没有多少增长。另一方面，中国的茶叶和生丝出口却大量增加，西方国家只好用现金来弥补其间的差额支付，为了扭转对华贸易的不利局面，西方资本主义国家认为必需"取得深入这个国家的更大自由"。这可以说是英法等资本主义国家积极筹划第二次鸦片战争的重要原因之一。1856 年，英、法两国对华发动了第二次鸦片战争。1858 年 5 月 20 日，英法联军攻陷大沽口。5 月 26 日，两国军舰沿海河上溯停泊在城外三叉河口一带。清廷派出全权代表大学士桂良、吏部尚书花沙纳与列强代表谈判，作为京城的门户畿辅首邑，天津的地理位置的有着重要性，清政府极力反对开放天津，谈判期间咸丰皇帝屡降谕旨，"如天津通商及占据海口，断不可允许"。6月13、18、26、27日，桂良、花纱纳代表清政府在天津城南海光寺分别与俄美英法四国签订了《天津条约》。其中《中英天津条约》于咸丰八年（1858年）6月26日由清政府钦差大臣桂良、花沙纳与英国全权代表额尔金在天津签订。条约共五十六款，附有专条。条约中规定英国公使驻北京，并在通商各口设领事官；增开牛庄、登州、台湾府（台南）、淡水、潮州、琼州、汉口、九江、南京、镇江为通商口岸（后来开埠时，牛庄口岸设在营口，登州口岸设在烟台，潮州口岸设在汕头）。但是《天津条约》的签订并没有使天津被开放为通商口岸，对于各国公使驻京一款，清政府也持反对态度，清政府在大沽口严密布防，只允许英法公使自北塘登陆换约。因此英、法政府对此结果也不满意，并且认为这是"额尔金政策的失败"的结果。英国内阁也看到将要在大沽发生冲突的可能，但仍以一种挑衅的口吻，训令新任全权公使卜鲁斯（Sir F.W.Bruce），必须"在白河口，在天津，以及从那里开始你到北京的旅程"1859年6月英法联军欲通过天津白河口（即大沽口）顺着白河进入北京进行换约，在大沽口遭到僧格林沁率领的清军的英勇反击，使联军受到重创。大沽口战败后英法两国政府联合派遣军队和特别大使，于1860年3月8日发出照会，要求清政府承认《天津条约》，向英法两国道歉并作出赔偿，被清政府所拒绝，随即英法宣布与中国处于战争状态。咸丰十年（1860年）三月英法联军占领舟山后，于8月1日在北塘登陆14日占领塘沽，8月21日，英法联军夺占了大沽南北炮台。24日英法联军军舰驶抵天津东门外，次日占领天津。清政府为了挽救危局，任命桂良，恒福为钦差大臣到天津与英法议和，但是由于清政府不能满足英法列强的利益，乃于9月8日由天津向北京进犯。21日英法联军攻入八里桥进逼北京，咸丰帝钦派恭亲王奕䜣为全权大臣继续求和。自己则于初八清晨带着后妃、皇子和一批王公大臣，仓皇逃往承德避暑山庄（热河行宫）。

奕䜣所代表的清政府在英、法武力威胁和沙俄诱逼下，签订了《北京条约》。10月24日和25日，清钦差大臣奕䜣与英国全权代表额尔金在北京礼部大堂，交换了中英《天津条约》的批准书，签订了中英《续增条约》（即《北京条约》）。10月25日，清钦差大臣奕䜣与法国全权代表葛罗在北京礼部大堂，交换了《天津条约》，并签订了中法《续增条约》。中英《续增条约》第四款规定："续增条约画押之日，大清大皇帝允以天津郡城海口作为通商之埠，凡有英民人等至此居住贸易均照经准各条所开各口章程比例。划一无别。"

天津开埠后，咸丰十年（1860年）英国首先在天津设立了英租界。之后不久法国在英租界以北划定法国租界，同时美国也在英租界之南划定了美国租界，中日甲午战争之后的光绪二十一年（1895年）和光绪二十四年（1898年）德国和日本先后在天津强划了租界。光绪二十六年（1900 年）八国联军在镇压义和团运动期间占领天津后俄国、意大利、奥地利、比利时先后在天津划定了租界。至此天津先后出现了九个国家专管租界，从 1860 年英租界的划分，直至 1903 年 4 月日租界扩界条约的签订，天津各国租界的形成共经历了 43 年的时间。成为继上海之后中国第二个设立租界的城市，也是全中国乃至世界上租界最多的城市。

　　天津开埠之前已经成为华北最大的商业中心和港口城市。由传统的种植业、畜牧业以及乡村手工业所构成的自然商品经济结构已经有了明显的发展。但是与早期开埠的上海、广州等港口城市的经济相比，华北地区的经济近代化程度存在着明显差距。1860 年开埠以来，天津凭借便利的水陆交通条件和优越的地理位置优势，逐步成为北方地区与沿海地区和世界市场的重要枢纽，发展成为中国北方经济发展的首要位置。从表一的天津开埠以后二十年间的天津进出口贸易值数据统计来看，天津口岸进口贸易值和出口贸易值都呈现出稳步上升的状态，但是进口贸易值远远超过出口贸易值，这说明中国就天津口岸的进出口贸易中形成了巨大的贸易逆差，并且对外贸易逆差逐年增大。这也进一步证实了西方列强对中国实施殖民扩张和经济掠夺政策的目的。但是从另一面看，开埠后的天津逐渐成为华北的经济中心，对外贸易的发展在其中具有举足轻重的地位和作用。天津口岸作为华北地区的贸易中心，其进出口贸易的发展也直接反映着华北对外贸易的发展趋势。天津进出口贸易的迅速发展不仅带动了近代华北地区经济的增长及产业结构的调整，并且不断提高了华北在全国的贸易地位。

表一　1861～1883 年天津进出口贸易值变化趋势[10]

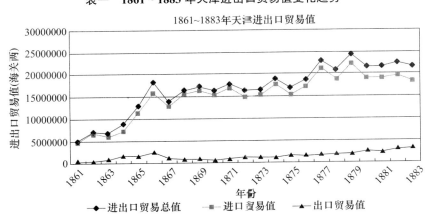

英国受晚期重商主义的影响，英国皇室不断的对外进行贸易扩张和殖民统治，对亚洲的侵略已经成为其资本主义发展的必然途径，第二次鸦片战争以后使得天津也被迫开放为通商口岸，天津城市从传统期的发展转向迈入了向近代发展的历史阶段。从而逐步走向半封建半殖民地的近代工商业港口贸易城市，成为北方最大的通商口岸。客观上讲，天津开埠以后成为英帝国主义对中国进行政治统治，经济掠夺和武装侵略的殖民地，同时也促进了中国近代文明的发生和发展，对天津城市的成长和发展产生了深远的影响。

附表　1861～1936 年天津进出口贸易未修正值表　　　单位：海关两

年代	进口洋货值	进口土货值	进口贸易总值	出口土货总值	进出口贸易总值
1861	4 775 306	—	4 775 306	439 593	5 214 899
1862	6 757 915	—	6 757 915	448 087	7 206 002
1863	5 976 405	—	5 976 405	869 730	6 846 135
1864	7 281 354	—	7 281 354	1 629 320	8 910 674
1865	7 356 734	3 931 301	11 288 035	1 611 392	12 899 427
1866	11 437 354	4 356 414	15 793 768	2 559 964	18 353 732
1867	8 811 576	4 042 802	12 854 378	1 164 950	14 019 328
1868	11 097 020	4 562 159	15 659 179	899 197	16 558 376
1869	10 634 709	5 677 301	16 312 010	917 110	17 299 119
1870	11 366 836	4 049 750	15 416 586	698 645	16 115 231
1871	11 636 708	5 135 235	16 771 943	902 040	17 673 983
1872	9 947 387	4 940 947	14 888 334	1 301 617	16 189 950
1873	9 303 504	5 883 925	15 187 429	1 196 908	16 384 336
1874	10 419 614	7 263 070	17 682 684	1 144 893	18 827 577
1875	8 430 179	6 937 745	15 368 924	1 689 787	17 058 711
1876	8 813 703	8 376 942	17 190 645	1 550 848	18 741 493
1877	7 757 207	13 402 048	21 159 255	1 783 213	22 942 468
1878	7 649 805	11 123 887	18 818 692	1 954 787	20 773 479
1879	13 279 624	9 105 582	22 385 206	1 980 236	24 365 442
1880	10 169 133	8 940 205	19 109 338	2 559 096	21 668 434
1881	10 589 556	8 515 898	19 105 454	2 500 777	21 606 231
1882	9 509 724	10 046 919	19 556 643	2 968 624	22 525 267
1883	10 290 571	8 058 774	18 349 345	3 317 666	21 667 011

　　资料来源：根据 1867～1919 年津海关贸易年报、天津日本总领事馆编纂的《天津贸易年报（1916～1930 年）》（日本商人会议所刊行 1917～1931 年）和历年《海关中外贸易统计年刊》提供资料计算。

　　数据说明：1861～1873 年原计价单位为本地两，按照 1 海关两 =1.05 天津两换算成海关两。

注　　释

① 　任先行：《重商主义与商法的情怀》，《商事法论集》第 12 卷，法律出版社，2006 年，第 3～17 页。

② 〔英〕托马斯·孟：《英国得自对外贸易的财富》，商务印书馆，1965 年，第 14 页。

③ 〔英〕托马斯·孟：《英国得自对外贸易的财富》，商务印书馆，1965 年，第 13 页。

④ 〔英〕托马斯·孟：《英国得自对外贸易的财富》，商务印书馆，1965 年，第 21 页。

⑤　〔英〕托马斯·孟:《英国得自对外贸易的财富》,商务印书馆,1965 年,第 4 页。

⑥　〔英〕托马斯·孟:《英国得自对外贸易的财富》,商务印书馆,1965 年,第 35 页。

⑦　〔英〕斯当东,《英使谒见乾隆纪实》:叶笃义译,上海书店出版社,2005 年,第 32、33 页。

⑧　〔英〕斯当东,《英使谒见乾隆纪实》:叶笃义译,上海书店出版社,2005 年,第 250 页。

⑨　〔英〕斯当东,《英使谒见乾隆纪实》:叶笃义译,上海书店出版社,2005 年,第 258 页。

⑩　数据来源详见附表。

作者简介:王冬冬,天津博物馆,助理馆员,天津市河西区平江道 62 号,300201。

六、文化遗产保护

霉菌对有机质文物的危害探析

摘要：霉菌病害在馆藏文物中极易发生，本文列举了现有文献中针对多家文物收藏机构内文物表面滋生霉菌的分离与鉴定结果，试图分析霉菌对有机质文物产生的可能危害，以期为以后的防治工作提供依据。

关键词：文物保护　有机质文物　霉菌

　　微生物是所有个体微小、结构简单的低等生物的统称，包括病毒、细菌、螺旋体、支原体、立克次体、衣原体、放线菌、真菌等，它们具有体形微小、结构简单、繁殖迅速、容易变异、适应环境能力强等特点。微生物在自然界分布极为广泛，空气、土壤、江河、湖泊、海洋等都有数量不等、种类不一的微生物存在。这些都是生活生产环境、工业材料和产品、考古出土文物、馆藏文物以及地面文物微生物污染的主要来源。因此，微生物污染是有机质文物的主要污染源之一。从有机质文物保存科学观察和分析，霉菌、变色菌、细菌等是危害有机质文物的主要微生物[①]，主要有纤维杆菌、棒状杆菌、绿色木霉、烟曲霉、土曲霉、球毛壳霉、淡黄青霉、木霉、黑曲霉、黄曲霉、普通变形杆菌、产碱杆菌、变色曲霉、红曲霉、金黄色葡萄球菌等。

一、前　期　调　查

　　微生物对文物的危害，主要指有害微生物在高温高湿环境条件下，使文物材料发霉变质的过程。这一变质过程大致可分为初期霉变、生霉、霉烂三个阶段。初期霉变是微生物与文物材料建立腐生关系的过程，表现为轻微异味、材料发潮等现象。生霉是微生物大量繁殖的过程，在此阶段，微生物迅速达到稳定的生长期，霉变部位开始形成毛状或绒状菌落，颜色逐渐由白色变为灰绿色等。霉烂阶段是文物材料被严重腐蚀分解的过程，此时材料的力学强度和化学稳定性均明显下降，甚至彻底变质。

　　对文物表面霉菌的鉴定与研究是文物保护工作的重要内容，也是实施有效防治措施的基础。首都博物馆的闫丽等人[②]从古代书画文物表面霉斑处分离出 22 株真菌，经形态分析、显微观察和真菌 ITS 区 rDNA 序列分析，鉴定出烟曲霉、棒曲霉、黑曲霉及意大利青霉菌种，其中，烟曲霉和棒曲霉为优势种。对文物上"狐斑"形成菌的研究中，台湾东吴大学的吴兴焕[3]和上海博物馆的陈元生[4]等人的研究均显示损害有机质文物而形成色素沉积的真菌以曲霉属、青霉属为主。重庆中国三峡博物馆的唐欢等人[5]对该馆文物库房的空气微生物进行了数量和种属的分析检测，结果显示微生物总数在不同楼层的文物库房中无显著性差异，细菌主要种属为微球菌属（53%）、假单胞菌属（32%）；真菌主要种属为曲霉属（70%）和青霉属（13%）。天津历史博物馆孙晓强[6]对一件生霉的清代氅衣检测后发现霉菌主要为青霉和曲霉、细菌为多种杆菌及球菌。故宫博物院马淑琴[7]曾在 35 件有霉斑或没有霉斑的文物表面采样，然后培养、分离纯化和鉴定，涉及的文物材质包括丝织品、木制品、书画、布衣、竹、皮、玉、水笔毛、墨、孔雀毛、玻璃砂、漆器、骨等，鉴定结果表明，青霉属和曲霉属占全部菌种的 60%，是危害文物最普遍的属，其次是木霉属、根霉属和拟青霉属。河南博物院申艾君等[8]以馆藏的雕漆器、漆器、木雕、和竹器共 36 件为实验材料，对其霉变斑点进行取样，将菌悬液通过涂布平板及浇注平板的方法对采集的 95 个样品进行了霉菌的分离，获得纯菌种后通过观察霉菌形态特征、显微观察菌丝及产孢结构以及 18SrDNA 分子生物学鉴定方法，鉴定曲霉属（*Aspergillus*）、脉孢菌属（*Neurospora*）和青霉属（*Penicillium*）等 15 个属的 32 种霉菌为竹木漆器文物的主要污染霉菌。

二、文物霉菌病害分析

霉菌会对有机质文物产生极大危害，它们可能对有机质文物产生生物分化作用。生物分化以物理和化学两种方式进行，生物的物理分化作用是指由于生物的活动对文物产生机械的破坏作用；生物的化学分化作用是指生物在生长过程中的新陈代谢、死亡后的遗体腐烂分解产物与文物发生化学反应，促使文物的破坏。通常通过以下四种形式表现：

第一，霉菌必须利用外界吸收的营养物质，获得自身细胞物质必需的能量和原料进行生长和繁殖，维持体内新陈代谢和各种生命活动。针对有机质文物的多种材质（蛋白质、碳水化合物、脂肪及其他有机化合物），微生物在代谢过程中会分泌相应的酶（脱羧酶、纤维酶、淀粉酶等），把较大的分子分解为小分子可溶性物质（氨基酸、葡萄糖等），再通过细胞膜的吸收、传递并经过一系列的合成代谢，成为自身的各种生命物质。在这一系列过程中，有机质文物材料不断被分解破坏，霉菌不断增殖；而霉菌数量的增大，又加速了有机质文物材料的损害。

第二，霉菌代谢过程中产生的甲酸、乙酸、柠檬酸、乳酸等有机酸，使有机质文物受到不同程度的酸性腐蚀，蚕丝蛋白可能因变性导致化学结构和功能的改变，棉、麻纤维可能因降解而发生断裂破损。如果霉菌在石窟、石雕或壁画上生长繁殖，代谢过程产生的多种有机酸直接对画面产生影响。

第三，霉菌代谢过程中或代谢产物与有机质文物材料作用时产生的气体（硫化氢、甲烷、氨等）、色素（霉点、色斑）和其他产物（组胺、脂肪酸等），破坏有机质文物原有的感官性状和力学强度。

第四，霉菌大量繁殖时产生的菌丝体、分解物质、反应产物等的堆积，使霉烂部位有高度吸湿性，使文物质地发生化学腐蚀，失去原有的性质，散发出难闻的霉烂气味，严重地改变了有机质文物的原貌和质量。

例如，纺织品的材质多为丝毛棉麻，其中丝毛为蛋白质纤维，棉麻为维生素纤维，因此，有害微生物对不同材质的纺织品造成破坏的原因也不尽相同。对于纤维素材质的棉麻类纺织品，有害微生物主要在纤维素上生长，分泌出纤维素酶，纤维素在这类酶的作用下，发生一系列水解，最终生成葡萄糖，分解后的葡萄糖是微生物的良好培养基，更能诱发霉变。对于蛋白质材质的丝毛类纺织品，一旦发生霉变，就会在文物表面产生各种颜色的霉斑，同时微生物会产生大量蛋白酶，使蛋白质纤维分解生成氨基酸，氨基酸经过进一步分解，会生成一系列硫化物和氮化物，使有机物腐败发臭。同时，蛋白质的分解使得纺织品的表面光泽和强度都大大降低。在霉菌生长发育的同时，要分泌出多种酶类、有机酸、氨基酸、核酸及有害毒素，这些物质对文物材料起着强烈的腐蚀破坏作用，造成文物材料褪色、变黄、出现霉斑、材料的机械强度降低等劣化变质现象。另外，因霉菌是好氧微生物，能将一些有机物经三羟酸循环彻底的氧化，在此过程释放出的能量部分满足霉菌自身活动能量需求，其余将以热的形式散发，因而导致局部升温和湿度加大，进而促进霉菌生长繁殖，加快文物裂变速度，形成恶性循环[9]。而且，霉菌还会产生有害毒素，危机人体健康，因此对文物霉菌防治方面的研究越来越受到重视。

三、结　　语

文物保存的影响因素主要包括温度、湿度、光照、有害气体、微生物等，不适宜的温湿度环境不仅会对文物造成直接危害，也会促使有害微生物的滋生，造成文物的二次损害。文物材质种类较多，文物保存环境条件不同，可能发生的霉菌病害的种类不同，因此，文物霉害发生的机理非常复杂。由于霉菌的生长与湿度、空气运动和温度有关，当相对湿度大于70%，即便保持低温，也很有可能导致霉菌滋生；在空气流通状况差的区域，相对湿度不应超过65%，以免藏品发霉。日本通常把古物存放在相对湿度为65%的20℃的封闭陈列箱中[10]。在今后需继续加强库房温湿度、污染气体和霉菌等环境因素的长期监测，结合对发霉有机质文物材料成分分析与霉菌采样、分离、鉴定的科学实验，从而明确有机质文物中霉菌发生原因，以期对以后的霉菌防治工作提供科学依据。

注　　释

① 田金英、王春蕾：《霉菌对文物的影响初探》，《中国博物馆》1999 年第 1 期。

② 闫丽、高雅、贾汀：《古代书画文物上污染霉菌的分离与鉴定研究》，《中国文物科学研究》2011 年第 1 期。

③ 吴兴焕、王燕婷、汪碧涵：《博物馆馆藏麻织品上褐斑真菌研究》，《台湾农业化学与食品科学》2006 年第 5 期。

④ 陈元生、解玉林：《书画上"狐斑"成因研究》，《文物保护与考古科学》，上海博物馆，2002 年。

⑤ 唐欢、江洁、范文奇等：《博物馆文物库房空气微生物污染情况调查》，《职业与健康》2015 年第 15 期。

⑥ 孙晓强：《清代氅衣霉斑的处理》，《中原文物》2002 年第 3 期。

⑦ 马淑琴：《故宫文物霉菌的调查与分析》，《考古》1991 年第 5 期。

⑧ 申艾君、王明道、刘康等：《馆藏竹木漆器类文物污染霉菌类群的鉴定与分析》，《河南科学》2011 年第 8 期。

⑨ 路智勇、惠任：《纺织品文物霉害预防性控制》，《四川文物》2009 年第 3 期。

⑩ 〔英〕加瑞·汤姆森：《博物馆环境》，科学出版社，2007 年，第 69 页。

作者简介：张艳红，天津博物馆，馆员，天津市河西区平江道 62 号，300201。

京津冀协同发展下的天津明长城保护探析

邵　波[1]　钱斗华[2]

（1.天津市文化广播影视局　2.天津财经大学珠江学院）

摘要： 在京津冀协同发展的大背景下，天津明长城正保护迎来前所未有的发展机遇。在回顾和分析当前天津明长城保护现状及面临问题的基础上，本文建议从推动长城保护顶层设计、联合开展长城保护研究、组织长城执法巡查、提升展示利用水平、促进文化旅游融合以及设立长城保护基金等方面推动天津明长城保护向更高层次发展。

关键字： 京津冀协同发展　天津明长城　保护　探析

京津冀协同发展是党中央国务院在新时期作出的重大国家战略。作为北京、天津、河北三地共同拥有的世界文化遗产，长城的保护工作是推动京津冀协同发展特别是文化领域协同发展的重要抓手和切入点，对于三地持续深入开展文化遗产保护交流合作具有很强的示范作用和指导意义。因此，天津在明长城保护方面，应紧紧抓住这一难得的历史发展期，密切结合自身实际，认真查找保护发展过程中存在的短板和不足，学习和借鉴京冀两地长城保护的成熟经验和先进做法，不断推动天津明长城的保护发展水平。

一、天津明长城保护概况

（一）历　史　沿　革

天津境内发现的长城均为明代修筑的，集中分布在蓟州北部山区，是明蓟镇长城的重要组成部分。向东至天津与河北交界的钻天峰，与马兰关明长城相连，向西经赤霞峪、古强峪、船仓峪，再折向西北的常州，由东山、青山岭、车道峪、小平安过沟河，经黄崖关，在前甘涧黄土梁大松顶出蓟州区界，与北京将军关长城相接。据2007年天津市明长城资源调查统计，天津明长城表面长度为40283.06米，投影长度为37004.3米，有长城墙体176段、关城1座、寨堡9座、敌台85座、烽火台4座、火池13座、烟灶40座、居住址40座、水窖11个、水井4口[①]。

据考证，天津明长城最早建于明成化十二年（1476年），在明弘治十一年（1498年）、嘉靖二十四年（1545年）、嘉靖二十七年（1548年）又"修蓟州边墙"、"堵塞蓟镇各隘"。其修建的长城多为干石垒砌，至万历四年（1576年），部分石墙、敌台开始包砖。黄崖关关城在万历十五年（1587年）包砌成砖墙。至此，经过100多年的不断修筑，天津境内的长城在有明一代基本形成了比较完整的防御体系，成为拱卫京师抵御外侵的重要屏障。在清朝时期，由于蓟镇长城扼守燕山关隘地理位置险要，故在黄崖关仍派兵把守，曾经废弃的关城得到了部分的修复。民国时期，由于战乱纷争社会动荡，大多数的长城城墙在自然和人为的破坏下坍塌损毁，天津明长城的保存状况逐步恶化。

中华人民共和国成立后，党和国家高度重视明长城保护工作。早在1956年9月，河北省人民委员会将山海关至万全县境（含天津明长城）的长城公布为河北省第一批文物保护单位。1978年7月，天津市开展长城调查工作，测定天津明长城为41千米，发现长城关城1座，寨堡6座，空心敌楼46座，烽燧9组[②]。1984年，邓小平同志向全国人民发出"爱我中华，修我长城"的号召。同年9月，天津市启动长城修复工程，累计修复太平寨段和黄崖关段明长城墙体3025米，敌台20座、黄崖关关城1座[③]。1985年10月2日，天津市政府将其公布为市级文物保护单位。1987年12月，长城被联合国教科文组织列入《世界遗产名录》。2007年2月至2011年7月，在国家文物局的领导下，天津市文物局、天津市规划局等单位联合对天津明长城开展资源调查，基本掌握了天津明长城的分布情况、类型类别、保存状况等资料。为了进一步保护好、管理好天津明长城，2017年天津市文物局组织相关单位编制完成了《天津市明长城保护规划》，对长城的保护范围、保护要求、管理要求等进行了详细的规定。

（二）价 值 分 析

明朝在弘治年间将整个长城划分为"九镇"，或称"九边"。分别为辽东、蓟、宣府、大同、榆林、宁夏、甘肃、太原和固原。由于蓟镇位于京畿重地，全线边墙修得最为高大宏伟，居"九镇"之冠[④]。蓟镇长城关口密集、驻军众多，据《四镇三关志》记载，蓟镇长城先后修建270座关隘，而与之长度相当的辽东镇长城仅建有关隘13座，而且全镇由12路守军把守，其数量和规模也远超其他8镇。天津明长城作为蓟镇长城的重要组成部分，早在明洪武年间便有驻军守卫，之后不断建造关城寨堡、浚河漕粮，于边境沿线修建长城、增筑敌台、包砖加固，至明万历年间天津明长城逐步形成完整坚固的军事防御体系。可见，天津明长城的建造过程实际上也是蓟镇长城军事地位不断提高、明朝逐步加强和完善蓟镇长城防御体系的重要实证。

在历史上，天津明长城属蓟镇总兵治下，由中路协守副总兵下辖的马兰路参将直接统领。马兰路参将下设黄崖口提调、黄崖营提调和蓟州守备，负责今天津境内明长城的巡防和守卫⑤，其隶属关系详见图一。天津明长城虽然长度较短、规模较小，但其建筑类型丰富、防御体系完备。天津明长城自东向西绝大部分为沿山体修建的墙体，少部分为山险。若两个山险相连，则会在其间修建短则数米多则几十米的墙体。这些起防御作用的墙体、山险、关城、敌台和起预警功能的烽燧、火池、烟灶以及具有生活功能的居住址、寨堡、水窖、水井等，一并构成了天津明长城细微但完整的防御体系。天津明长城的墙体主要由块石垒砌（图二）和包砖垒砌（图三）组成，其中石质墙体占绝大多数，包砖垒砌的长城城墙主要见于黄崖关段和太平寨段长城。长城敌台的材质则由石质、上砖下石和砖质等三类构成，石质敌台（图四）为实心设计，顶部有长方形半地穴结构，无法住人，仅供士兵在此瞭望侦查，上砖下石和砖质敌台（图五）其上部为空心设计，内部空间较大，有门窗及门栓、窗栓等遗痕，推断此类型的敌台可能驻扎有士兵。从部分敌台存在青砖叠压或包砌石材的情况看，石质敌台出现较早，砖混敌台出现的年代较晚。此外，天津明长城还有关城一座，即黄崖关关城，面积约3.8万平方米，据《四镇三关志》记载："黄崖口关，城六十里，嘉靖三十年创修"，是蓟镇长城的重要关隘。通过对天津明长城墙体、敌台及关城的研究，能够以此窥见当时蓟镇长城乃至明长城的防卫体系、对于研究明长城的防御体系、建造工艺、科技水平、边塞军事以及社会风俗等具有非常重要的意义。

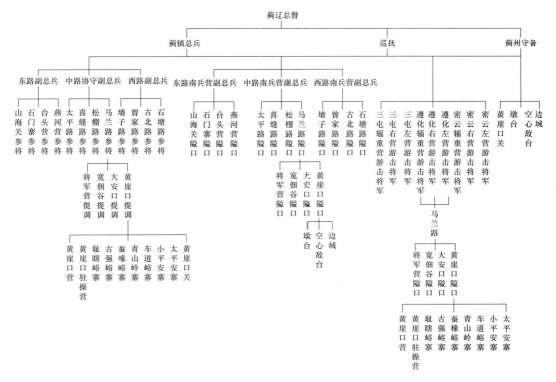

图一　天津明长城军事隶属关系图

（图片来源：姜佰国著：《天津市明长城防御体系研究》）

图二　天津明长城赤霞峪段块石垒砌城墙

图三　天津明长城黄崖关段砖砌城墙和敌台

图四　天津明长城车道峪段 3 号实心敌台

（图片来源：《天津市明长城资源调查报告》）

图五　天津明长城黄崖关段第 11 号敌台
（图片来源：《天津市明长城资源调查报告》）

（三）保护管理

天津明长城全部集中在蓟州区下营镇，横跨该镇的赤霞峪、古强峪、黄崖关、前甘涧等 11 个自然村。其中部分段落位于相对独立的旅游管理单位内，故其直接的保护管理和维修养护由下营镇政府、八仙山风景名胜区管理局、梨木台旅游有限公司、黄崖关长城风景名胜区管理局等 4 个行政、企事业单位负责。以上 4 个单位均按照规定成立了长城保护组织，单位法人为第一责任人，主管安全领导为直接责任人，安全保卫科长或文化站站长为安全员。蓟州区文物局作为业务主管部门，负责长城保护的指导、监督和检查。2016 年，蓟州区政府结合长城保护实际，委托区文物局聘请 15 名长城保护员负责全域内长城各个段落的日常巡查，并制定了《蓟州区长城保护员管理办法》《蓟州区长城巡查记录表》，同时为保护员配备了必要的巡查设备和服装，其巡查所需经费也纳入蓟州区年度财政预算。蓟州区文化市场行政执法总队则主要负责文物违法犯罪行为的查处和执行。

在长城维修方面。近年来，天津市着眼实际有针对性地对部分长城点段进行了重点保护和维修。2013 年，启动黄崖关长城保护维修工程，累计投入 4000 多万元用于黄崖关关城及其城墙的修护。2016 年，天津市文物局拨付 230 万元重点文物保护专项补助资金用于黄崖关 6 号敌楼的维修（图六）。2017 年，又投入 260 万元修缮前甘涧段 1 号敌台。通过开展一系列的重点维修工程，天津明长城的保护工作以点带面取得了良好的效果。同时，天津市文物局拨付 85 万元资金用于长城增设长城保护标志、保护界桩等，先后树立保护标志 20 块、界桩 798 个。此外，还组织相关业务单位按照全国重

图六　黄崖关 6 号敌楼维修

（图片来源：蓟州区文保所提供）

点文物保护单位档案标准，重新整理和增补了包括文字卷、图纸卷等 12 卷天津明长城保护档案，进一步丰富和完善了长城保护的基础工作。

在长城保护执法方面，蓟州区文物局联合区文化行政执法大队每月定期或不定期对长城段落开展巡查工作，对沿线乡镇政府、企事业单位的长城保护工作进行检查督导，查看其长城保护巡查记录和保护工作档案。通过开展积极有效的日常巡查和严格执法，先后依法拆除了黄崖关关城保护范围内的"沃金洲游乐园项目"、架设在黄崖关长城 11 号敌楼的"飞越长城翼装飞行穿靶"塔架、前甘涧段长城 14 号敌台南侧的铁棚等违法建构筑物。2016 年，蓟州区文物局联合河北省遵化市文化执法大队对破坏赤霞峪段长城 1 号敌台的遵化市黄花山景区进行查处，责令其停止破坏行为，恢复长城原貌。除了加强相关执法检查外，蓟州区政府还与长城所在乡镇政府和企事业单位，签订了《文物保护责任书》，明确保护职责，将长城保护管理纳入全区安全生产网格化管理，落实区镇村三级管理体系。

二、天津明长城保护面临的难题

（一）保护管理难度较大

天津明长城虽然长度较短，但是大多分布在山势险要人迹罕至的蓟北山区，保护管理机构较多，保护管理人员相对欠缺，给长城的保护管理带来不少问题。一是保护管理能力不足。蓟州区从事长城保护的专业工作人员极度稀缺，主要由区文保所工作人员组成。由于从业人员大多身兼数职，除长城保护外还要从事其他文物保护工作，无法专注于全面系统的开展长城保护管理工作。加之，长城属于比较特殊的遗产类型，需要同时具备专业的业务知识和丰富的保护管理经验，由此对长城的保护管理提出了更高的要求。二是协同保护存在难度。天津明长城除了由属地蓟州区下营镇保护管理外，还有部分点段由黄崖关长城管理局、梨木台旅游公司等企事业单位负责管理，业务上受天津市文物局、蓟州区文物局、文保所以及区文化市场行政执法大队的监督指导。加之，天津明长城还与北京、河北相连，部分长城是三省市的分界线。由此造成在保护管理方面需要与不同省市、不同部门进行多方位的沟通协调，导致其在保护管理机制上存在一些不顺畅的地方。三是长城保护巡查手段落后。受制于经费短缺，当前长城的日常保护巡查主要依靠聘用的 15 名长城保护员人力攀爬检查，尚未配备无人机等高科技手段。故而每月仅限一定时间段开展相关工作，无法实现全天候全时段全线路的值班值守和巡查预警。由此造成长城文物一旦出现病害损毁或是人为破坏等情况难以第一时间发现和制止，往往只能是事后弥补。

（二）总体保存状况不佳

天津明长城自建成至今有五六百年之久，除 20 世纪 80 年代对部分点段开展过重点维修其保存状况尚可外，绝大部分长城则长期受到雷电、雨雪、风化、冻融等自然因素的侵蚀，加之季节性地表径流冲刷及野草杂树的肆意生长，墙体损毁垮塌严重。而且，随着近些年来人们户外探险热情的高涨，天津明长城因为风景秀丽地势险要而逐渐成为众多追求新鲜刺激体验的驴友们青睐的对象，人为攀爬、破坏长城的行为时有发生，让本来保存状况已经堪忧的长城雪上加霜，进一步加剧了长城的损毁程度。据 2007 年开展的长城资源调查显示，天津明长城墙体整体保存状况一般，保存较好的墙体为 11129.6 米，占墙体总长的 42.94%；保存一般的墙体为 6644.21 米，占墙体总长的 25.63%；保存较差的墙体长 6499.82 米，占墙体总长的 25.07%；保存差的墙体长 1380.38 米，占墙体总长的 5.33%；消失的墙体长 265.67 米，占墙体总长的 1.03%[⑥]。从以上数据中不难看出，天津明长城总体保存状况不容乐观，急需采取相关保护管理措施。

（三）保护研究基础薄弱

与北京、河北等长城大省相比，天津明长城的保护研究不论是在理论学术深度方面还是在保护修缮实践经验方面，均存在很大差距。在学术研究方面，仅以中国知网检索为例，用关键字"天津明长城"搜索，仅搜到与之相关的文章 7 篇，以"黄崖关长城"检索也仅搜到 27 篇文章。不过，以"河北长城"为关键字检索到 157 篇文章，以"北京长城"为关键字检索到 559 篇文章。从研究文章的数量上就可以发现，天津明长城的理论研究工作与京冀相比还需要进一步加强。在长城修缮方面，天津明长城最大的修复工程发生在 20 世纪 80 年代，主要是仿照八达岭、山海关等长城样式修复了黄崖关长城、敌台及部分城墙。近些年来，在国家财政和天津市财政的支持下，虽然陆续开展了部分长城维修项目，但大都属于小规模的抢险加固类修复工程。与北京、河北开展的长城维修工程相比，不论是规模还是范围，均不可同日而语。此外，天津明长城的墙体主要采用毛石干摆工艺垒砌而成，学术界在块石垒砌类城墙修复方面缺乏足够的经验，当前尚无非常成功修复的案例，反倒出现过前些年辽宁绥中最美长城破坏修复事件，这也成为今后天津明长城大规模修复面临的重大挑战。

（四）展示利用水平不高

天津明长城除黄崖关长城风景名胜区管理局管辖的长城段落开辟为旅游景区以外，其余点段的长城均为尚未开发开放的野长城，旅游资源长期未得到有效开发。在黄崖关长城景区，与展示利用相关主要有长城历史博物馆、民俗博物馆、长寿园、百将百家碑林、篆刻碑林、毛泽东诗词墨迹碑林、名联堂等。其中博物馆是我国第一座专门介绍长城的主题博物馆，面积 1700 平方米，展室面积 400 平方米，库房 30 平方米。博物馆陈列有历代修筑长城的珍贵文物、蓟镇长城史料以及修复黄崖关长城的档案资料等 338 件[7]。不过，从总体上讲，相关展陈规模较小、展示形式单一、内容比较贫瘠，宣传效果一般，难以起到真实、立体、全面的展现长城文化风采的效果。此外，在综合利用长城资源发展文化创意产业、文化旅游方面办法不多，社会效益和经济效益一般。

（五）长城保护经费短缺

蓟州历史悠久，文物资源丰富，是天津市历史文化名城，拥有独乐寺、白塔、千像寺石刻、鲁班庙、长城等各类不可移动文物 295 处。与全国大多数长城所在地相似，蓟州区属于天津市比较贫困的地区。2016 年蓟州实现地区生产总值 422.98 亿元，人均生产总值 46404 元[8]。由于该区财政紧张，每年用于长城保护维修养护的经费非常短缺，绝大部分经费依赖国家和市级财政拨款。以近年开展的明长城黄崖关 6 号敌楼和前干涧 1 号敌台修缮工程为例，所需的 490 万元经费全部来源于市级财政。不过尽管财政紧张，蓟州区还是在长城保护巡查方面力所能及的投入了一定的人力物力财力。

2016 年，蓟州区成立长城保护员队伍，区财政每年拨付 16 万元用于保护员的培训、补贴和巡查装备等项开支。

三、京津冀协同发展下加强天津明长城保护的对策

（一）推动长城保护顶层设计

加强京津冀长城保护协同发展是贯彻落实习近平总书记关于长城保护重要指示精神的重要举措，也是促进京津冀文化领域向纵深发展的关键环节，因此必须要加强组织领导，从制度层面上做好相关规划设计：一要进一步落实 2015 年 9 月北京、天津、河北三地文物部门签署的《京津冀长城保护管理框架协议》，定期召开京津冀长城保护联席会议，研讨和商议三地在长城保护利用中面临的问题和困难。集三地人力、物力、财力和智力，发挥各自在长城保护方面的经验和做法，在长城的维护、保养、修缮、管理、开放等方面协同推进。密切三地文化、旅游、国土、规划、财政等部门的联系，形成沟通顺畅、齐抓共管、步调一致的保护管理体制机制，有效解决长期以来在长城维护、管理上各自为政、扯皮推诿的现象。二要抓紧制定京津冀长城保护发展规划，明确京津冀长城保护的指导思想、工作原则、规划范围、保护标准、任务分工和发展目标等，正确处理保护与利用、整体与部分、短期与长期的关系，将天津明长城保护纳入到整体规划中去。通过规划引领，使长城的养护、维修、管理、利用等方面有统一清晰的标准和规范。加强长城建筑风貌的研究，既要避免出现"五里不同样，十里大变样"的尴尬，也要防止长城特色风貌的湮逝和磨灭。三要加大政策扶持力度。建议从国家层面上将京津冀长城保护纳入到中央政府重点实施项目库，积极争取国家有关部委的政策、资金、技术等方面支持，将天津市明长城保护项目纳入到国家部委的工作计划中。以开展长城重点维修工程为牵引，推动天津明长城保护与乡村振兴计划、新农村建设、区域旅游协作、农林生态涵养、文化遗产保护与传承等相结合，完善政策配套和衔接，以点带面促进经济社会全面协调发展。

（二）联合开展长城保护研究

针对天津明长城保护研究工作基础薄弱的问题，建议站在京津冀协同发展的高度，充分借鉴和利用北京、河北等地在长城研究方面的经验和优势，组织京津冀各高等院校和科研机构进行全方位的合作交流，提高长城保护的层次和水平。一是开展天津明长城保护的课题研究。建议在长城保护管理、长城开发利用、长城文化传承、长城调

查与发掘、中外长城对比研究、京津冀长城协作等方面进行合作，深入探析长城历史、艺术、文化、科学、社会、军事价值，系统挖掘长城在弘扬中华传统文化、宣传爱国主义和社会主义核心价值观中的重要作用。二是开展天津明长城的修缮工程研究。建议借助京冀两地在长城维修方面丰富的实践经验，有针对性地开展联合修缮工程，助力天津明长城保护维修实现新突破。尤其是在块石垒砌类长城城墙的修复方面，组织三地长城保护专家开展课题攻关，通过小范围内的修缮工程试点，研究石砌长城特点，总结保护修复经验，培养专业修缮人才，争取在块石垒砌类长城城墙修复方面探索出一条既符合天津明长城保护实际又具有可复制可推广的道路。三是拓宽天津明长城保护交流渠道。通过组织召开京津冀长城保护研讨会、出版长城研究论文集以及开展长城文化遗产宣传等活动，通过多层次多途径不断促进三地在长城研究方面的交流合作，推动长城保护研究向纵深方向发展。

（三）开展三地长城执法巡查

近年来，长城保护正面临着越来越多的压力和挑战。一方面随着经济社会的发展，在长城的保护范围和建设控制地带内实施各类与长城保护无关的建设工程项目越来越多，给长城的历史环境和整体风貌协调造成极大的影响，另一方面随着人们生活水平的提高和户外运动的推广，自行组织攀爬未开放区域长城的行为经常出现，让原本就保存状况一般的长城本体再次受到伤害。特别是京津冀三地交界处的长城，由于尚未建立必要的联合执法巡查机制，导致相关建设工程项目和"驴友"攀爬行为形成管理真空，成为天津明长城保护的面临的老大难问题。因此，有必要借助京津冀长城保护的有利契机，联合三地的文物行政部门和文化执法部门，重点对天津明长城沿线特别三地交界处的长城周边地区开展定期不定期的执法巡视检查。对未遵守《文物保护法》《长城保护条例》等法律法规违法建设的工程项目，一律予以制止取缔。对符合规定实施的建设项目，要落实专家评审制度，加强事中事后监管，防止建设过程中对长城本体及周边历史环境造成不利影响。对组织在未开放区域长城攀爬旅游的组织和个人，通过树立警示标志、悬挂宣传标语以及安排专人劝导等方式，使之尽量远离长城文物本体，避免对长城城墙及附属文物造成二次伤害。对于不听从劝阻的，联合执法检查组应采取相关法律手段，维护法律的权威和文物的尊严。

（四）提升长城展示利用水平

在天津明长城历史文化遗产的展示利用方面，应充分利用北京、河北等地的先进经验，不断丰富和完善宣传展示水平。一是改进和提升现有黄崖关长城博物馆的展陈设计。在学习和借鉴北京中国长城博物馆、河北山海关长城博物馆等成熟做法的基础上，对黄崖关长城博物馆重新规划设计，将与长城展示利用无关的住宿、餐饮等迁移出去，进一步扩大展厅面积，丰富展陈内容，提升展示效果。借助 AR 技术、3D 影音技术、数字多媒体演示等科技手段，推进移动互联网技术与文物保护展示相融合，全方位的展示天津明长城丰富的历史内涵和文化价值，将其打造成极具天津地域特色、又能辐射全国的长城主题博物馆。同时，加强与北京、河北省等各博物馆的合作，开展馆际交流、文物巡展等活动，实现三地文牧资源共享。二是加强对长城重要遗址的考古发掘和展示利用，引入公共考古的理念，吸引社会公众参与，激发人们保护长城的热情，在条件允许的情况下适时启动建立天津明长城考古遗址公园。三是推进长城文化产业融合发展。进一步挖掘与天津明长城相关的历史故事、民间技艺、传统戏剧等文化资源，加强物质文化遗产和非物质文化遗产的资源整合，探索传统文化与现代产业有机发展的新模式。积极发展文化创意设计、文化艺术创作等特色产业，将产业发展与美丽乡村建设相结合，综合运用多种手段提高讲好长城文化故事的能力，让历经岁月洗礼的天津明长城真正活起来，让更多的人来关注和感受长城世界遗产的魅力。

（五）推进长城文化旅游融合

在长城文化旅游方面，建议进一步整合京津冀三地长城旅游的比较优势，提升长城旅游的文化品位，完善长城资源的有效共享，构建京津冀长城文化旅游战略合作关系，促进天津明长城文化旅游取得新突破。一是制定京津冀长城文化旅游规划。联合三地文物、旅游、文化等行政部门及相关业务单位，做好旅游产业规划布局。从促进京津冀长城文化旅游的高度出发，打破地域界限，建立长城文化旅游联盟。充分发挥三地长城旅游资源的优势，科学安排旅游开发时序，协调解决长期以来长城旅游开发不平衡不充分的难题。利用长城旅游这一金色纽带，将天津明长城旅游融入到京津冀旅游发展的大盘子里去，推动京津冀文化、经济、交通等方面的全面协同发展。二是打造具有比较优势、符合市场需求的长城文化旅游线路。在天津明长城文化旅游产品设计上，可以结合北京、河北长城的不同特点，将三地各具特色的长城旅游资源进行整合，串珠成链，实现一条线路赏遍京津冀长城美景[①]。要突出天津明长城的文化特色，通过参观长城博物馆、聆听长城历史故事、参与长城非物质文化遗产等多种形式，让长城旅游从原先的登长城、爬长城转变为感受长城魅力、体验长城文化上来。三是加大天津明长城文化旅游推广。充分利用黄崖关长城国际马拉松比赛、中国文化与自然遗产日等活动的影响力，通过报纸、广播、电视、网络等媒介向社会公众宣传天津明长城文化旅游产品，打造天津明长城旅游品牌形象。通过以上举措，逐步提升天津明长城文化旅游的影响力，增强长城文化的软实力，将长城这一人类瑰宝打造成向世界推介中国传统文化、实现华夏文明走出去的重要载体和展现中华民族文化复兴的最重要 IP 之一。

（六）建立长城保护发展基金

要想实现天津明长城的保护科学合理可持续发展，经费保障是其重要的一环。然而，长期以来资金短缺问题不仅困扰着天津明长城所在的蓟州区，北京、河北等地也面临同样的问题。尤其是河北省，据统计，河北省境内长城分布的 59 个县市区中，贫困县占到 23 个，经济发展水平总体滞后。多数县以农业为主，工业基础薄弱⑩。为此，在积极争取中央和省市县财政经费支持的同时，有必要依托社会力量多渠道多途径筹措长城保护发展资金。其中比较可行的办法是设立京津冀长城保护发展基金，专门用于支持包括天津明长城在内的京津冀长城保护、管理、修缮以及旅游开发。积极吸引中国文物保护基金会、长城保护基金会等民间组织和爱心公益事业的国内外大型企业的参与，通过适当共享长城旅游开发权益、让渡长城文创产品产权以及给予精神文明奖励等方式，提高他们投身社会公益事业、增强社会责任感的积极性和动力。同时，还要加强长城保护发展基金的监管和审计，确保筹集到的每一分钱都真正用于京津冀长城保护发展事业中去。

四、结　　语

巍巍长城是祖先留给我们的宝贵财富，是中华民族的精神象征。在京津冀协同发展的国家战略指引下，在京津冀三地文化文物部门的密切配合下，天津明长城只有紧紧抓住这一难得的发展机遇期，加强与京冀长城保护的交流协作，才能不断提升自身在长城保护、维修、研究、管理、开发等实力，再展天津明长城壮丽雄姿。

注　　释

① 金永伟主编：《天津市明长城资源调查报告》，文物出版社，2012 年，第 3 页。

② 国家文物局主编：《中国文物地图集·天津分册》，中国大百科全书出版社，2002 年，第 128 页。

③ 金永伟主编：《天津市明长城资源调查报告》，文物出版社，2012 年，第 221 页。

④ 李严：《明长城"九边"重镇军事防御性聚落研究》，天津大学博士学位论文，2007 年。

⑤ 姜佰国：《天津市明长城防御体系研究》，《中国文物科学研究》2012 年第 3 期。

⑥ 金永伟主编：《天津市明长城资源调查报告》，文物出版社，2012 年，第 338 页。

⑦ 赵海军主编：《蓟县文物志》，天津人民出版社，2014年，第312页。

⑧ 《2016年蓟州区国民经济和社会发展统计公报》，http://www.tjjz.gov.cn/tjj/tjxxs/201712/5cbd31f5b
fbc434c999c4078c56904be.shtml，2017年2月14日。

⑨ 贾霄燕：《京津冀一体化下长城文化旅游保护研究——以河北省为例》，《河北地质大学学报》
2017年第5期。

⑩ 张妹芝：《建议将长城文化带纳入国家重要战略布局》，http://www.hebei.gov.cn/hebei/11937442/
10757006/10757234/14201887/index.html，2018年3月8日。

作者简介：邵波，天津市文化广播影视局文物保护处，天津市和平区承德道12号，
300041；钱升华，天津财经大学珠工学院，高级工程师，天津市宝坻区京
津新城祥瑞大街，301811。

蓟州区下闸村出土辽代木井圈的前期保护及对策

尹承龙

（天津市文化遗产保护中心）

摘要：蓟州区下闸村辽代木井圈出土时均呈饱水状态，为将这些宝贵的考古学遗物保存下来，对这些木井圈在现场处理后，运至蓟县基地，经清洗后采用饱水方法进行脱水前的保存。目前，这些木井圈处于相对稳定的状态，在以后将对其进行后续的保护修复处理。

关键词：蓟州区　辽代　木井圈　饱水　前期保护

2017年4月，天津市文化遗产保护中心对蓟州区渔阳镇下闸村"棕榈名邸"项目建设工地因施工发现的水井遗迹进行了抢救性发掘。此次发掘清理木石结构水井1口，出土了包括陶罐、瓷盘、铁钉等较为丰富的遗物，从出土典型遗物判断，该水井的年代为辽代（图一）。

图一

该水井为木石结构，由预先搭建好的木质井圈层层搭构而成，外部用卵石堆砌加固，此种形制的木井在天津地区乃至全国少见，为研究中国古代水井演变和发展历史具有重要意义；水井残存的木井圈为研究古代凿井技术以及木工工艺提供了不可多得的材料。

鉴于木井圈考古价值重要且材质保存状况较好，全部考古清理结束后，我们在现场对木井圈进行系统编号、初步处理后，逐层拆解包装运至室内进行进一步保护性处理。

一、木井圈总体保存状况

该批木井圈共 28 根，通体饱水，均长 118～145cm、宽 16～53cm、高 12～37cm，总重量约 1148.4kg，重总体积约 1.5m³（表一）。依据《WW/T0003-2007 馆藏出土竹木漆器类文物病害分类与图示》对木井圈的保存状况进行了初步评估：位于上层的木井圈由于施工时的机械破坏及暴露在空气中的时间较长，在发掘时已经出现了较为严重的糟朽、变形、裂隙、残缺等病害；经发掘出土的井圈则保存状况相对较好，但在短时间内也出现了轻微的裂隙和断裂。

表一　木井圈保存状况统计表

序号	登录号	尺寸（cm）			重量（kg）	病害类型
		长	高	宽		
1	1A	117.3	21.4	13.1	30.436	变形、饱水、糟朽、裂隙、残缺
2	1B	115.2	18.5	13.3	25.004	饱水、糟朽、裂隙、断裂、残缺
3	2A	137.8	26.6	11.9	37.313	饱水、糟朽、裂隙、断裂、残缺
4	2B	142.1	27.4	12.5	43.075	饱水、糟朽、裂隙、断裂、残缺
5	2C	139.9	26.8	11.8	33.527	饱水、糟朽、裂隙、断裂、残缺
6	2D	136.2	25.5	13.5	32.341	饱水、糟朽、裂隙、断裂、残缺
7	2F	136.2	22.9	12.7	16.297	饱水、糟朽、裂隙、断裂、残缺
8	3A	139.2	28.5	12.3	36.932	饱水、糟朽、裂隙、断裂
9	3B	143.2	27.3	12.2	39.427	饱水、糟朽、裂隙、断裂
10	3C	141.9	27.9	12.2	41.698	饱水、糟朽、裂隙、断裂
11	3D	142.5	27.7	12.5	43.051	饱水、糟朽、裂隙、断裂
12	3E	138.5	23.9	12.6	27.831	饱水、糟朽、裂隙、断裂
13	3F	145.6	27.9	15.1	40.811	饱水、糟朽、裂隙、断裂
14	4A	141.7	35.3	13.7	53.196	饱水、糟朽、裂隙、断裂
15	4B	142.8	35.4	12.1	48.848	饱水、糟朽、裂隙、断裂
16	4C	140.6	34.7	13.6	53.975	饱水、糟朽、裂隙、断裂
17	4D	141.3	34.9	12.8	51.05	饱水、糟朽、裂隙、断裂

续表

序号	登录号	尺寸（cm）			重量（kg）	病害类型
		长	高	宽		
18	4E	134.5	34.7	13.1	45.554	饱水、糟朽、裂隙、断裂
19	4F	141.6	34.6	14.2	49.186	饱水、糟朽、裂隙、断裂
20	5A	141.6	37.7	12.7	57.069	饱水、糟朽、裂隙、断裂
21	5B	141.3	37.2	12.1	54.998	饱水、糟朽、裂隙、断裂
22	5C	141.1	36.6	12.5	57.032	饱水、糟朽、裂隙、断裂
23	5D	135.6	37.0	12.1	47.887	饱水、糟朽、裂隙、断裂
24	5E	140.4	35.8	12.5	52.191	饱水、糟朽、裂隙、断裂
25	5F	136.6	36.9	12.4	48.223	饱水、糟朽、裂隙、断裂
26	底1	113.2	21.7	12.2	29.578	饱水、糟朽、裂隙、断裂、残缺
27	底2	113.2	23.2	12.4	27.790	饱水、糟朽、裂隙、断裂、残缺
28	底3	118.2	17.6	12.8	24.108	饱水、糟朽、裂隙、断裂、残缺

二、木井圈的前期保护

（一）考古现场的处理

由于该木井的发掘地点位于建设工地，属于抢救性发掘，时间紧任务重，现场的条件有限，且木井本体体量大，现场不具备整体提取的条件。因此，我们采取按顺序无损拆解的方式将木井按层逐步拆为单根木井圈，为使木井圈在保护修复后可以恢复到本来的结构，在拆解时在每根木井圈均进行唯一编号，并用胶带、图钉将号签固定在木井圈上，并现场记录下各个木井圈之间的搭接方式和顺序（图二）。

图二

拆解后的木井圈临时用塑料布遮盖做好临时的遮阳和保湿工作，为防止该批木井圈在现场保存、运输过程中发生变形、断裂等意外情况，我们为每根井圈制作托板，在简单固定后统一运回天津市文化遗产保护中心蓟县基地的临时库房。在运输过程中尽可能选择路况较好的路段，并保持较慢的车速，力求平稳，尽量减少对井圈不必要的损坏。

（二）临时保存与清洗

该批木井圈运抵蓟县考古科研基地后，临时存放在临时库房，每天两次使用喷雾器对木井圈进行喷水处理，并用塑料布进行覆盖为其营造一个湿度相对稳定的小环境（通过喷水的多少来控制小环境内的湿度，使其保存环境的湿度保持在 60% 以上），使木井圈处于较为稳定的状态。同时，每隔几天对木井圈喷洒 5% 的硼砂硼酸混合溶液用于木材的消菌防腐。并尽快安排人员对该批木井圈进行拍照、清洗、测量、病害记录等工作（图三、图四）。

由于该批木井圈表面主要为淤泥，故仅需简单的清洗。清洗主要使用毛刷和自制竹刀，易于清除的污垢用地下水进行轻轻冲洗，对于难以去除的，先用水润透后用竹刀和毛刷小心刮拭后用水冲洗。在清洗过程中，将临时的号签更换成防水标签，并用棉绳将其牢固的绑缚在木井圈上。

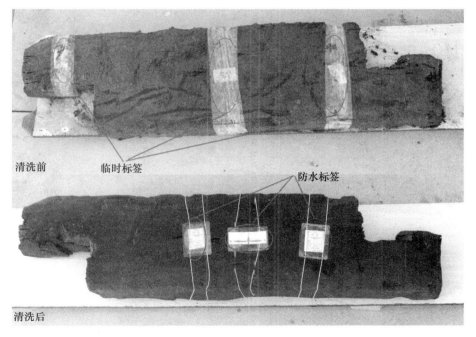

图三

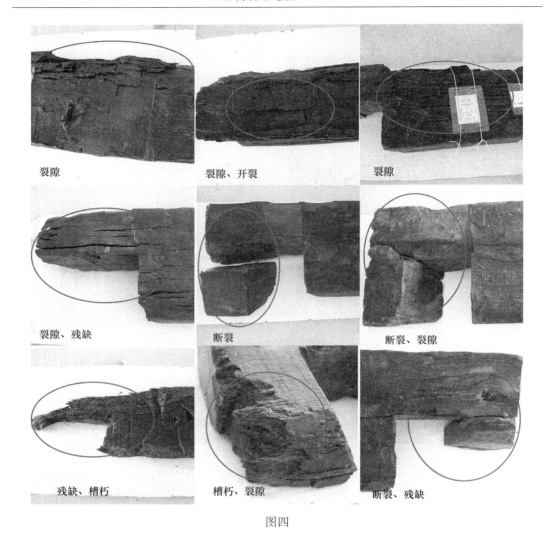

裂隙　　　　　　　裂隙、开裂　　　　　　裂隙

裂隙、残缺　　　　断裂　　　　　　　断裂、裂隙

残缺、槽杇　　　　槽杇、裂隙　　　　　断裂、残缺

图四

通过选取木井圈残块进行自然干燥实验，发现自然干燥后木井圈残块出现了严重的变形和开裂，因而需采用其他方法来进行木井圈的脱水加固工作。

（三）饱水浸泡保存

清理完成后的井圈进行饱水保存是脱水处理前的主要方法。该方法包括以下三个方面内容：① 容器的选择：由于该批井圈体积较大，因而我们在临时库房内砌筑了一个 7.5m×5m×1m 的浸泡池，池子内壁做好保温、防水，并设有水暖设备；② 浸泡液的选择：浸泡液采用当地地下水，为防止浸泡过程中井圈出现霉菌、微生物等病害，在浸泡液中加入适量的硼酸硼砂用于灭菌防腐；③ 井圈的摆放：井圈按照清洗顺序平铺，尽量不要堆放，此外浸泡池中的水要完全淹没井圈（图五）。

图五

（四）浸泡环境的控制

在浸泡过程中影响漆木器的客观因素有温度、有害细菌、微生物、光照等。这些都会对饱水漆木器造成损害，由于技术、经济上的原因，这些不利因素在基地简单的保存条件下是不可能绝对避免的，只能尽量减少；我们只能针对这些因素尽最大努力采取一些措施，将这一阶段对木井圈的损害降低到最小。

1. 温度

一般情况下，饱水漆木器保存的适宜温度在 4℃～18℃之间。当温度过高时会滋生大量的霉菌，当温度过低（0℃以下）时，可能出现结冰现象，以上情况均会造成文物损坏。蓟州区位于天津市北部山区，属于暖温带半湿润季风型大陆性气候，夏季相对凉爽，对木井圈的保存有利，但冬季气温多在 0℃以下，浸泡液可能结冰，对木井圈的保存产生不利影响。

因而我们在浸泡池内壁安装了吹塑泡沫框作为保温层，同时铺设了电水暖用于浸泡池冬季的加热，在冬季可以根据池内溶液的温度和室内气温的变化，确定电水暖的运转模式来保证浸泡液的温度。之前对大安宅遗址出土木井圈的浸泡结果显示，这个简易的浸泡池可以很好地保证浸泡溶液在冬季的寒冷气候下保持在合适的温度范围。

2. 霉菌、微生物

饱水的漆木器是霉菌良好的培养基，霉菌和微生物主要在春夏两季温湿气候下很容易出现，它们的繁殖能力极强，对木井圈产生破坏。

为此，我们采取了以下几个措施：① 在浸泡液中加适量的硼酸硼砂用于灭菌防腐；② 在浸泡过程中，经常检查水质变化，如出现水变质，应及时更换清水；③ 在盛放文物的浸泡池上加盖密封，以防止细菌侵入，同时这还可以减少浸泡池外光照对井圈的影响。

三、后续保护及展示思路

目前，该批木井圈仍在浸泡池中保存，并处于相对稳定的状态。未经脱水的木器采取饱水法进行保存是必要的，但这只是权宜之计，长期的浸泡会对木器有一定的损害。因而，必须尽早地对这批木井圈进行进一步的保护修复处理。

（一）实验检测分析

在对木井圈清洗过程中，我们注意收集木井圈残落的小块木材用于木材种属鉴定、微观形貌观察、含水率、干缩率以及材质降解状况等方面的分析检测。通过以上分析可以进一步准确的判断该批木井圈的保存状况及病害程度。

（二）脱 水 加 固

饱水木漆器，尤其是大型饱水木器的脱水加固是一项周期长、耗资高的工作，在脱水处理方法的选择上，要综合考虑文物本体保存状况、保护效果、处理周期、经费投入等多种因素，目前用于大型木器脱水加固的方法较为成熟的有乙二醛浸泡法、聚乙二醇浸泡法等。这些方法在脱水原理、处理效果、适应范围、经费投入、处理周期等方面各不相同，具体选择何种脱水方法需待检测结果出来，结合具体情况再做决定。

（三）修复、复原及展示

修复时主要以考古学证据为依据，不能凭主观想象，确保修复后能体现该井的原始风貌，最大限度地恢复其完整性，展示其历史、艺术、科学价值，

首先，对脱水后真正干燥的木井圈进行补缺、拼接、颜色处理等工作。在此过程中，尽量使新旧部分之间在视觉效果上达到"远看一致、近观有别"。

其次，为保证视觉效果及利于后续保护，在对木井圈修复完成后，拟再根据各层木井圈的形制复制若干可以识别的木井圈，根据实际情况将复制的木井圈按照木井原

来搭建方式补充到修复好的木井圈结构里，最大程度地体现出该水井的搭建结构和建造工艺。

最后，在条件允许时可以进行对外展示，在此过程中可以将井内出土的陶罐、麻绳等遗物同时展出，此外还可以就该木井的发掘过程、保护修复过程、木井的建造技术等做成展板在其附近展示。

四、收获与认识

出土木漆器的前期保护处理是整个保护过程中非常重要的一环，是下一步脱水及后续保护修复工作的重要基础，结合已开展的蓟州区出土辽代木井圈的前期保护处理工作，有以下几点收获与认识：在考古发掘现场要尽可能详细的记录出土漆木器的原始情况，尤其是其保存状态、出土位置和结构构造；砌筑简易的浸泡池，在其内壁加装保温、防水与加热设施，可以更好地满足大型木漆器文物的浸泡需求；在将木漆器浸泡保存之前，要记录完成其完整的原始信息，并牢固地绑缚防水标签，避免在浸泡过程中出现标签散落的情况。

参 考 文 献

方北松、吴顺清：《饱水竹木漆器保护修复的历史、现状与展望》，《文物保护与考古科学》，上海博物馆，2008 年。

何爱平、张立明：《巢湖放王岗汉墓出土漆木器脱水前期的保护》，《中国文物保护技术协会第五次学术年会论文集》，科学出版社，2008 年。

《天津市蓟州区下闸村辽代水井的发掘》（待刊）。

吴顺清：《古代饱水漆木器的清理脱水修复保护研究》《中国文物保护技术协会首届学术年会论文集》，科学出版社，2001 年，第 134～149 页。

作者简介：尹承龙，天津市文化遗产保护中心，馆员，天津市和平区贵州路 58 号，300051。

考古电子档案的归档保管情况分析及对策

赵欣荣

（天津市文物管理中心）

摘要：随着考古工作高科技手段的使用，考古档案领域进入电子时代。档案管理者要根据考古电子档案的特点，提高对考古电子档案归档保管重要性的认识，确保其在归档阶段的归档时间、编目、归档规范与保管阶段的原始性保障、保管机制、安全性等方面的工作具备科学性、稳定性。试图探索考古电子档案归档和保管的新途径，最大化利用电子档案的优点带来的便捷。

关键词：考古档案　电子档案　归档　保管

现代考古工作中的考古手段越来越丰富，除了探铲、手铲、毛刷、皮卷尺这些传统的工具，许多高科技考古手段如 RTK 技术、DNA 分析技术、红外照相技术也得到了广泛的应用。高科技考古手段的应用产生了大量格式不同的电子文件，这些文件是考古问题研究最翔实的资料，更是考古研究的直接资料来源。做好这些电子文件的归档保管工作，使之稳定科学的长久保存是非常重要的工作。

考古电子档案是归档后的电子文件，具有考古档案和电子档案双重特性，与传统的纸质档案有很大的差异。考古电子档案的形成是在数字设备中，以数码形式存储于载体，传递和修改的操作简便，但对软硬件设备有依赖性；其具有自动分类组合能力，检索方便快捷，但真实性、原始性识别困难；其便于存储大量信息，所占空间极小，但容易受环境温湿度影响，容易被粉尘等细微因素损坏。总之，考古电子档案所具有的优势是丰富多样的，同时也给档案管理制度带来了很多新的挑战。

由于考古电子档案和传统纸质档案这些不同的特性，传统的纸质考古档案管理制度不能适应新形势的需求，为使考古电子档案在归档和保管程序时有章可循，保证考古档案管理工作稳定运行，需要建立适应新形势的规范、科学、安全的归档保管制度。笔者以下主要对考古电子档案归档工作和保管工作进行研究并提出可行性方案，旨在提高考古电子档案归档保管工作的质量，加强考古档案管理信息化建设。

一、考古电子档案的归档

（一）考古电子文件归档时间

考古工程的每个阶段都有大量的电子资料产生，及时归档有利于电子文件的保存。一个考古工程产生的文件量非常大，分次发掘可能使资料分散在不同人员手中，因此要求考古人员每个阶段都要将资料归档，避免因长期堆积造成的考古资料混乱和丢失，保证归档率和完整率。

根据考古工地所处网络条件不同，电子文件的归档采用实时在线归档和离线归档两种方式。实时在线归档要求电子文件由生成部门通过互联网传输到档案部门，实现电子文件的逻辑归档，这种归档方式适用于网络环境持续良好的情况，比如"天津地铁 4 号线东南角车站建设工程"工作人员在天津市区作业，网络畅通可以采用实时在线归档。考虑到田野考古所处条件一般都是在野外，比如"宝北至南蔡双回 500 千伏输变电工程"，此时无法保证网络的畅通，因此采用离线归档。即考古人员将电子文件拷贝至移动硬盘、光盘、磁带等载体送达档案室，实现档案的物理移交。

（二）考古电子档案的编目

一个考古工程产生的文本、图片、音像等资料是前后关联的，具有系统性。考古电子档案编目工作要保持资料的系统相关性，如中国社会科学院考古研究所考古档案的编目采用国家标准 GB/T 2260 的省份代码来标识遗址所在的省份代码，遗址所在的县或区及遗址名称则用中文的第一个字母简称。可以考虑将天津市所有的考古项目以行政区为单位，以发掘年代为序进行整理。

具体来说，首先由档案管理员把接收的考古电子文件唯一编码，且提取文件主题词作为关键词。其次把考古工程的资料批量导入档案管理系统，利用 OCR 文字识别技术识读生成全文档案信息，操作便捷高效。编目工作完成后档案管理员只需要根据文件的项目名称及关键词，即可找到想要的文件及其相关附件，减轻了工作任务。

（三）考古电子文件归档规范

考古资料包括考古调查、勘探、发掘到工程后期的文物保护等过程中产生的文件，这些文件以考古工程为单位，具有系统性和复杂性。采用的多种高科技手段使获得的考古记录材料更全面翔实，如利用 RTK 技术和 GIS 系统可以为遗迹建立三维模型。这些高科技手段使得考古资料的文件类型更加多样化，如文本文件、图形图像文件、音频文件、视频文件、数据文件和程序文件。需要确保电子档案内容的准确完整和可识别性，应该完全按照规范进行。

根据国家文物局在2017年颁布的《考古勘探工作规程（试行）》中对考古资料管理规定，档案部门应制定本单位的资料整理规范，包括考古电子资料的文件格式、文件大小、文件载体、传输方式等。考古资料复杂多样，归档时应对照规范检查核实。电子文件的归档格式与读取软件对应相关，不同来源的电子文件格式多种多样，如果不加以限定，接收的文件使用不恰当的软件打开，会产生诸如字体、字号、行间距、文件存储结构等变化，甚至生成乱码无法读取。电子文件格式多种多样，只有按照统一规范，才能保证文件的长期可读性。

二、考古电子档案的保管

（一）考古电子档案的原始性保障

档案的基本属性是原始记录性，这一特性使档案具有法律效力。考古发掘工作的破坏性和不可重复性使得考古资料具有唯一性，这对考古档案的原始性提出了更高的要求。由于电子文件很容易复制和修改，因此确保考古电子文件内容的原始性使其具备档案价值是一大难题。

为了解决这个问题，建议采取如下措施：① 考古电子文件形成时设定为"只读"状态，确保档案管理员只能对其进行读取操作，无法做任何修改操作；② 在考古电子文件传输和利用阶段需使用数字签名、身份验证和加密保护，确保电子文件操作人员具有相应的操作权限且符合操作规范，其他没有权限的人员无法做任何操作；③ 将考古电子档案中重要级别的部分档案，异质备份到纸质档案或微缩胶卷等载体。通过以上措施，确保考古电子文件中信息的原始性、真实性。

（二）考古电子档案的保管机制

由于考古档案具有唯一性，因此需要永久保存。电子档案的载体有计算机、服务器、硬盘、光盘、磁带等。这些载体稳定性较差、易损坏，容易受到保存环境的影响，且寿命是有限的。合理的电子档案保管机制包括备份和维护更新，可以延长考古档案的保管期限。

目前电子文档的备份严格按照规章制度采取完全备份、增量备份、差分备份三种方式优势互补。由于考古工程并不是每天情况都一样，工程繁忙期资料提交的数量大、频繁，闲散期又会很长时间都没有新文件归档，因此备份方案可以按照归档次数而非时间周期执行。例如以 12 次为一个备份周期，周期的首次备份将档案室内保管档案进行完全备份，当新的考古文件入档后，采用增量备份方式备份上次备份之后有变化的文档，每隔三次增量备份采用一次差分备份方式备份上次完全备份之后有变化的文档，由此可以平衡备份数据与还原数据所需时间。

备份方案执行完成后，后期的维护更新也很重要：一方面周期性检查档案备份载体上的文件内容是否完整、可读；另一方面每种文件格式对应保留的软件系统也要确保可用。定期检验结果应填入考古电子档案管理登记表。

（三）考古电子档案的安全性

考古电子档案的安全性非常重要，一方面要维护电子文件的内容不会被修改，另一方面要保证电子文件的长期真实可读。安全措施不到位，会造成很严重的后果，2017 年 5 月爆发的 Wanna Cry 病毒利用 Windows 系统漏洞发起攻击，很多个人电脑及高校、医院等局域网中招，造成了很大的损失。因此为了保障考古电子档案的长期可用价值，应加强考古电子档案安全管理，避免安全风险带来的损失。

要保证考古电子档案载体安全。一般情况下，电子档案是以脱机方式存储在硬盘、磁盘、光盘、磁带这些载体上面。环境因素影响载体物理上的安全，因此存放环境应避光、防尘、远离磁场、温湿度适宜。每一个单片载体应装盒保护竖立存放，避免挤压、划伤。

要做好考古电子档案网络安全：一是在所有计算机终端安装正版杀毒软件，定时扫描和检测阻止病毒和木马的入侵；二是利用防火墙阻止外部网络用户未经授权的访问；三是建立保障网络安全的规章制度和系统日志记录管理机制；四是提高档案管理员安全意识，加强相应的防护知识。

三、结　语

近些年科技的进步，使得电子文件已经成为考古工作中必不可少的一部分。考古电子档案的使用解决了纸质档案的一些弊端，同时也对考古档案管理提出了新要求。电子档案的特点使其在归档和保管阶段与纸质档案有很大的不同，在实际工作中要严格按照规范制度执行，最大化利用电子档案的优点带来的便捷，规避缺点带来的隐患。本文针对考古类电子档案的特点分析档案的归档保管情况并提出了一些应对策略，希望对考古电子档案管理的未来发展有所裨益。

参 考 文 献

马仁杰、刘俊玲：《论电子档案开放利用中信息安全保障存在的问题与对策》，《档案学通讯》2012 年第 3 期。

庞小霞：《考古科研院所档案管理工作探索》，《中国文物科学研究》2013 年第 3 期。

张昕：《当考古遇上高科技》，《辽宁日报》2016 年 1 月 26 日。

张艳：《田野考古档案的规范化管理思考》，《陕西档案》2014 年第 3 期。

作者简介：赵欣荣，天津市文物管理中心，助理馆员，天津市和平区贵州路 58 号，300051。

不当清洗对古旧书画的损害

王 博

（中国国家博物馆）

摘要：书画作品在收藏过程中，由于年代久远，保存不善，会出现虫蛀霉斑、色暗气沉，各种污物掩盖侵害的现象，修复时就要需要清洗，去掉书画上的有害附加物。清洗的适当与否，不仅影响整个修复过程和复原效果，更关系到今后书画的整体寿命。在书画清洗实践中面对不同程度的书画文物，要进行选择性的适当清洗，制定合理的清洗方案，更科学更安全的保护书画文物。

关键词：书画 修复 清洗 文物保护

宣纸具有纸质疏松、纤维间空隙较大的特点，具有很强的吸附能力，极易因吸附尘灰等污物而受到损害。同样绢本的蚕丝属于天然蛋白质类，更易受到虫害霉菌的侵害。根据书画文物质地的地点形成了多种多样的污迹种类与状态，所以在书画修复的清洗环节中，能有效地去掉有害霉菌，阻止其对书画载体纸绢侵害的重要手段，降低纸张酸度，更是修复整体的重要基础。从传统到现在，有水洗、化学清洗、中药清洗、洗画机、微生物清洗等多种技术。而每幅古旧字画的质地、破损情况、污迹情况都千差万别、各不相同，在清洗过程中就要遵循着具体情况，具体分析，具体问题，具体解决，以传统技术为主，结合书画本身，适用性的选择清洗材料和方法，切实发挥修复抢救保护文物生命的功能作用。在清洗书画方面有着一系列程式步骤和具体方法可供遵循，但是在实际操作中每个细节的运用和把握都是清洗环节整体的关键所在。清洗书画前的精心准备和细心呵护是前人经验教训的积累总结，尤其注意。否则，增加修复的难度和工作量是小，而进一步损伤已经濒危的书画作品事关重大。

一、水 的 质 量

用"水"清洗画能够有效地去除古旧书画上的一些污垢，加之浸泡、热水的作用力，污垢更容易被分离去除。因为水分的结构组成使其具有强极性，分子间能形成氢键，也易于同其他物质分子形成氢键，有很强的分散、溶解能力，能溶解一些含碳水化合物、蛋白质、低碳脂肪酸等成分的有机污垢，也能分解土壤颗粒等无机污垢。所以无色透明、无臭无味的水是一种良好的清洗溶液，对书画本身的损伤小，是一种安全有效的方法。纸、绢在遇水后会迅速膨胀吸收水分，便于污垢的溶解和脱离，清洗过后水会残留其中，水质的好坏也尤为关键。所以在清洗中应选择纯净水和蒸馏水进行清洗浸泡。纯净水中去除了水中的细菌、病毒、污染物等，一般含的杂质很少或者没有。蒸馏水是最纯净的水，是把水加热后的水蒸气收集后冷却后得到的，去掉了水中重金属离子，将硬水软化。两种水对纸质文物都有很好的安全性和保护性。有的修复人员缺乏常识，直接采用自来水进行清洗，不仅对纸质文物起不到保护清洗的目的，相反会带来严重的隐患。因为自来水中含有很多杂质，一般都是絮凝沉淀，这个时候需要加絮凝剂（明矾、氯化铝等），因而水中必然也会含有少量的这些物质，再就是对水体进行杀菌消毒，消毒剂是氯气（水中会有次氯酸和氯离子）、次氯酸钠（水中会有氯离子、次氯酸根离子）、臭氧（会有少量 O_3）等。此外，自来水体本身会含有一些矿物质（比如钙镁离子等）。最后自来水在管道和水龙头中流动时会带入一些杂质（金属水龙头会使水中含有铅、铜等）。将自来水烧开会降低有害成分但是不会完全去除，日后对纸质文物的损害也是不容小觑的。所以在清洗水的选择上有条件的一定要用纯净水或是蒸馏水。

二、固　　色

书画在清洗前，遇到的第一个难题就是如何使松软的色质牢牢稳定在画面上。我国绘画中使用矿物质颜料的历史非常悠久，画心上常有石青、石绿等重色或鲜亮的色彩，以及人物面部、花瓣上的铅粉等有掉粉、掉色或跑墨的现象，则必须先进行墨、色加固。矿物质颜料在使用之前都经过细细的研磨，同时兑上胶液，才能使得矿物颜料的细小颗粒得到聚合。然而事实证明，矿物色本身的特性和胶的特性都会在自然环境下发生变质并互相影响，原因是矿物色中的微小金属元素在环境的温、湿度变化下，易受氧化而膨胀和收缩，这种反复无常的变化频率造成色质松散起壳，而起黏合作用的胶质也会逐渐老化，其固化也会随之减弱，整体性能就会发生动摇。通过加上水的清洗浸泡，矿物颜料和纸绢纤维之间的结合会大幅下降极易出现脱落、晕染现象。因此，在清洗之前，往往要在画心上对掉色部分做处理，起到加固作用。对颜料加固有施加胶矾水、豆浆、海藻胶等方法。胶矾水的运用也是书画修复过程中从古至今沿用的方法。明矾在书画绘制中具有固色作用，这也源于明矾的聚合作用，有助于保留纸浆中的细小的填料、颜料、树脂纤维。明矾通过与胶的作用，间接地加强了明胶的固色施胶能力。由于胶矾水在古旧书画揭裱过程中不可替代的作用，使得古旧书画修复人员在固色、全色等过程中频频使用胶矾水。但是明矾也有一定的弊端，对纸张的破坏也不容小事。由于纸张是由许多 β 型葡萄糖分子脱水聚合而成的高分子化合物，酸是纤维素水解反应的催化剂，氢离子的存在刺激氧桥段断裂，使长链的纤维素断裂为纤维素片段，严重地影响了纸张的强度，在潮湿的情况下更易分解酸性，对纸、绢有降解作用，宏观上使得纸、绢发硬、变脆，甚至是粉化、断裂。而且矾为白色粉末，用含矾的水溶液加固墨色后，正面易于产生白色反光。随着文物保护科学技术的进步和文物保护意识的加强，这些不利之处逐渐被认知到，在一些文博单位，胶矾水的固色的常规做法也逐渐被改变或取代。南京博物院对胶矾水的比例经过试验研究也做出了初步的数据基础，把胶矾水的弊端比例降到最低。故宫博物院、国家博物馆等单位在书画清洗固色方面已经用纯明胶取代胶矾水。但胶的浓度必须适当，做到淡而有效。所以待修书画在清洗前必须根据其污损情况、墨色牢固程度等具体情况作出细致的检测和相关的处理，保证后续工作的顺利实施。

三、破裂处固定

如果书画残缺破损严重，为避免在清洗中发生移位、损坏，可在清洗前在正面把剥离的画心碎片、断裂处摆正归位、固定。或是背面用纸或稠糨糊加以固定，待干后在洗。否则破碎处在遇水后易脱开、移位，一方面会损伤脆弱的书画作品，另一方面也会增加修复工作的难度和工作量，必须引起重视。如果书画作品上没碎裂移位现象，或者已经进行了相关的保护、处理，便可进入下一环节的清洗。

四、水温的掌握

由于书画质地有纸本、绢本，纸本又有生纸和熟纸之分，且传世书画文物或经考古发掘的书画作品，每件都有个别性，所以在实际操作时对水温控制要根据画心的污脏成因程度、书画质地、破损情况等具体条件，选择适当的水温进行淋洗浸泡。在实践中得知，使用冷水清洗古旧书画，能使得较轻的污迹溶解，但是缺点是整体色泽依然沉着，去污力较弱。但是热水清洗不仅去污能力加倍，而且会使纸与纸之间的老糨糊加速老化。所以通常情况下使用40℃至50℃温热水清洗可有效去除积尘水渍，水温愈高清洗效果愈好，但水温超过80℃就会破坏纸、绢的质地纤维并损及颜料。此外，纸张的种类很多，如书写绘制在蜡笺纸上的作品，由于有蜡的缘故吸水较弱，上面的墨色颜料都附在蜡粉上，清洗时就要用冷水，绝不能用热水，清洗时间也不宜过长，否则书写在其上面的墨色就会晕染。洒金纸也不能用热水长时间清洗浸泡，不然会使金箔附着能力减弱，与纸张分离，造成金箔和绘画墨色的遗失。清洗书画的水温高低、时间长短，完全要看具体情况而定，不要因为盲目去污追求表面的光鲜亮丽而忽略水温的控制。要养成在清洗时随时用温度计测试水温，用合理安全的温度来达到清洗去污的目的。

五、清洗方式与程度

在洗心时，即使做过加固处理，选择清洗的方式上和手法的运用上也要谨慎细微。要根据书画心纸质的松紧、绢素年代的远近及书画心霉变和受损的程度而定。如果书画心纸较松或已变酥，而采用浸泡法洗心，则容易使书画心化为纸浆，或使书画心残片脱落水中。如果画心破损程度较重者，若不防护即行刷洗或淋洗，则容易使书画心再度破损。为保安全，不论书画"损"与"不损"还是带褙纸洗或托心纸洗心为好。在这个问题上，须要弄清楚的是刷洗、淋洗、浸泡三法皆为去污和揭裱所依赖的重要手段，但这三者的概念却是不同的。刷洗主要是靠水的热度将画心与褙纸、托纸分离，经过毛巾推滚使其减轻陈旧程度消除水迹和污渍。但有的旧画用刷洗并不能使托纸揭开，其原因或是纸薄浆厚，或是糊内有白芨或水胶。总之，该画在前次裱时所用糨糊是特制的，这就须用浸泡法使其托纸分离，也能因浸泡的时间长短使得更深层的污迹排出，霉斑虫屎软化加速脱落。淋洗法虽然也能起到分离托纸的作用，但主要是用来洗涤画面浅层污垢和积尘的。这三个概念弄清楚后，就能把握如何运用这三种方法，使得画面神气不受损失。在具体操作中手法的灵活、轻柔也很关键，太生硬、太着急会使着湿后的古旧书画质地强度降低受损。其次，在清洗的程度上，不是变数越多越好、画面越干净越妙。书画污脏，需清洗至稍见明净即可，不能洗至完全干净。其原因在于清洗本身会伤及书画质地，也会损书画的神韵色彩，不需洗则不洗，洗则不能重洗，稍见明净即可。这也是古人对清洗书画原则的诠释和总结。清洗画面的直观目的是去污，而深层目的却还是保护书画。选择合理的清洗方式和遍数程度更是衡量修复人员水平的关键所在。

六、化　学　清　洗

书画作品霉变所产生的红霉、黑霉等以及反铅油污，仅用清水很难去除，因为其霉斑已经侵入纸绢纤维内部。这一点古人周二学已经提出来，他认为"红黑霉点及油污，譬之杂毒入心，不能去也"，说明霉斑油污难去是古今共识。随着科学技术的进步和化学工业的发展，对于这些入侵画心的污垢，运用适当的化学药剂和手段是可以去除的。化学药剂清洗去污立竿见影，效果显著，见效快。但是化学药剂本身对纸、绢的损害也是极大的。在文物保护发展的今天衡量化学药剂的利弊，在书画文物安全问题上，经过实践分析和时间考证，可以看出不利之处，大大超过了有利点。化学药剂在清洗中运用不当，轻则损伤书画，重则使其毙命。其原因在于使用化学药剂过浓、面积过大、操作不当、洗后药剂残余未能冲净，从而导致化学药剂腐蚀纸、绢质地，降低纤维拉力腐蚀纸绢，而且也令书画墨色颜料失神，甚至变色。残留的化学药剂会在纸绢中继续发挥"作用"，即使在稳定的环境中，也会使得纸绢发黄、变脆，最后达到纸质纤维完全失去韧性，形成絮状，损伤的后果不堪设想。所以在从化学药剂性能及使用利弊的认识中，个人觉得最好不用化学药剂。在今天的书画文物修复中，一直强调慎重使用化学药剂，能清水去污则不用化学药剂，用则宜淡勿浓。但是谁也不能保证残留的药剂会彻底去除干净。试想，要去除干净，就要增加清洗次数，药剂的使用和清洗遍数的增多是对书画文的物叠加伤害，污垢是干净了，但是隐患呢？所以个人主张不使用化学药剂应用到书画文物中，每一件书画文物都经历了漫长的岁月洗礼，是古人留下的宝贵财富和智慧，时间和认知都基于保护书画作品的慎重考虑，更要以保护为基本原则，这也是经验教训的总结积累，切实发挥修复抢救保护书画文物生命延续的功能作用。

　　清洗修复只是抢救性的治疗手段，以防为主，防治结合，二者相辅相成，在清洗环节中要针对性地解决清洗不当的实际问题，必须坚持适当清洗的原则及标准。科学安全地进行修复清洗工作，防止书画在清洗过程中遭受不必要的损伤，使这些艺术瑰宝流芳百世。以上是自己的一点心得体会，不妥之处，敬请教正。

作者简介：王博，中国国家博物馆，馆员，北京东城区东长安街 16 号天安门广场东侧，100006。

七、文博工作巡礼

博物馆在线教育课堂的可行性探微

边　静

（天津博物馆）

摘要：博物馆在线教育课堂是互联网时代的产物，同时也是博物馆教育如火如荼发展的必然结果。将内涵丰富的文物资源整合成系统的学习课程，不仅补充了学校教育的空缺，更为博物馆爱好者带去便捷的学习体验。科学技术为传统的博物馆教育注入新的活力，也将推动博物馆事业在网络学习时代取得更大突破。

关键词：博物馆　在线教育　课堂

博物馆展现着自然领域、人类社会的繁复演进，为参观者提供微观或宏观启示。而博物馆本身也在时代变迁中受诸多因素影响，发生着顺应时序的变革。在科学技术手段的冲击下，博物馆不再拘泥于固定场馆，而是以便捷的形式出现在人们生活中。打开电脑可通过浏览博物馆官方网站掌握最新展览动态，走进数字博物馆了解展出中或藏于库房中的珍贵文物；打开手机终端以极具趣味的方式与博物馆展开线上互动，寓教于乐。这些潜移默化的改变正在逐步拉近博物馆爱好者与他们心心向往的文化殿堂之间的距离，由此博物馆在线教育课堂应运而生，教育功用与科技手段这两大重要因素使博物馆以在线课堂的形式出现成为可能。

一、博物馆教育职能日益突显

自社会教育作为博物馆职能诞生之日起，博物馆教育随着社会历史与知识体系的发展出现了不同形态的演变。从单向输出、较为被动的参观基本展览陈列，到针对不同年龄观众设计与展览相关的教育活动、扩展教育形式，日渐发展为受教者利用移动终端主动获取感兴趣的博物馆信息甚至足不出户即可掌握各大场馆的核心教育内容。如此一系列变化经历了漫长阶段，而教育作为博物馆职能的主体地位日益凸显。

2007年8月24日，国际博物馆协会在维也纳召开的全体大会上通过了经修改的

《国际博物馆协会章程》。章程对博物馆定义在 2001 年的基础上进行重新修订，将教育放置于三个目的之首，即博物馆是一个为社会及其发展服务的、向公众开放的非营利性常设机构，为教育、研究、欣赏的目的的征集、保护、研究、传播并展出人类及人类环境的物质及非物质遗产。

博物馆是一个非营利性的社会组织。2008 年 3 月以来，国内博物馆以免费开放的形式为观众提供公共文化服务，由此带来了观众数量激增的显著问题。此外，随着免费开放的深入开展，以静态展品展示为主，通过以展品为中心的文字介绍或讲解员的解说来实现展品与观众之间的信息传递，已无法满足观众多元化的参观学习需求。如何在保证观众总体需求的同时，减少参观的盲从性与随意性，让个体需求也得到重视和满足，成为近年来博物馆教育亟待解决的难题。众所周知，博物馆的主要服务对象是观众，"以人为本"、服务社会已成为博物馆实现硬件与软件合理配置的最终目的。而"以人为本"即为观众服务的人性化，也就是让技术的发展围绕人的需求来开展。

2015 年 3 月 20 日，我国《博物馆条例》（以下简称《条例》）施行。《条例》第二条表示："本条例所称博物馆，是指以教育、研究和欣赏为目的，收藏、保护并向公众展示人类活动和自然环境的见证物，经登记管理机关依法登记的非营利组织。"这是一个完整的博物馆新定义，与此前所有博物馆定义存在显著区别。它首次明确了举办博物馆的目的是"教育、研究和欣赏"，并且把教育排列第一位，突出博物馆的教育公益性，突出强化和强调博物馆的教育功能。

这一系列政策法规无不彰显教育在博物馆中扮演着越来越重要的角色，博物馆不再是孤芳自赏的神秘殿堂，而以其特有的文化魅力与亲和力频繁现身公众视野进而成为人们文化生活中不可替代的一部分。首先，在素质教育领域，逐渐打破传统教材束缚，积极将博物馆吸纳为新的学习阵地，引导学生自主参观认知历史、提升美学鉴赏能力。其次，随着社会发展，人们对于精神文化的需求日益多元化，无论从事何种职业、处于什么年龄段都有可能随时走进博物馆汲取养分，接受文化熏陶。因此，将博物馆教育与国民教育紧密结合，使博物馆成为提升全民素养的重要媒介，势在必行。

二、互联网技术使博物馆在线教学成为可能

在《2015 年国务院政府工作报告》中，李克强总理首次提出制定"互联网＋"行动计划，将互联网和各行各业结合起来，在新的领域创造一种新的生态。互联网绝非仅仅是一种技术手段或者平台，而是一个时代的象征，不仅可以和传统行业融合产生新的产业形态，更是全面覆盖人类生活方式，深入渗透社会各个领域，重新整合社

会资源的巨大力量。对于包括博物馆在内的现代公共文化服务体系构建而言，"互联网+"时代的到来从服务理念和技术两个层面上带来了重要机遇和挑战。在我国互联网发展过程中，PC 互联网日趋饱和，移动互联网呈现井喷式发展。人们通过智能移动终端操作相关软件，享受不同种类的应用与服务，这种简易便捷的方式是以往任何科技手段所无法比拟的。博物馆作为不可移动的自主学习场馆，往往因时间、空间限制而无法发挥全部功能。展馆的开放时间、临时展览、观众距离场馆的远近程度等都会成为博物馆观众前来参观时考虑的要素。在互联网的有力冲击下，博物馆顺势而为，在数字博物馆基础上利用网络与新媒体进行信息推广，诸如博物馆公众号、博物馆 APP 等数字化应用层出不穷。大量潜在的博物馆爱好者，可自由打破空间与时间的阻碍，利用移动电子设备进行全新参观体验，许多应用中特有的交互模式还可以对网络观众的提问进行反馈并间接收集大量数据，免去以往纸质问卷之不便，达到事半功倍的效果。

将在线教育课堂这一理念应用于博物馆教育是对诸多数字化应用的一种升华与完善，是整合零碎知识点使之成为系统全面的常识性梳理。当博物馆丰富的资源与先进的互联网技术巧妙融合，凡移动设备持有者都可能成为课程潜在受用人群，根据个人需要选择享受适用的课程体验，在学习体验的同时，借助新媒体的传播扩散，让更多人了解博物馆全新的教育模式，乐于参与学习。

对博物馆来说，在线教育课程的出现从广义上讲促进了文化遗产实体的保存与交流，拓展了博物馆服务的时间与空间，实现从"实物导向"向"信息导向"的延伸。狭义上而言，则是不断满足移动终端的体验者——观众的真实需求，观众可以根据个人需要自主选择"文化菜单"，使个人诉求得到最大满足。

三、博物馆在线教育课程例证分析

2016 年伊始，天津博物馆与南开大学传播学专业联合开发一款名为"博物馆公共教育在线平台"的学习系统，这一学习系统颠覆了传统课堂的学习形式，将知识传授与内化颠倒，以受教者为中心。与之相关的实践对博物馆在线教育课程可能性的探究具有一定指导意义，举几例进行简要分析。

1. 在线教育课程的易操作性

以天津博物馆"公共教育在线平台"为例，技术开发人员申请域名，制作专属网站。这一网络链接可以通过电脑或手机终端打开，转发链接还可借助社交软件传送给其他对此感兴趣的联系人。打开页面后，首先可以看到高清轮番大图，将最具代表性的文物信息展现给学习者。由于教育课程在尝试初期多与学校合作，因而在主页中合作学校一目了然，在校师生可通过点击自己的学校，输入用户名与密码完成登录进入学习界面。此外，主页中还相应推出在线课程、线下新展推荐等模块，从课程到信息的简洁设置给学习者带来便捷舒适的用户体验。

2. 教学资源的互动性

目前，各大中小学都开通了互联网，配备有现代化的教学设施，教育技术与信息技术的发展使博物馆教学资源延伸到网络课程中成为可能。学生登录学习界面后，即可开始观看课程，课程时长设置在 15 分钟左右，针对学生在课程结束后提出相关问题进行作答。回答合格者可进行下一步学习，不合格则需退回到视频学习页面，再次观看并作答。同时，学生对博物馆课程既可以在网页中随时记录笔记也可以提出问题等待教师或博物馆专业人士进行回答，增强互动体验，激发学习兴趣。这种课前视频、课堂训练、课后交流的教育模式近似于国外正在流行的翻转课堂，即学生自主观看教学视频、完成知识学习，具有以学生为中心、学生自主学习、师生互动、教师成为导师、直接指导和建议式学习混合、缺席学生不会被落下功课、教学内容永久保存、所有学生参与学习并获得个性化教育等特征[1]。

3. 在线学习功能的可开发性

打造博物馆在线教育课堂的目的是服务于社会各个年龄段，满足不同文化需求。课程以学校为试点，随时关注在校学生的用户体验，及时处理反馈，为日后将课程打造为个性化服务平台奠定基础。由于博物馆资源十分丰富，互联网也具有很大的探索空间，因此博物馆在线教育课堂前景广大。

四、结　语

博物馆在线教育课堂充分利用新兴互联网技术的基础上使博物馆资源得到全方位展现，实现了博物馆教育功能的最大化，真正体现"以人为本"的教育理念，是将博物馆教育推向全民教育的重要举措。与此同时，将"在线教育课堂"融入博物馆教育之中，需要博物馆工作者投入更多精力钻研教育学与网络技术，在信息量庞大的文物资源中多加筛选，源源不断地制作精简视频，开发教学资源，构造出一个适合自主学习、能够便捷获取学习资源的虚拟学习环境。在互联网大潮中摸索出一条易于新时代观众普遍接受的教育之路，是对博物馆的考验，更是对新时代博物馆人才的全新挑战。

注　释

① Jonathan Bergmann,AaronSams.*Flip your classroom. reach every student in every class every day.* ISTE and ASCD, 2012: 13-19.

作者简介：边静，天津博物馆，馆员，天津市河西区平江道 62 号，300201。

博物馆临时展览与社区教育

刘　清

（天津博物馆）

摘要： 随着时代的发展，人们的思想观念、价值取向、生活方式、文化消费等，都在不断地发生着变化。特别是"社区终身学习"成为时尚的今天，博物馆自然成了重要的社会文化教育场所。博物馆的免费开放，在拉近了博物馆与大众之间距离的同时，也使得人们对博物馆的要求与日俱增。博物馆的社区讲座被越来越多人认可，并逐渐受到重视，呈现出了欣欣向荣之势。内容丰富、主题新颖、展陈生动的临时展览，更是成了社区讲座中的主角。天津博物馆作为较早开展社区讲座的博物馆之一，已经积累了不少的讲座经验，先后举办过社区讲座 350 余场，观众数千人，并且创办出了自己的品牌，成了博物馆宣传工作中一道靓丽的风景线。

关键词： 临时展览　社区教育　宣传讲解　讲座

作为社会文化教育机构，博物馆有别于其他文化教育事业，通过收藏和征集的文物标本，传播历史文化知识。陈列展览便是博物馆主要的业务活动和重要的社会教育形式。博物馆的宣传教育职能，也是通过陈列展览来实现。2001 年国际博协将主题定为"博物馆与建设社区"，我国博物馆界在当时进行了大力的推广和宣传，社区教育成了博物馆的延伸方向，讲座成了主要的社区教育形式，博物馆的陈列展览则是最重要的宣传内容。因此，在办好基本陈列的同时，多举办临时展览在当前博物馆社区教育中占有举足轻重的地位。

一、博物馆临时展览的优势

临时展览是针对博物馆的基本陈列而言的，它一般小型多样，展品选择比较自由，陈列内容和艺术形式也比较灵活，补充和辅助基本陈列，活跃博物馆工作，激发观众参观博物馆的兴趣，增强博物馆对观众的吸引力，某些效果甚至是基本陈列所无法代替的。其基本特征有：① 内容新颖；② 形式多样；③ 机动灵活；④ 容易更换；⑤ 无时间限制；⑥ 不受博物馆性质的约束。

基本陈列是一个博物馆的灵魂，但其相对固定。经常举办多种多样、丰富多彩的临时展览，既可以满足不同观众的各方面知识需求，同时也为博物馆的讲座提供了更加丰富的内容，从而更好地实现博物馆的教育职能。

二、国内外对社区教育的理解

社区（community）这个词源于西方工业化社会发展初期，1881 年德国社会学家裴迪南·滕尼斯（F.J.Tonnies）将德语"gemeinschaft（一般译为共同体）"用于社会学。滕尼斯认为："社区是一种由同质人口组成的具有价值观念一致、关系紧密、出入相友、守望相助的富有人情味的社会群体。"可见，社区是一个"共同生活体"。它不仅是人们休养生息的地方，也是人们从婴儿到年老不断学习，实现自身社会化的大学校。从这个意义上来讲，人类从聚集生活结成社会关系的第一天起就有了社区教育，只是他与当今的社区教育有"传统"与"现代"之区分。由于世界各国有不同的国情和文化传统，一些发达国家分别从本国社区教育理论和实践途径来研究社区教育，因而形成对社区教育多角度、多视角的分析和解释。

美国社区成人教育学者布洛克菲尔德的社区成人教育实践类型学，提出社区成人教育有三种类型：一是适应民众需求开展的社区教育；二是以社区为学习资源的社区教育；三是为社区发展而开办的社区教育。这三种模式将社区教育的成人学习目的，从个人带向团体、从团体带向区外，强调从社区出发来开展社区教育活动，以彰显社区主体价值，耕耘地域文化，厚植社区教育。而韩国更是将社区教育看作是国家新社区运动的重要组成部分。

在中国，把社区教育作为一门独立的现代科学进行较系统的研究，已有十多年的历史了。如前所述，1978 年中国改革开放以来，随着社会现代化、城市化的发展和社区建设的兴起，具有时代特征的社区教育在上海诞生，并很快地在北京、天津、南京、大连、沈阳等一些地区产生影响，许多地区掀起了社区教育课题研究和学术活动热潮。1990 年国家提出"创建一流城市，实施一流教育"的同时，积极组织有关部门的专家、学者着手研究社区教育问题。近年来，国内学者割绕社区教育的概念、内涵、作用和意义等问题，发表了不少富有探索性的见解。主要归纳为几点：① 大众化；② 地域性；③ 服务性；④ 非营利性；⑤ 非正规性。

三、博物馆在社区教育中的作用

博物馆不断地推出新的展览和研究成果，丰富的博物馆藏品使得博物馆教育也随之丰富多维。国外一些发达国家将博物馆称为终身教育的场所，而在我国也把博物馆作为社会教育的一种延伸。从远古到现在，从社会科学到自然科学，博物馆丰厚的藏品都是其他机构无法比拟的，也被人们称为"立体的百科全书"，因而也成了最为理想的教育基地。

一个好的展览不能只局限于博物馆内，等待观众上门参观。更要通过多种渠道将其推广出去，走出博物馆，到群众中去。公益讲座也就成了一种最为直接而主动的知识传递方式。笔者通过近几年举办社区讲座的经验发现，我们不仅要针对大众的求知欲和他们关心的热点问题来选择主题，更要注重新颖多变，将临时展览作为讲座不可或缺的重要组成部分。

一个好的展览进行全方位的宣传离不开优秀的讲解员。无论是展览在馆里展出，还是带到群众中去举办讲座，都离不开优秀的讲解团队。通过讲解，让观众了解到文物的内涵和信息，帮助观众认识文物，了解文物，从而加深印象。因此，我们在注重展览与举办讲座的同时，更要注重我们讲解员队伍的建设。讲解员是博物馆的窗口，是反映博物馆精气神的代表，是传承文化的使者。然而，讲解员在博物馆展厅内的讲解与走进社区的讲座又有所不同，在展厅内讲解员可依据展厅内的实物全方位立体化的讲述，而在社区内的讲座是无法将真实的文物带去的，只能通过幻灯片的形式向观众进行阐述。因此社区讲座更需要讲解员完美的运用语言艺术和真挚的感情，讲述展览的主题和内容，教育和感染社区居民。在这一点上，天津博物馆的讲解员还是做得比较出众的，她们能够做到与观众心与心的沟通，零距离交流。讲解态度亲和，内容准确，重点突出，通俗易懂，对于居民提出的各种问题都能够耐心解答，在这十几年的社区讲座工作中始终保持着零投诉、零差评的优异成绩。为拉近博物馆与居民之间的距离做出了突出贡献。

四、临时展览与宣教工作

博物馆经常举办临时性展览，可以有效地促进宣教工作者的积极性和创造性，提高业务水平，从而有效地保证了博物馆教育职能的发挥。临时展览不同于基本陈列展览，由于它的特性是时效性短、针对性强。因此，对宣教工作同时提出了更新更高的要求，宣教人员要不断探索适应不同展览主题的工作方式和教育形式，围绕主题掌握大量的资料和广博的知识，根据不同层次的观众，进行针对性的讲解。在博物馆举办临时展览期间，宣教工作者大力开展各项与之相关的活动及讲座，加强馆际之间的交流，加强与社会各界的合作与交流，实现文化资源的互通共享。宣教工作者们各尽所能，不断探索，为每一次的展览发挥着自己的聪明才智。

临时展览可以说是激活博物馆的良方。搞好临时展览不仅是对基本陈列展览的补充，最主要的原因是它能够更有针对性地满足不同社会阶层、文化背景、年龄层次、兴趣爱好的观众的不同的精神文化需求，能够更好地促进社区文化交流，充分的挖掘并宣传博物馆的文化内涵，彰显博物馆的文化魅力。从而，成为普通老百姓求知、审美、休闲娱乐的文化活动中心。

作者简介：刘清，天津博物馆，馆员，天津市河西区平江道 62 号，300201。

探索博物馆与社区共建新思路

——以天津自然博物馆为例

芦 萱

（天津自然博物馆）

摘要： 社区是社会的细胞，由不同职业、不同年龄、不同层次、不同兴趣的一群人或机构组成。成熟且完善的社区一直是社区管理者努力的目标。随着博物馆文化的渗入，博物馆逐渐成为社区文化建设新伙伴。社区文化建设在博物馆文化的不断深入中获得新生。博物馆文化在社区文化建设中扎根、发芽，促进了博物馆社会教育职能的再提升。本文试图通过天津自然博物馆与社区共建工作记述，探索博物馆与社区共建工作新思路。

关键词： 博物馆 社区 文化建设 共建 新思路

"社区"一词起源于德国。在中国是由吴文藻先生首次提出的。我国大到城市、乡镇、农村，小至机关、厂矿、学校、街道和居民生活的住宅小区，只要符合地域、人口、区位、结构、关系这五大社区要素，都可视为完整的社区。近些年来，随着社会的迅速发展，人们越来越关注社区的文化建设和发展，并对作为社会性机构的博物馆有了更高的要求。同样，博物馆作为社区特定成员，一个不追求营利，以收藏、研究、展示及教育为目的，公开的永久性机构，面对社区文化建设承担着不容推卸的责任。因此，为社会和社会的发展服务成为博物馆进一步发展的目标。

一、博物馆与社区共建基础

（一）博物馆持续发展的需求

社区是城市的细胞，每个社区的发展都影响到城市的整体素质。和谐的人际关系、良好的居住环境与丰富的文化生活，这既是当今社区发展的主要目标，也是广大人民的切实需求。近年来，国家正逐步加强与注重社区的文化建设，以期由此获得更好的发展，也使得人民的切实需求得到满足。国际博物馆协会也注意到了这一发展趋势：1995 年在挪威举行的第 17 届国际博物馆协会大会上，将该年的主题定为"博物馆与社区"；2001 年国际博物馆协会将当年的博物馆日主题定为"博物馆与社区建设"。作为为社会及社会发展服务的机构，博物馆始终对社会及其发展给予了高度关注。因为博物馆对社区文化建设有着重要的意义：博物馆在社区教育中，可以满足公众观赏与学习的需求。博物馆有着较深厚的文化内涵，实行一种非常规教育，适合公众自主性学习。社会公众带着求知求美的愿望，走进博物馆，利用藏品、陈列、活动，满足自己观赏和学习的需求。博物馆以服务社区的姿态，积极主动地投身到社区文化建设中去，发挥自己在社区文化建设中不可替代的作用。随着社区教育的不断深入，博物馆与社区教育双向互动的关系会越来越密切，博物馆的地位和作用会越来越被重视。

2015 年，国家文物局颁布了《博物馆条例》（以下简称《条例》）。其中，第三十四条中专门提及了博物馆与社区建设的相关内容："博物馆应当根据自身特点、条件，运用现代信息技术，开展形式多样、生动活泼的社会教育和服务活动，参与社区文化建设和对外文化交流与合作。"《条例》的出台为博物馆与社区共建提供了制度保障，搭建了交流、共建平台，为博物馆提供了展示的空间。

（二）博物馆自身资源的优势

作为国家一级博物馆，天津自然博物馆于 2014 年迁入天津市文化中心。占地面积 5 万平方米，总建筑面积 3.5 万平方米，展示面积 1.4 万平方米。整体展示设计以"家园"为主题，讲述一个从远古到当代、从世界到天津的"家园"故事，让观众了解地球家园的悠久历史，展示我们生命家园的生物多样性及美丽天津的生态景观，反映人与自然和谐共存的重要性和必要性，提高社会公众的资源意识、环境意识和生态意识。

从博物馆与社区共建关系出发，博物馆努力加强自身建设，使之成为社区文化建设的一部分。博物馆要想在服务社区中有所作为，就要放下身段，加强与社区的联系，开展形式丰富的知识讲座、精品巡展、品牌活动等等，以丰富的文化资源和独特的专业手段，提供多方面、各层次的文化服务。多年来，天津自然博物馆通过展览、讲座等多种形式走进社区、学校、工矿企业、农村进行科学普及。2014 年迁入文化中心之后，着力抓好博物馆与社区共建工作，利用社区平台，向公众传播科学理念，推介博物馆文化，充分履行博物馆的教育职能和社会职责，让博物馆社会教育职能更接地气。仅 2014～2015 年一年期间，宣教部讲解员结合本馆基本陈列内容，为社区居民精心制作了《探秘恐龙世界》《穿越冰河世纪——古哺乳动物》《天空的精灵——鸟》《多姿多彩的水中生命》《长颈鹿姐姐的幸福生活》《陆地上的巨无霸——大象》《两栖爬行动物》《昆虫世界》《狂野非洲》《两极》《海底探秘》《神奇沙漠》《与博物馆同行》等 10 余个科普讲座课件，每周利用一个下午的时间，分别深入到我市河西区、河北区、红桥区、西青区、津南区进行了 60 余场科普宣讲，覆盖天津市 6 大区的 13 个社区。可爱的人偶形象、精彩的知识讲解、有趣的互动游戏组成的"三合一"宣讲模式，受到了居民的欢迎和喜爱。

（三）国家总体规划

2016 年 2 月，国务院下发了《全民科学素质行动计划纲要（2006—2010—2020 年）》。纲要中指出：科学素质决定公民思维方式和行为方式，是实现美好生活的前提，是实施创新驱动发展战略的基础，是国家综合实力的体现。实施社区科普益民工程，面向城镇居民开展科学教育、传播与普及活动。进一步加强公民科学素质建设，不断提升人力资源质量。提升社区居民应用科学知识解决实际问题、参与公共事务的能力，提高居民健康素养，促进社区居民全面形成科学文明健康的生活方式，促进和谐宜居，富有活力，各具特色的现代化城市建设。可以说，博物馆与社区共建是对此纲要最好的解读。

二、博物馆与社区共建中存在的问题

（一）博物馆与社区关系有待加强

博物馆与社区的发展应是紧密相连，二者相辅相成，互相促进的。社区因博物馆所在而使文化品位得到提高，博物馆也因为社区提供完好的服务而使其功能得以延伸。尤其不可否认的是，一个博物馆在本地域内的影响力是与它在本地域内的活动密切相关的。博物馆作为一个区域的文化单位，负载的不仅仅是一种文化的传播，更具有这一区域内文化传播代言人的角色。

对于社区来说，社区居民分为三类：一类是学生，学生平时上学，周末是课外班，无暇关注社区活动；一类是生活条件相对好点的人群，对文玩字画古董等内容比较喜欢，对文物鉴赏的内容感兴趣，自然科学不是他们关注的重点；最后一类就是比较关注与自己生活最贴近人群，他们对保健、保养、柴米油盐最实惠的活动和讲座感兴趣，认为自然科学的讲座与其实际生活没关系。一来二去造成博物馆与社区的关系很尴尬。你来，我也不反对，你不来，我也不关注。一方面，社区不愿接博物馆的活动，嫌费时、费事，没有效果，她们更喜欢承接文艺类的活动；另一方面，博物馆不愿去社区，嫌掉价、无聊，不易出业绩，实属无奈之举。之所以出现这种情况，源于二者都没有很好的解读对方，彼此没有真正认识到合作共建的重要性，加之一些客观因素，以至于造成现在的局面。

曾有博物馆界权威人士指出："博物馆，尤其是常趋向于以建筑为中心的城市博物馆，需要认识到这点，学会扩大城市内部的关联范围以提高运行效率"。这就要求博物馆与博物馆所在社区合作，将城市不分地区转换成活生生的博物馆，让参观者更深刻地感受其呼吸与脉动。博物馆与社区都要从各自的角度与空间进行不断地延伸，以便适应文明发展的需要。

（二）博物馆专业教育人才的培育应提上日程

目前中国大部分博物馆的教育部门是以讲解员为主，她们来自不同专业，工作以讲解为主。所以宣传教育活动也自然而然地由讲解员来承担。久而久之，形成一个误区，讲解员就是教育人员。从多年实践与博物馆事业发展趋势来看，其实不然，博物馆的教育工作不是讲解这么简单的事。二者有交叉，也有区别，不能混为一谈。如何更好地培育博物馆教育人才，可以从两方面入手：一方面，让具有教育专业的人才来实施高端教育。他们懂得什么是因材施教、因人施教。利用他们的专业知识和能力，融合博物馆传播、教育职能的理念，打造专业的博物馆教育；另一方面，从现有的讲解员中培育，做普及教育。讲解员在讲解、实践等方面有经验，博物馆为她们搭建更多的学习平台，提供转型的机会。

三、博物馆与社区共建新思路

每座城市都会有其代表性的博物馆，但每个区都建立博物馆几乎是不可能的。因此，充分发挥社区的优势，把博物馆文化带进社区就显得尤为重要。天津自然博物馆利用自身的文化资源和人才优势，探索合作共建、互利共赢的模式，树立共建典范。

习近平总书记在 2016 年全国科技创新大会、中国科学院第十八次院士大会和中国工程院第十三次院士大会、中国科学技术协会第九次全国代表大会的"科技三会"上强调："科技创新、科学普及是实现科技创新的两翼，要把科学普及放在与科技创新同等重要的位置，普及科学知识、弘扬科学精神、传播科学思想、倡导科学方法，在全社会推动形成讲科学、爱科学、学科学、用科学的良好氛围，使蕴藏在亿万人民中间的创新智慧充分释放、创新力量充分涌流。"因此，博物馆把关心社区、研究社区、服务社区作为自己的实践目标时，它就会从社区获得社会效益和经济效益的回报，从而得到自身的发展。

（一）做好基础传播与交流

博物馆作为一个文化场所和教育机构，传播和交流是其极为重要的管理手段，传播是基础，交流是提高。举办陈列展览、编印辅导参观说明书和导游手册等，是博物馆为社会提供文化服务与特殊精神产品，实现其社会功能的主要方式，属于博物馆单方面传播；通过开展不同主题活动、辅导学校教学、开展社区讲座等则是双方交流的体现。在传播的基础上，有了双方的交流，不仅增强了公众的认知，也更好的发挥博物馆教育职能。没有传播谈何交流，没有交流难以提高。2014 年在西青区社区服务中就有很明显的体现。走进西青区社区宣讲一共安排了 9 次，在前 2 次宣讲过程中，人数很少，且出现中场离开情况，后来我们认真听取社区居民的反馈意见后，了解到我们的宣讲到底在哪些方面出现了问题，哪些内容受到欢迎，哪些位讲解员讲得好。回来后，我们根据反馈意见，做了改进和完善，慢慢地人数逐渐增加，有的居民宣讲后都不愿意让我们离开，希望我们再多讲些内容，同时还主动地为我们做广告。只有做到不敷衍，不作秀，博物馆教育职能才能真正得以体现。

（二）重参与体验，增强认同感和归属感

社区公众对博物馆充满了兴趣与期待，他们对博物馆的业务工作接触不多，但迫切希望参与其中，体验快乐。博物馆要创造机会，开展活动，让公众参与陈列与布展，要通过多种方式，了解观众对展览主题、展品的态度，了解观众可能提出的问题，了解观众的特殊兴趣、信仰与爱好。在陈列设计和布展工作中，不仅要把社会公众的意见纳入陈列，还可通过社区居民亲身参与陈列布展设计工作，体验其中的点点滴滴，使其对博物馆有更加透彻的理解。一方面提高博物馆陈列的质量，另一方面激起观众对博物馆的兴趣与热情，增强观众的认同感和归属感。

（三）在博物馆为社区"安家"

博物馆是社会公益事业，是公民终身教育的课堂，体现了文化性、群众性和标志性。反之，社区教育以一定区域内的公众为对象，运用人们喜闻乐见、寓教于乐的方式，达到潜移默化的结果，具有地域性、群众性和普及性。博物馆应该是社区文化及其社会生活不可或缺的组成部分，不论其规模大小，都应是社区居民学习的理想环境。博物馆可利用自身资源，为社区开辟一个临时展厅，面积不宜过大，由社区居民自行组织策划属于自己的展览，经过申请、策划、论证、设计、布展、宣传、展示、讲解

等全方位、全过程的体验，从而了解博物馆展览是如何呈现在公众面前的，接受公众检验的。

四、结　语

博物馆与社区两者之间既有区别又密不可分。一方面，它们之间相互依存，相互促进，博物馆包含于社区教育之中，有着极大的共性；另一方面，由于两者的教育内容、方法和手段等存在差异，都有其独特的个性。两者的相互作用，共同推动着社区文化建设，使内容更加充实、形式更加多样，从而更好地满足群众日益增长的精神文化需求。社区要引导公众走进博物馆，对博物馆的发展、陈列和教育等方面提出自己的见解，从而形成博物馆、社区和公众三者之间的良性互动，共同把社区教育推向更深的层次。总之，社区因博物馆之所在而使文化建设得以发展，博物馆也因社区提供的完善服务，其展示、传播、教育等职能得以延伸。

参 考 文 献

《全民科学素质行动计划纲要实施方案（2016—2020）》，科学普及出版社，2016年。

单霁翔：《探讨社区博物馆的核心理念》，《北京规划建设》2011年第2期。

王宏钧：《中国博物馆学基础》，上海古籍出版社，2006年。

自庶：《博物馆要融入社区，服务社会》，《中国博物馆》2004年第2期。

自庶：《社区需要博物馆，博物馆也需要社区》，《中国文物报》2001年5月16日。

作者简介：芦萱，天津自然博物馆，馆员，天津市河西区友谊路31号，300201。

借鉴国外经验做好引进展览的商业运作

周晓丁

（天津博物馆）

摘要：一个好的博物馆要努力做好基本陈列展览和临时引进展览，引进的展览要积极开展商业化运作，参照国外经验，可以在展览场地选择、展览运营模式、公共关系、宣传形式、文创产品开发等方面开辟新的方向，要抓住观众的兴趣点，并积极利用微博、微信、社交网络等新媒体方式，做好展览的宣传工作。在引进展览的选择上要选题准确，多种渠道引进优秀展览，创新办展理念。

关键词：引进展览　商业运作　网络宣传

随着我国城市文化建设力度进一步加大，博物馆在文化建设中起着越来越重要的作用。一个好的博物馆只靠几个基本陈列已无法满足观众日益增长的文化需求，只有不断引进各种优秀临时展览，才能犹如江河，永无休止、源源不断地为观众提供精神食粮。努力做好基本陈列展览和临时展览，也是博物馆工作的重中之重。而引进一些世界优秀的高端展览，也成为博物馆丰富市民文化生活，提升全民文化艺术修养的一个有力手段。

这种引进的高端展览大多数费用高昂，各级政府要投入大量的经费予以补贴。以天津为例，为鼓励引进优秀的展览，天津市文化广播影视局、天津市财政局联合出台《支持高端演出、高端展览和公益文化普及活动专项经费管理暂行办法》，明确规定引进的高端展览必须是指利用国内外著名博物馆、艺术馆、美术馆等珍贵藏品、重要文化艺术品或知名艺术家作品而开设的具有较高文化和历史价值的系列展示活动。随着各级政府对于文博行业一系列密集财政补贴政策的出台，尤其是近年来国家加大对文物及博物馆的支持力度，国有博物馆已先后实行了免费参观制度，使得国有博物馆在经费上有了有力保障，可以一门心思做好自己的业务，不再为用钱而捉襟见肘，但同时这也使博物馆很容易丧失对展览进行商业化运作的积极性和主动性，造成引进展览的商业性开发明显落后。

在现实的艺术环境和发展格局下，一个艺术门类如果想形成气候并且蓬勃发展，所需要的条件基本包括：良好的艺术传承与创新、优秀创作人才的培养与储备、系统的推广普及，更重要的是商业化的程度。

推动展览的商业化运作也是如此，在市场经济下，如果没有资本的持续进入，之前的艺术积累就很难成体系地形成聚合效应，最终这个艺术门类还是很难形成气候，仍然是少数人的阳春白雪。

那么，既然艺术难以避开商业，那么展览如何与商业化结合呢？我们不妨先看看别人是怎样做的。

一、博采众长，吸取先进经验

秦陵兵马俑被誉为世界第八大奇迹，每年都有数以万计的外国游客不辞辛苦漂洋过海专程到中国西安去拜见这支 2000 年前的中国陶俑军团。兵马俑也是我国文物对外交流的重要领域，但因为兵马俑的珍贵，对于兵马俑的出国展览，国家文物管理部门也有很严格的规定，这就造成更多的国外观众无法一睹兵马俑真迹的风采。"需求存在，供给不足，这就产生了商机"。兵马俑的知名度、吸引力，国外观众对亲眼参观兵马俑的渴望，使得国外一些展览公司从中发现了机会。近两年，奥地利一家 EMS Entertainment 艺术公司则干脆直接打出复制兵马俑的牌子，在欧洲各大城市举办巡回展览，既减低了高额的借展费，同时也宣传了中华文化，制造了轰动效应，在赚足眼球的同时，也获得了巨大的经济效益。据不完全统计，复制兵马俑展览已经在德国、比利时、奥地利、荷兰等欧洲国家的 15 个城市展出，参观人数超过了 300 万人次。

该展览以纯商业运作方式进行，为了吸引更多的观众，主办者没有将展览安排在我们熟悉的博物馆举办，而是别出心裁地将展览地点都安排在所在城市的商业中心、著名酒店和大型社会活动场所，这些场所地段好、人气旺，观众数量能够保障，同时地方政府也有意为商业区域增添文化氛围。展览组织者和场地提供者等方面很容易达成合作共识，政府也乐得其中。该展在荷兰海牙的展览地点就选择在当地最有名的商业中心，是当地的地标性建筑。为塑造和提升该区域的文化品位，该商业中心还专门开辟了 1000 多平方米的展厅，并选择将兵马俑复制展作为第一个重大文化活动。

此次展览的宣传同样别出心裁，不仅有传统的媒体宣传，还带有商业营销的特色。为了更贴近当地受众，他们一再强调兵马俑特有的历史价值和如何难以走出中国国门，吊足了观众的胃口。同时充分利用全媒体宣传，为展览制作了网站，开通网上订票功能，并使用 Twitter、Facebook 和当地的一些社交媒体，制作网络新闻，扩大公众影响，同时进行巧妙政府公关，让当地政府把该展览作为提升城市文化形象的重大文化活动来对待，并为展览的成功举办提供了尽可能多的帮助。为了面向普通观众，特别是注意吸引学生和儿童，推出学生特价票和家庭特价票，激发孩子们的兴趣，引导孩子们主动地去发现兵马俑的相关知识。为了达到预期的展览效果，展览组织者的确下了一番功夫。他们对展览的文字说明进行多次修改，配以清晰的中国历史纪年表，并和西方的历史年表相对比，以便于普通观众理解中国悠悠历史长河中每一个章节的精彩。

二、利用网络的力量，做好展览的宣传工作

进入 21 世纪后，微信、微博及社交网络异军突起，大有取代传统媒体之势。博物馆举办各种展览，也可利用这一新兴媒体的特有优势。就是充分利用微信、微博的网络力量，发布展览信息、展览图片、展览思路甚至是展览大纲等，与网友互动并广泛联络各种合作可能，发挥微博的"围观"效应，形成对展览的宣传、推广、互动、交流。建立广泛听取社会各界观众建议的策展筹展模式，确定馆方与网络民间文博爱好者群体的合作思路。

从展览的策划、布展、宣传，到抽象的展览理念或是具体的展牌说明文字和说明图画等，网络的影响始终可以贯穿其中，可以提前将展览的所有动议、策划、方案实施都从微博上发布，从微博中听取反馈意见，精心组织专业人员对网友反馈的意见进行整理评估，并将修改后的展览方案再次公布，形成展览主办者、义务参加者及网友在微博上的良性互动与沟通，这可以看作是利用网络力量筹办展览从而更好地吸引、打动观众，发挥博物馆文化教育功能的一次新的探索和实践。事实证明，网络的力量是无穷的，在网络时代，眼球经济是一个最关键的词汇，展览商业推广同样要有广大的受众，关注的人多了，商机也就出现了，届时商业投资会不请自来。

三、精益求精，开发文创产品

文创，简单理解就是文化创意产业，文创产业应当以一个崭新的视角切入到文博展览的商业性开发中去。涉及博物馆展览的文创就是依托博物馆的展品及藏品开发出的文化创意产品。国外及港澳台地区博物馆文创产品开发起步较早，对于大多数国有博物馆，文创产品还是个崭新的概念，在国家政策的有力支持下，近几年博物馆的文创发展势头良好，博物馆文创产品的开发顺应社会发展的需要，不仅对博物馆的文化传播和教育推广起到巨大的作用，而且给博物馆增添了新的活力，吸引更多的人到博物馆参观，拉近了博物馆与公众的距离，同时也带动了博物馆自身经济的快速发展。以天津博物馆为例，作为全国博物馆文化创意产品开发试点单位，自 2017 年以来，已开发了上百种文创产品，这个成效和力度是往年不具备的。在看到成绩的同时也要清醒地认识到存在的问题，如经费紧张、经验缺乏、政策不完善、特色不鲜明文创产品同质化严重等。

当前，随着国家对于文博单位文创产品开发政策已逐步明晰，作为文博单位要充分利用好政策，集中资源调动本单位的积极性、充分发挥市场主体作用、加强文化资源梳理与共享、提升文化创意产品开发水平、建立完善的文化创意产品营销体系、做好文创产品品牌建设与保护工作。只有真正将文创产品开发的产品结构充分优化、调整，在创意、设计、制作、生产、宣传、营销、服务等一系列环节衔接起来，才能形成完整、成熟的产业链，才能真正对博物馆展览的商业性开发起到补充作用。

四、做好调研，明确努力方向

目前艺术展览商业化运作不成熟主要体现在三个方面。首先是国内还没有形成艺术展览的赞助市场，其次是观众的消费习惯还需要培养，第三，缺乏有商业操作经验的专业人员。要采取相应措施应对这种困局。

（一）展览选题要准确

博物馆举办展览的目的是将美展示给大家，这就要求我们在展览选题上要选择那些能引进观众共鸣的展览，2012 年在北京中华世纪坛展览馆举办的"狂想的旅程——大师达利互动展"正好为艺术展览的商业化操作做了很好的诠释。作为一个展品价值高，完全遵照市场化规律运作的展会，达利展的意义似乎已经超过了展会本身，也许代表着未来艺术展览市场的运作方向。以往国内的展馆或博物馆，习惯于有政府支持的文化交流活动，运作中即使号称商业化操作，能够有所盈利的，往往也是在不计成本的情况下得出的。展馆一般只是提供场地的角色，被动地等待展览上门，坐收租金，很少主动选择项目或者以展馆为主体对艺术展览进行较大的前期投入。而达利展是一个没有政府支持，完全市场化操作的展览。为了这个展览，主办单位承受了巨大的经济压力，前期的保险、宣传、运输费用就是一笔不小的开支，但是达利展作为一个市场热点被挖掘出来，也正因为展览选题扣住了市场脉络，被市场所接受，因此展览取得了巨大成功。

随着中国经济的发展，人们文化生活水平不断提高，艺术展览的市场必将进一步扩大，做高档次的、大型的展览势在必行，而这种艺术展览必然伴随着较高的保险和运输费用。展览的市场化操作意义重大，首先，意味着主办方可以根据市场需要，拥有选择的权利。其次，市场化运作意味着充足的前期调查工作和精心的展期选择。再次，通过前期调研，可了解观众的兴趣点，也意味着展览的盈利点。而且市场化操作还意味着高昂的前期投资、繁琐的合同和规范的操作。这对国内的主办者来说，这是一个练兵和学习的过程。

（二）多种渠道引进优秀展览

在国内文化大发展大繁荣的当下，受欧洲债务危机影响，欧盟国家普遍实行紧缩的财政政策，大幅度削减文化支出，很多当地的文化机构如博物馆、展览馆、基金会等开始寻找国外的资金和市场，这和我们引进高水平展览的愿望正好吻合，我们要抓住这个机遇，而且除了和传统的博物馆、基金会交流沟通外，更要和当地主流的商业展览机构联系合作，曾和意大利方面的文博专家有过面对面的交流，他说意大利的各博物馆特别的"社会主义""希望只拿钱，不干活"，为此国外的很多博物馆没有进行文物交流的动力和机制，而国外的一些专业展览公司以盈利为目的，会推动国外高端展览的交流与合作，在具体运营中还可以主动联系我驻国外使、领馆，寻找优秀展览，学习运作模式，探索合作可能。

（三）创新办展理念

任何改革都来自观念的创新，不仅要有以专家为中心的展览设计模式，也要有以观众为中心的展览设计模式。以专家为中心的模式，知识性强专业性强，适合学术研究；以观众为中心的模式，互动性强趣味性强，适合大众参与。以前我们的展览多以专家为中心，对普通观众的欣赏习惯考虑不足，这是我们需要改进的地方。

（四）切实做好项目运作和媒体推广

根据展览类型的规格制定详细的展览运作和媒体推广方案，注重整合营销宣传，尤其是现在流行的网络和社会媒体的力量不容小视，把握好宣传的节奏，从前期的消息释放，中期的话题制造，到后期的综合报道，逐步提高观众的认知程度。同时要增强市场运作理念，以市场运作的手段，将艺术展览推向市场，实现社会效益和经济效益的双赢。

作者简介：周晓丁，天津博物馆，馆员，天津市河西区平江道 62 号，300201。

八、文化刍议

《卜砚集》初探

傅亚冬[1] 刘 伟[2]

（1.天津博物馆 2.天津市文化广播影视局）

摘要：《卜砚集》的行世，不仅是桥亭卜卦砚流传的重要佐证，更体现了水西庄查氏家族的历史文化影响，从中可以了解天津文化史和文物集藏史的诸多现象，而一砚一集能够并行于世也是不多见的文化现象。《卜砚集》流传范围不广，未能引起学术界的认识。本文试图从文化与文献的角度入手，初步梳理出《卜砚集》的基本情况，以期能够为进一步的学术研究提供基础。

关键词：卜砚 《卜砚集》 集藏

　　"叠山大节匪石坚，月东佳话今同传。查侯什袭慎守旃，此人此砚同千年。"这是清代乾隆年间进士陆锡熊所作的诗作。诗中所题咏的对象为桥亭卜卦砚，是津门水西庄主人查礼（一名为礼，字恂叔，号俭堂、榕巢老人）收藏，后几经辗转仍幸存于世，现藏于天津博物馆，而陆锡熊的这首诗也被查礼的好友毕沅收录于诗歌总集《卜砚集》中。

　　《卜砚集》上下二卷，清乾隆陕西巡抚毕沅编订，初刻于清乾隆四十九年（1784年），未见，现存有清道光元年（1821年）查氏后人查林的宝拙堂重刊本，半叶十一行，行二十一字。是集卷首收有卜砚拓片两张及砚上题词，并专收题咏卜砚的诗作28篇，除首篇为查礼的自志及铭文末篇为词外，余下均为古体诗作。集中作者如陈兆仑、钱载、钱大昕、王昶、程晋芳、毕沅、洪亮吉等皆为清代中叶的文坛名家，但集中作品往往多是应和之作，相较于浩如烟海的清诗而言恐难臻中上乘，谈不上有什么突出的文学价值和艺术成就，这恐怕也是这部诗集长期以来不为人所关注的一个主要原因。但是，此集对于进一步了解津门查氏家族的历史文化影响、对于深度挖掘文物背后深层次的文化特性等方面都有其不可估量的作用所在。况且，一砚一集能够历经数代而并行于世，无论是在文物史上、还是在文学史上都是极为罕见的，内中原因亦当引人关注。

一

　　《卜砚集》事关桥亭卜卦砚，而此砚自身又极具传奇色彩，其所体现的内中文化价值也绝非一般的古砚所能比拟。《卜砚集》的刊行缘于后人景仰前贤而由作，欲明《卜砚集》，不能不先了解一下卜砚的来源与流传经历。

据史志记载，雍正初年，天津文人周焯游城西海潮庵，偶于佛座下得到一块古砚，砚上有题字"宋谢侍郎砚"及署名为元人程文海和明人赵元的题词，周焯据此断定砚为南宋遗民谢枋得隐居建阳卖卜所遗之物。谢枋得与文天祥并称"文谢"，均为宋末爱国人士，《宋史》《昭忠录》等史籍对其事迹均有详细记载，其不仕新朝、严词拒征、绝食而亡的事迹亦受到后代文人的敬仰。周焯本性雅爱收藏，《（民国）天津县志》记载他"坦直不设城府，生平重然诺，持大节，好尚高雅"，得砚后视为珍宝，"日摩挲于案，夜即抱以寝"①，以"卜砚山房"为书斋名，并与好友查礼、汪沆、万广泰等人时相过从，共同赏鉴。作为水西庄查氏家族后人，查礼也颇好收藏且交游广泛，与周焯相交莫逆，《铜鼓书堂遗稿》中收有大量与周焯的交游和怀念之作，查礼后人查林亦曾言"大父终身交，曰惟周字密"②，可见查周二人交情深厚。查礼对此砚情有独钟，周焯生前亦曾允诺死后转赠，临终之际践守诺言，命其子万里封题将砚寄送至时在广西为官的查礼处（一说是其子亲自送至查礼手中）。当查礼亲手拆开包裹见到这方久已钟爱的名砚时，不禁念及故乡亡友，"潜然不自知其涕之交颐也"③。

查礼得砚后，愈加珍惜，"宝玩第一"④。乾隆二十七年（1762年），查礼丁忧居京师，直至乾隆三十二年（1767年）八月再次出仕这一时期内，曾数度与京城士人诗酒唱和。如乾隆三十一年（1766年）九月，与钱载、王昶、吴璜、吴省钦、曹仁虎、程晋芳等十余人聚饮于宣南澹南居。同年冬至后六日，钱载邀查礼、纪复亨、程晋芳、毕沅等聚饮。聚会中，查礼每每出示卜砚与众人观瞻，讲述此砚的来历，座中人大多题诗以贺，追思谢枋得的爱国之举、褒扬周焯的重诺之行的。当查礼补授宁远知府赴任前，文坛领袖陈兆仑手书作有《桥亭卜卦砚歌》，其真迹尚传于世。以上这些诗作均收录于《卜砚集》中，成了其中的主要部分。

在四川的十余年间，查礼先后任宁远知府、四川按察使、布政使，并参与了平定小金川、北征果罗克等战事，桥亭卜卦砚亦常伴随左右。由于平乱治蜀有功，乾隆四十七年（1782年）九月，清廷升任查礼为湖南巡抚。在赴京入觐途中，查礼拜会了时任陕西巡抚的毕沅，谈话间复又谈及卜砚，座中人不仅啧啧称奇，时洪亮吉也在座并作诗纪之。查礼将历年来题咏卜砚之作抄录一份交毕沅保存。是岁年终，因在廷对中偶感风寒，查礼未及到任即病逝于京。两年后的乾隆四十九年（1794年），为了纪念与查礼之友谊，毕沅将手中保存的题咏卜砚作品汇集成编予以刊行，名之为《卜砚集》。

查礼故后，桥亭卜卦砚由查氏后人收藏。道光年间，水西庄逐步衰落，有查氏族人将此砚变卖于北京大兴刘位坦、刘铨福父子手中。庚子乱中，此砚散落民间。民国年间，寓居津门的著名文物收藏家徐世章于书肆中以800银圆的重价购得此砚。徐世章每获一物，必多方搜求与之相关的各种资料，在得到这方卜砚后，经多方搜求复购得谢枋得《叠山集》及一些卜砚的拓片。或许徐世章并不知道有《卜砚集》，否则亦必将不惜财力多方搜集，我们从中也可见其流传范围并不广泛。中华人民共和国成立后，徐氏后人将包括卜砚在内的众多文物捐赠国家，故卜砚得以完好保存于天津博物馆。

以上就是桥亭卜卦砚和《卜砚集》流传的一个基本脉络。需要指出的是，关于卜砚的真伪情况学界历来存有争议，如对水西庄与查氏家族研究颇深的刘尚恒先生即极度肯定此砚"当属谢枋德之故物，即宋元古砚，即使退一步说，此砚最晚不应在明永乐十四年之后"[⑤]，而吴笠谷先生则在《谢枋德桥亭卜卦砚——徒叹砚事留传奇》一文[⑥]中持论截然相反，依据《建阳县志》等记载指出"永乐年间，建阳朝天桥尚无建叠山祠事"，而直断此砚为伪，"作伪者，尚属有心人，只还难称细心人"。而更多的人则是抱有一种谨慎、怀疑的态度。客观而言，在现有条件下，尚不足以据现有资料断定卜砚即为谢枋得所遗之物，这需要今后有更多的历史文献资料的出现和科技技术的应用，但是，自雍正以来三百年间，卜砚传承的有序传承以及其在几代士人中的影响当不容忽视[⑦]。之前的种种论断仅仅是就砚而论砚，却忽视了砚背后所凝聚的重要文化价值，《卜砚集》的存世无疑也是砚的价值所在的一个重要佐证。

二

我们知道，文化的兴盛根因于经济。由于天津所处为运河要冲，也是入京的重要通道，同时具有沿海等优势所在，在漕运与制盐业上极为发达。特别是清代以来，盐商的兴起和盐业的发达直接刺激了天津文化的繁荣。为了提升自身文化修养，盐商们往往会结纳贤俊，师友唱和，从而汇聚了大批文人雅士，也带动了天津早期集藏文化的发能。从某种意义而言，漕盐兴盛是津门集藏文化兴起之源，而文人的带动和影响则是津门集藏文化之流。

天津早期集藏极具特色。据研究者认为，雍正乾隆年间是天津文物集藏活动的鼎盛时期，以沽水草堂主人安岐和水西庄查氏家族等为代表。安岐不仅藏有陆机《平复帖》、范宽《雪景寒林图》、《墨缘汇观》等，且刊刻孙过庭《书谱》真迹而名动天下。查氏家族以盐业起家，但亦重文风，查为仁著有《莲坡诗话》和《绝妙好词笺注》，而后者更是被收入《四库全书》中。除桥亭卜卦砚之外，查氏家族还收藏有明沈周绘《荆树再花图》、文徵明绘《枯木竹石轴》等，金石鼎彝类如宣德炉、明方于鲁制墨马等[⑧]。正是当时天津这种集藏风气的影响，集聚了一批雅爱集古的文人名士，也才有了周焯偶得卜砚进而转赠查礼的系列因缘。

同时，我们也发现，天津集藏文化中还有一个重要现象，那就是不仅注重集古，更尚崇贤。周焯、查礼之所以推断砚为南宋谢枋得所遗之物，主要是根据砚上程文海、赵元等人的题铭。应该说，如今看来这种评判有些简单，但是苛求几百年前古人的鉴定水平是不现实的，周、查及众多文人对此砚深爱有加并非仅因其文物价值，更是借助咏物来传达对前贤的追思与敬仰，这一点我们能够从《卜砚集》的字里行间中得到印证。一方面，文、谢齐名并重，但谢枋得更代表了另一种不畏强权、处世自宁而又能在大节前泰然处之的文人品格。特别是在建阳卖卜之时，"有来卜者，惟取米屦而已，委以钱，率谢不取"⑨，这样的表现与士人精神追求相契合。元廷屡次征荐不为所动，而被强征入京时更是以死相抗，这样的举止又非常人所能。另一方面，周焯虽晚年贫病交加，却仍能践行重诺，不远千里以砚寄赠故友，成为一段文坛佳话。谢枋得的忠与周焯的义凝成了《卜砚集》的两大主旋，借宝砚以怀念先贤、借咏砚以咏人也构成了《卜砚集》的情感基调："正气棱棱迥不灭"（王昶诗），"停樽欲酹忠臣酒，炙砚惭无放胆文"（钱大昕诗），"吾侪嗜古非偶然，物关节义情尤关"（钱载诗），"周生青眼抱之归，默许素心成递禅。不是查侯集古勤，劳劳公等何由羡"（陈兆仑诗）。

此外，我们还可以借助《卜砚集》来辨别真伪。现存的所谓桥亭卜卦砚不止一方，还有多方存世，而且造型迥异，题词亦差别很大，孰真孰假历来争论不休。但是，由于《卜砚集》收录了卜砚的拓片，而诗中每每引用砚上的题词，这些都与天津博物馆所藏相一致，从而有力地佐证了只有这方砚才是自周焯、查礼以下流传三百年的桥亭卜卦砚，其余各种其伪处自可不辨而明。

三

《卜砚集》本身也有一些不足之处，约略有以下几方面。

其一，失题失序现象严重。集中除首篇收录了查礼的诗作（严格地说应该是铭文）的题目及序文介绍了得砚经过之外，其余各篇均存在着失题失序的问题。在现有条件下，经我们尽最大可能，逐一检查作者的文集、手稿及一些文献资料，查检出了集中14首诗作的题目和9首诗的序文。不要小看这些看似无关紧要的诗题诗序，其中不乏存有重要的信息。比如，陈兆仑的《桥亭卜卦砚歌》有作者手书真迹传世，自序落款署"乾隆丁亥八月望后十日也"，而丁亥年八月也正是查礼即将赴蜀任职时候，从中可见查陈二人之交并非泛泛。同样，毕沅、吴省钦、程晋芳等人的序文中也都明确记载了乾隆丙戌年九月，查礼与钱载、王昶、吴璆等十余人聚会于宣南之澹南居，把玩卜砚，各赋以诗，各家诗序足以相互印证。这些如果只是单纯依据《卜砚集》是看不出来的。

其二，《卜砚集》与各家文集收录作品存在着一些差异。这些差异往往是字词之别，无关宏旨，但是也有一些异文值得深究。比如对程文海（字钜夫）的评价就有很大争议，一种观点认为其荐贤有功，而另一种观点认为其是由宋入元的"贰臣"。陈兆仑手稿诗注中认为"钜夫晚节为差",而《卜砚集》却作"钜夫晚节为善",一"差"一"善"意味迥然。善、差形近,或许是传抄致误,如果没有见到作者手稿,或许这种误会还会要继续下去。

此外,有的诗作亦收录于其他文献,通过比较我们会发现其中差别甚大。如卷下所收载万光泰的诗作,又见于华鼎元《津门征献诗》卷四"周焯"条下,但却存在着极大差异。《卜砚集》此诗作:

> 信州城下兵如蚁,信州守臣鼓声死。天堑长江渡若飞,何况安仁半溪水。国亡母老全身隐,犹抱江南人物耻。寸长尺短总何为?季主郑詹聊尔耳。冰霜一代遗民在,如水有砥澜有砥。西台恸哭既姓同,柴市成仁亦乡里。建宁市中碧血青,海津镇上鱼盐腥。五千里外见残石,得之野庙非吴舲。雪楼题字识径寸,其后遍以夷齐铭。麻衣草履人已远,犀纹鸲眼光常荧。一时荐贤本为国,芝兰反受当门刑。陈畴抱器古岂乏,桥亭终胜鸥波亭。周侯爱研如苍璧,不写辞章写经籍。三楹草屋出郭长,一道河流对门碧。信州旧事多遗佚,欲执残编问残石。哀哉匪舌不能言,清泪蟾蜍夜同滴。

而《津门征献诗》的引诗则如下:

> 宝峰山下兵如蚁,赤羽无光鼓声死。天堑长江渡若飞,何况弋阳半溪水。叠山先生饮声泣,麻衣草履空城里。卖卜聊从季主谋,食薇不索长安米。一带冰霜两钜臣,信州信国东西峙。天跳地踔频翻覆,虎困龙疲几终始。遗石模糊世不磨,贞魂郁栗呼难起。周君爱古搜奇僻,野庙荒凉憩游屐。手拾空坛一片甄,中含南宋千年碧。行押书多半莫辨,楚公题处犹堪识。闻道蒲轮下召初,荐章实自楚公迫。《却聘书》成命已孤,受辛碑在发谁释。周君爱砚勤藏弆,不写风云写经籍。十袭文绨扃镊深,三楹草屋莓苔积。由来正气难销黯,随处荣光满山泽。临池勿写卜居篇,恐有蟾蜍泪长滴。

两相比较,二诗除首尾面貌神韵略同外,中间大段几乎完全不同。为什么会有这种差异呢?万光泰与查礼、周焯二人均有很深的交往,因此我们可以推断,或许是万光泰题赠周焯在前,周氏殁后砚归查礼,万光泰在前作基础上加以修订复题赠查礼,因此才有二诗并存的现象。需要注意的是,《卜砚集》所收各篇均是他人题赠查礼的,而《征献诗》中引诗前有题为"桥亭卜卦砚歌为周月东赋",其义甚明。

其三,《卜砚集》所收卜砚诗还有不少遗漏。比如,砚的首位藏主周焯有《谢文节公砚》之作,周、查友人汪沆等也有诗作。钱载、纪复亨(或许还包括查礼和他人)曾经携砚入内城,与据传是文天祥所遗的玉带生砚"二砚会合",并各有《二砚歌》传世。如前所述,《卜砚集》所收诸篇均为题赠查礼的诗,周、汪之作不被收入不难理解,而《二砚歌》亦不专咏卜砚,亦可视为失收之由。

《卜砚集》刊行之后,仍有大量题咏之作,比如宋湘曾为查淳题诗。当砚转归大兴刘宽夫、刘铨福父子后，何绍基、曾国藩、乔松年、王柏心等人也有诗作传世。

不限于诗，王昶在其学术著作《金石萃编》中、翁方纲在《复初斋文集》中都有专文对卜砚的情况进行过详细深入缜密的考证。清代戏曲家蒋士铨所作传奇《冬青树》第九出"卖卜"即专演谢文节桥亭卖卜事，云谢枋得感谢翱壮志乃以砚赠之。蒋士铨曾为查礼的《榕巢图》《烈女编》等题诗，可见二人交往亦很深厚。蒋士铨在《冬青树》中如此安排剧情也可以视作查礼对此砚流传的一种推测。

目前，我们能够查找到的《卜砚集》外的作品（不仅限于诗）大约就有二十篇左右，这些材料都可以作为《卜砚集》的补充与完善。

其四，《卜砚集》所收诗中也有一些难以解释的现象。集中诸篇即便不是一人一地之作，但所吟咏对象——卜砚却是唯一的，更何况还有实物可证，但是，我们发现各家作品中关于砚本身的记述却是有所差异的。从材质上来看，卜砚应该属于歙砚，但是却出现了用来形容端砚的语句，"鸜之鹆之活眼开"（陆锡熊诗），"与砚卧起同汉节，鸜之鹆之对流血"（赵文哲诗），鸜鹆眼应是端砚的典型特征，何以会出现这些情况是需要进一步研究的。

以上几方面，是关于《卜砚集》大致情况的勾勒和对其价值的初步探索。应该说，类似于桥亭卜卦砚这样有实物存世又有大量文献资料佐证、传承有序的文物并不多见，尤其是砚类，不能说是绝无仅有亦恐怕为数不多。而砚和集的并行于世，除了基本的文物、文献、文学价值之外，对于进一步研究清代以来以水西庄查氏家族所代表的津门盐商文化、集藏文化和文脉传承等方面都有多方面的贡献。《卜砚集》流传范围不广，亟须系统整理，并需复加汇集外作品。故本文旨在抛砖引玉，以期能有更多的人关注卜砚与《卜砚集》。

注　释

① （清）查礼：《宋谢文节公桥亭卜卦砚铭并序》，《铜鼓书堂遗稿》卷三十一，清乾隆五十七年查淳刻本。

② （清）查林：《七君咏·其五》，《花农诗钞》卷三，清道光十二年云南通志局刻本。

③ （清）查礼：《宋谢文节公桥亭卜卦砚铭并序》，《铜鼓书堂遗稿》卷三十一，清乾隆五十七年查淳刻本。

④ 戴第元诗中注文，见《卜砚集》卷下。

⑤ 刘尚恒：《桥亭卜卦砚之流传及其真伪试探》，《天津查氏水西庄研究文集》，天津社会科学出版社，2008年，第120～133页。

⑥ 吴笠谷：《赝砚考》，文物出版社，2010年，第120～143页。

⑦ 关于这方桥亭卜卦砚的真伪问题，笔者曾结合关于谢枋得、程文海等人的有关文献记载考辨，作有《卜卦何须在桥亭——天博馆藏桥亭卜卦砚年代及真伪新探》一文（未刊），初步认为此砚

虽不足以断定即为谢枋得遗物，但至少可以认为是特殊年代下后人的追思寄托之作，仍具有特殊的文物价值，万不可因伪而废。

⑧　参见云希正：《天津集藏文物的历史传统——在天津文博院"名师教室"讲稿》，《天津博物馆论丛 2011》，天津人民出版社，2012 年，第 45 页。

⑨　（元）脱脱等：《宋史·谢枋得传》，中华书局，1985 年。

作者简介：傅亚冬，天津博物馆，馆员，天津市河西区平江道 62 号，300201；刘伟，天津市文化广播影视局社会文化处，天津市和平区承德道 12 号，300041。

重新释"彝"

——"彝"是鸡祭、鸡骨卜

任秉鉴

（天津市国学研究会）

摘要："彝"字在甲骨文卜辞、金文里曾多次出现，本文尝试用用彝文与未释甲骨文、金文对比来进行释读。认为把"彝"字只解释为"祭名"是不确切的，因为用活鸡祭祀并不是目的，只是"鸡骨卜"程序中的一个动作，最终目的是要用鸡的股骨来占卜某一事件或某个时日的祸福、吉凶。因此，甲骨文的"彝"字不论其字形里有没有卜字，都是"鸡骨卜"。"鸡骨卜"不留卜辞，不刻字不写字，卜法比龟卜简便。

关键词：甲骨文 古彝文 彝 鸡祭 鸡骨卜

"彝"字在甲骨文卜辞中曾多次出现。据近年刘钊先生所编著的《新甲骨文编》744 页刊载"彝"字形有 23 种，字的结构都是双手捧着一只用绳子捆着翅膀的活鸡的形象（其中包括 2 种字形简化的鸡，而又没有双手之字形。）本文从李孝定的《甲骨文字集释》一书和其他资料中选出 11 个字（表一）。

表一 甲骨文彝字

一二佚七一四	一〇后编下七·四	一九后编上一〇·一六	一八川大卜祭一（周原甲骨）	一七邺三·四五·五	一六甲编三九三二一（五期）	一五合集三六三三九（五期）（见表九）	一四前编五·一·三（五期）	一三甲编三五八八（三期）	一二合集一四二九五（一期）	一合集一四二九四（一期）

"彝"字在金文里更是频繁使用。据汪仁寿所编的《金石大字典》刊载取自商周时期青铜器铭文中"彝"字字形就有 157 种之多。结体千姿百态，但字的主体都是画着双手捧着一只捆绑着翅膀的活鸡。其中有 61 个字在鸡嘴前还画着两三个小圆点或小横点以示活鸡在啼叫。本文只选了 29 个字，供参考（表二）。

表二　金文彝字（至少有一百五十种写法）

者女簋	鱼尊	娇簋	父乙鼎	戯尊	祖辛卣	色夫方彝	伯宝卣盖
甗史颂登尊	卣綸伯	贤觥	鼎	逗小子簋	尊	父巳彝	
鼎董熙	簠牢家勃隘鼎	同卣庚赢卣	史颂芮伯尉仲簋	秦公鈞曾姬无邮壶	格仲敦旅簠子觯父解	亚形鲁公鼎张伯	

本文表一中有三个字形很特殊，这三个字上除了双手捧着活鸡外，还在鸡的身旁加上了一个或两个"卜"字（参阅表一中编号为"一·四""一·五"和"一·七"）。

这就是笔者要重新释读"彝"字的原因。

前人研究甲骨文，首先就先看许慎的《说文解字》里是怎样讲的。因许氏把 9353 个汉字按小篆字形，又参考"古文（即籀文）"把每个字按形音义加以分析判断。且看《说文解字》对"彝"字的分析。

《说文解字》说："彝，宗庙常器也。从糸，糸綦也。廾，持。米，器中实也。互声。此与爵相似。"

《说文解字》录了三个篆文字头（表三）。第一个是小篆，其他两字为"古文（即籀文）"。

表三　《说文解字》与《康熙字典》中的"彝"字

《说文解字》	《康熙字典》
小篆　　古文	彝　 纞　 斛

研究语言文字学、研究甲骨文的文人学者大都相信《说文解字》的说法。其实，许慎对"彝"字的解释完全错了。"彝"字和"爵"字，从甲骨文、金文，直到我们今天的汉字，一点也不相似（表四～表六）。甲骨学家也有人在引用时或将"此与爵相似"五字删去，或指出《说文》说形不确（如徐中舒先生）。

许慎说错，不能怪他。汉代人没有见过甲骨文，他只能上溯到籀文和小篆。

表四　甲骨文"彝"字字形 23 种

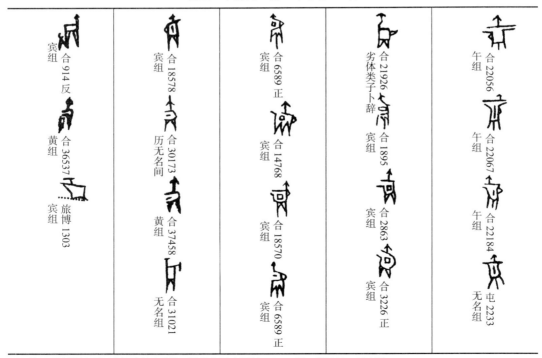

注：见刘剑主编：《新甲骨文编》，福建人民出版社，2009 年，第 744、745 页。

表五　甲骨文"爵"字字形 19 种

注：见刘剑主编：《新甲骨文编》，福建人民出版社，2009 年，第 325、326 页。

我们不知道那个小篆体的"彝"字是李斯作小篆时写的，还是许慎撰《说文解字》时，他自己写的。小篆把金文"彝"字里的一只活鸡简化成只留下一个鸡头，"彑"，把捆着的翅膀用一根绳"糸"来代替，又把代表活鸡叫声的小圆点、小横点当作"米"，只是双手没变。这样就把金文里的"鸡"变成小篆的"四不像"了。误导我们约两千年。

许氏《说文解字》确是空前绝后的语言文字辞书的巨著。不可不信，但又不可全信。限于许氏当时资料传播手段的原因、出土文物的原因（如许氏没有见到150多种青铜器祭器上的"彝"字，汉代那时甲骨文还没出土），所以在九千多字里有一些错误是完全可能的。错误或欠缺之处，只待后来人来修正补充而已。

《康熙字典》在"彝"字条目下，除了引用许慎《说文》之外，还录入了《左传》《尔雅》《周礼》《书经》《诗经》《唐韵》《集韵》等诸多古代文献（表三），大都把"彝"说成是"祭器"之名。这里就没有一一批评的必要了。

近世的历史学家、甲骨学家也有人把鸡认为是祭祀的牺牲之一，更有人认为"彝"是殷商人的"祭名"。郭沫若先生早就说过："鸡在六畜中应最先为所畜用之物，故祭器通用的'彝'字竟为鸡所专用，也就是最初的牺牲的表现。"（见朱芳圃《文字编》12卷彝字条目下引文）。甲骨学家徐中舒先生主编的《甲骨文字典》在"彝"字条目下的"解字"中也说："古者宗庙祭祀每以鸡为牲，甲骨文彝字正象以鸟献祭之形"。又在"释义"中释为"祭名"。

我们知道郭氏做学问一向是很认真的，可能当年讲鸡是牺牲时，他还没见到过带有卜字的"彝"字，而徐氏在他主编的《甲骨文字典》里，"彝"字条目下已经收入了两个带有卜字的字形，但是却忽略了，没有加以深究。

笔者有幸于20世纪90年代初期在一次学术研讨会上，结识了几位历史学、甲骨学的专家们，从会上会外增长知识，大开眼界，获益匪浅。1994年在河南濮阳的一次会上认识了破译丁公陶片的中国社科院考古所研究员冯时先生，后来读到了冯先生的论文，才知道丁公陶片发现的过程和彝文早于甲骨文，丁公陶片是鸡骨卜，是龙山文化晚期的遗物。

从此，笔者受冯先生论文的启发开始学习了彝文，开始抄录了前人著作中附录的未释甲骨文1737字和金文584字。冯先生特意为笔者复印了彝族专家专著中的彝文字形表300多页共957字，笔者如获至宝。另外还有考古界的朋友们主动借给我一些有关彝文化、彝文的书刊、论文等。笔者有一位北京的画家朋友在大型书展上见到有彝文化的书就主动买下来寄给笔者。朋友们鼓励支持，笔者不断学习探索。

我们现在所称的彝族，在解放以前一贯称为夷族。过去汉族把别的少数民族都认为他们的文化落后，蔑称为东夷、南蛮、西戎、北狄，中华人民共和国成立后才把"夷"改为"彝"字。

冯时先生是用彝文释读了丁公陶片上那些无人认识的文字，让我们认识了彝文是龙山文化（约公元前2800～前2300年）晚期的遗存，那是早于甲骨文700多年的文字。

笔者受冯先生研究工作的启发，在诸多甲骨学家、历史学家的热情鼓励和大力支持下，萌发用彝文与未释甲骨文、金文对比来进行释读。经过反复考察、探索，发现了有63个彝文出现在甲骨文和金文之中。其中字形完全一样的有29个字、部分构件一样的有14个字、字形相似的有20个字。笔者曾写过另一篇文字，这里只略举数例（表七）。

表六　部分青铜器的甲骨文字形

汉字	甲骨文字	汉字	甲骨文字	汉字	甲骨文字
鼎		壶		酉	
豆		斝		尊（动词）	
鬲		皿		盘	

注：“彝”字不可能是“宗庙之常器”，也不是个别青铜器的器名。“彝”本来是一个动词（先拿活鸡祭祀然后取其股骨进行“鸡骨卜”，“彝”是一个动词）。

这里搜集了一些青铜器名称的甲骨文之字形，没有一个是鸡形的。

表七　彝文与甲骨文、金文对比（略举数例）

类别	彝文	甲骨文	金文
完全一致	夜	夜	
	白	白	
	车		
	哼呻吟		
部分一致	鸡拐爪		
	骑		
	长		

续表

类别	彝文	甲骨文	金文
相似	石 ⬭⬭	⬭ ★	
	凰 ⊕	⊞ ★	
	玉鸿 ⚷⚷	玉⚷⚷	
附注	一、凡有★号的字是未释待解之字 二、⊕符号字彝文一个字上、下、左、右四个方向可以成为四个字		

关于把"彝"字只解释为"祭名"也还是不够确切，因为用活鸡祭祀并不是目的，只是"鸡骨卜"程序中的一个动作，最终目的是要用鸡的股骨来占卜某一事件或某个时日的祸福、吉凶。因为"鸡骨卜"还有82种卦象的传世经文。因此，可知：① 甲骨文的"彝"字不论其字形里有没有卜字，都是"鸡骨卜"；②"鸡骨卜"不留卜辞，不刻字不写字，卜法比龟卜简便。

"鸡骨卜"本来就是东夷民族渊源久远的占卜习俗。甲骨文卜辞里的"夷方、尸方、人方"即是指当时聚居于山东、安徽、江苏的东夷。1992 年在山东邹平县苑城乡丁公村龙山文化晚期遗址考古发掘中出土的一片陶片残片上刻有十一个古彝文文字，以及巴黎赛努奇博物馆藏有一件山东龙山文化玉雕人像正是一个头缠包布蹲身曲腿的人（图一），都可说明彝族在很久远以前就是山东一带的土著民族。此外，再考察一下商代建朝后的六次迁都，就不难看出商王朝本来就曾与山东的彝族长期在一起生活过的。据古本《竹书纪年》所载：外丙都于亳（今河南偃师），中丁都于"嚣"（今郑州），河亶甲都于"相"（今内黄）、祖乙都于"庇"（今山东鱼台），南庚都于奄（今山东曲阜），盘庚自奄迁都于殷（今河南安阳），自祖乙到盘庚四代七王（即祖乙、祖辛、沃甲、祖丁、南庚、阳甲、盘庚）皆建都于山东界内，其地望正在山东南部，正是彝族聚居之地。顾颉刚先生在 1952～1958 读书笔记的《殷人自西徂东札记》一条中写道："予按：卵生神话出于鸟夷，鸟夷为东方民族，而殷祖契为简狄吞卵而生……"又曰："予意：殷人起于西方，及其东迁，以统治当地人民之需要，接受鸟夷文化，亦自神其祖为卵生，是犹周人起于西方，本与殷人为敌对之民族，惟以统治殷民之需要，接受殷文化，亦以帝喾为其祖之所自出也。"顾氏所论殷商接受东夷文化，所言极是，鸡祭和鸡骨卜就是殷商接受东夷文化的明显例证，就好像汉语里会有一些英语、日语、印度语的外来语一样。

图一　巴黎赛努奇博物馆藏山东龙山文化玉雕人像

下面五条甲骨片中可以看出鸡祭鸡骨卜在殷商是在相当长的时间里存在着的（表八）。

表八　鸡祭鸡骨卜卜辞

序号	出处	内容
①	佚	七一四 [字形] 癸丑……来乙王彝于祖乙
②	续编 1.12.6	（合集三八二二三）[字形] 彝在中丁宗在三月
③	后编上 10.16	[字形] …[字形]伯…自上下于[字形]余…一月在[字形]彝
⑤	川大 H11.1	（周原甲骨）[字形] 癸巳彝文武帝乙宗贞王其[字形]祝成唐鼎禦[字形]二女其彝血壮三豚三更又足

① 佚 14："癸丑……来乙王彝于祖乙"

② 续 1.12.6："彝在中丁宗在三月"

③ 后编上 10.16："……伯……[字形]自上下于[字形]余……一月在[字形]彝"

④ 前编 26.6："…… 在雇彝"（雇在今山东范县）

⑤ 川大 H 11.1："癸巳彝文武帝乙宗贞王其[字形]祝成唐鼎禦[字形]二女其彝血三豚三更又足"

另有合集 38223 、38225 两片上也都有"彝"字。36512 上有"王彝"二字，但难以判断是卜文残缺还是完整。

从前两条卜辞看，是祖乙的后人祭祀中丁、祖乙的卜辞，而祖乙恰正是第一个东迁于山东境内的商王；第三条卜辞，肯定是周王在周原甲骨上祭祀太丁（即文武丁）和帝乙。可见鸡祭鸡骨卜至少流传了很久。从以上几条卜辞中可以看出：一种是对哪一个先王举行鸡祭，另一种是在何地举行鸡祭。

关于鸡祭鸡骨卜的操作过程，社科院考古所冯时先生在他的论文《山东丁公龙山时代文字解读》一文中有具体而详细的介绍：

　　……彝人以鸡为最灵验之禽，可预知未来。在鸡骨卜中，以鸡股卜为最
　　重要之卜法。在举行某种祭祀时，凡卜问某事，先由经师呗毫诵经，取雄鸡
　　或雌鸡，以酒洗净鸡嘴和鸡爪，然后杀之，继而取鸡的左右两股骨，刮净骨

上血肉，将两骨平头排齐，插竹签于股骨上原有之小窍孔中，即成一图象。因竹签插入方向和鸡股骨上窍孔之数目不同，故可成之象共八十二个，即八十二卦，最后据此图象查验鸡卦经，以断吉凶。

考之文献，亦多有以鸡祭祀之习俗，特别是东方之民族。如《左传·昭公二十二年》："宾孟适郊。见雄鸡自断其尾，问之侍者，曰：'自惮其牺也'。"《墨子·迎敌祠》："敌从东方来，迎之东坛。……其牲以鸡。'《风俗通义·祀典》："《青史子》一书云：'鸡者，东方之牲也，岁终更始，辨秩东作，万物触户而出，故以鸡祀祭也'……"《山海经》曰："祠鬼神皆以雄鸡。鲁郊祀常以丹鸡。"《史记·孝武本纪》："乃令越巫立越祝祠，安台无坛，亦祠天神上帝百鬼，而以鸡卜。"张守节正义："鸡卜法，用鸡一狗一，生，祝愿讫，即杀鸡狗，煮熟又祭，独取鸡两眼骨，上自有孔裂，似人物形则吉，否则即凶，今岭南犹行此法也。"直到唐柳宗元诗中还有："鸡骨占年拜水神"之句。

直到今天聚居于祖国西南地区的彝族同胞仍然按照传统的"鸡骨卜"的仪式，虔诚地进行着鸡骨卜。

笔者经过二十多年对甲骨文、金文里引进了一些彝文的探索研究，深信可以用彝文来释读一些未释甲骨文，这是一种独辟蹊径的新考证方法。笔者才疏学浅，尚请专家不吝赐教。

2018 年 6 月任秉鉴（95 岁）补充修改稿

作者简介：任秉鉴，天津市国学研究会，天津市和平区成都道 52 号，300051。

品味杨柳青年画中的天津地域文化

赵　蕊

（天津杨柳青木版年画博物馆）

摘要：天津杨柳青年画起源自明代末年，有着四百多年的历史。古时候被人们称作"卫画"，可以说是见证了天津这一座城市的发展。流传下来的杨柳青年画中处处有着天津这一座城市历史沧桑的痕迹，也成了这一座城市独特的精神财富与文化景观。

关键词：杨柳青年画　天津文化　历史事件　民俗

杨柳青年画作为我国民族民间艺术，是天津地区文化辐射的载体，年画的行销各地也传播了天津地域文化。真正优秀的民间文化是不会被历史淹没的，杨柳青年画的起源、发展、兴盛乃至衰落的轨迹，有利于我们全面认识天津这座城市的文化血脉。杨柳青年画本身也是我们这座城市独特的文化基因。

一、漕运文化影响下杨柳青年画的起源与发展

天津地处九河下梢，在远古时期只是一片汪洋，也可以说是水文化孕育了独特的天津文化。早期的运河兴起带动了天津地区的经济，当然也滋养了这里的民间艺术。

天津仓储业发达，历来是北京的粮仓、货站、战略物资储备基地。元、明、清各代漕粮年均在四五百万石至六七百万石之多。由于北运河水浅、淤塞、航道狭窄等原因，漕运不能直达北京，须在天津转运。清道光年间，天津有驳船两千五百艘及民船五百艘专营转运业务。遂使天津成为北方最大的粮仓和储运基地，拥有码头搬运工数万人，因之形成了码头文化。

随着南货北运、南人北迁，不少外地的年画艺人先后携眷迁徙到杨柳青镇，从事年画的创作经营工作。其中可考的有著名年画世家——戴氏先人。戴氏先人自明永乐年间，携画艺从江南随漕船北上来到杨柳青镇经营起了年画生意。因镇上盛产杜梨木，后来杨柳青一带逐渐出现了木版年画，戴廉增画店可考的最早开业年代是崇祯年间。杨柳青木版年画随着时代发展，不断演变，逐渐形成了一种既有遒劲工丽的木刻韵味，又不失民族传统绘画风格的"杨柳青木版年画味"格调。

晚清画家钱慧安，擅长花鸟杂画及传真画像。光绪年间，钱慧安随漕船北上，在齐健隆、爱竹斋画店从事年画创作，也推动了杨柳青年画的发展。《春风采风志》中评价："钱慧安至彼（天津），为出心裁，多拟典故及前人诗句，色改淡匀，高古俊逸。"他的作品达到了雅俗共赏的妙境，也一直深受各地人民的喜爱和欢迎。钱慧安创作的年画作品继承了传统绘画的精髓，特别是民间年画的优良传统，同时注意吸收西洋美术的优点，力求贴近生活，以雅写俗，更普遍的融入了各阶层人们的生活。

随着漕运行业的发展年画世家与著名画师先后来到杨柳青镇为杨柳青年画的产生和发展奠定了基础。

二、因靠近京城地域影响下的细丽画风

天津地理上靠近北京，达官贵人、巨商富贾云集。兴起自天津地区的民间艺术杨柳青年画也有着细丽的画风。早期的杨柳青年画保持着宋元话本的优点，娃娃画大都临摹苏汉臣的作品，体质丰腴、神采奕奕，服装风格和插写花卉多属于宋代院体画的特征。

杨柳青年画是一种地区性的民族文化艺术品，是杨柳青地区民众集体创造的一种文化财富。杨柳青年画恭丽细腻有北宋院体画风，世称"北宗画传杨柳青"。关于它的起源有这样一种说法，金灭北宋之后劫掠三千工匠北上，行至杨柳青镇时几位宫廷画师病重难行，滞留当地。当地人心灵手巧，后来跟他们学画的人越来越多，劳动人民的智慧创作使文人士大夫的国画逐渐演变成普遍民众喜闻乐见的杨柳青年画。这当然只是一个有趣的传说，与年代的考证是难以对应的。杨柳青年画的产生年代可追溯到约六百年前，确切可考的起源是在明代末年，大约有着四百余年的历史。

杨柳青年画的"细活"（精细的杨柳青木版年画），人物形象秀美，衣饰富有质感，敷色常加粉或描金，色调炫丽典雅，仅仅是彩绘一步就要手工蕴然几十个层次，侍女的脸部宛如一幅精美的古典工笔人物画。堆金沥粉的"金碧细活"年画更是会调入"金叶子""云母""朱砂"等珍贵颜料，画面精致细腻，很多都被当作贡品进供到了宫廷，为皇室贵胄装饰富丽堂皇的的生活。

三、杨柳青年画概述

杨柳青年画取材广泛、内容丰富，包括世俗生活、历史小说、神话传说、文学典故、戏剧故事、时事趣闻、名胜风物、仕女娃娃、门灶诸神等，被称为来自民间的"百科全书"。它起源自天津西部的古镇杨柳青镇。过去那里是全国著名的画乡，"家家会点染，户户善丹青"。老百姓们农忙了就种田、打渔，农闲时便大都从事绘画。每年冬月底腊月初各地画商云集杨柳青镇。沿河大街上就像庙会一样热闹。大的画店如"戴连增""齐健隆"都有画工几百人，每年卖年画百万张。由于杨柳青年画的兴起，镇上出现了画市。每年从进入农历腊月开始，南乡炒米店、古佛寺、小甸子等地及镇上的年画商云集画市，他们一般都有固定摊点。早在冬至前后，贩画者便将写有"年年在此"的红纸条贴在墙上。画市由开市到除夕夜方收市，直至转年腊月再重新开市。远近各地客商云集，直到货色都已交齐，商旅马车才向四方散去，陆续走净之时，已近新年。据《清嘉录》载："观内无市廛之舍，支布幕为庐，晨集暮散。"和"城内玄妙观尤为游人所争集。卖画张者，聚市于三清殿，乡人争买芒神春牛图。"①可见当时盛况空前。这些被贩卖到全国各地的杨柳青年画中也传播了天津卫的很多景观和风俗。

杨柳青年画中有一组《天津图》，画的是 19 世纪 70 年代旧天津城南的一部分，可以看到旧时天津的街道、建筑及车马。前景建筑物中可见海光寺。海光寺在天津城南三里，原名普陀寺。海光寺后方可见高耸的烟囱厂房，这是海光寺西局。1867 年，清政府在海光寺开设"天津机器局（西局）"，这是我国北方最早出现的具有现代规模的机械工厂，也是当时清军新式军火的总汇之处。图中还可见天津卫的老城门及出入的车马。从这组老年画中可以看到清末天津卫的风貌。

四、杨柳青年画为载体的天津地域文化辐射及戏出年画的兴盛

（一）以杨柳青年画为载体的天津地域文化辐射

杨柳青年画远销东北、西北、内蒙古等地，遍及我国北部地区。自其流入宫廷后，声名远扬，各地都以争贴杨柳青年画为贵。在杨柳青年画的流传过程中还有着这样一个重大历史事件，那就是"赶大营"。杨柳青人"赶大营"是中国历史上一次自发而又成功的大规模人口迁移，极大地促进了两地经济商贸的发展。这一商贸活动还促进了各民族之间的文化交融，增强了各民族之间的凝聚力和亲和力，为边防巩固做出巨大贡献。

杨柳青年画是天津地区文化辐射的载体，赶大营的杨柳青人是带着文化的自豪感把年画带入新疆的。从当时留下的杨柳青年画中可见赶大营这一伟大历史事件的足迹。一幅《新疆全图》画面题字"出嘉峪关 新疆全图 到伊犁河"。画面中可见很多新疆的老地名和杨柳青镇人肩挑背扛行走其间的场景。这幅画是赶大营的杨柳青年画画师从新疆带回的稿样，很受当时京津地区百姓欢迎。它将这条充满危机的漫漫商路通往的

新疆地区展示给了家乡的人们。还有一些"格景画"与"洋林画"是为当地人创作的杨柳青年画，很受当地民众的欢迎。这些画中只画瓶花壶盘、博古文物，只有静物绝无动物与人，这也跟当地人们信仰有关联。

（二）戏出年画的兴盛

杨柳青年画中有大量的戏出内容并不是偶然现象。天津地区是京剧的大码头，评剧和河北梆子也在天津升华为大剧种，老天津人听戏、爱戏，很多都是戏迷。杨柳青年画中的戏曲故事年画表现的很多都是当时深受人们喜爱的剧目。戏曲故事年画一度成为压倒一切的题材，甚至有句老话说道："画中要有戏，百观才不腻。"

有一幅叫作《官银号旁大观茶园》，这是名为"九义合班"演出的著名京剧《连环套》中，窦尔敦归还御马随同黄天霸到官府认罪故事的舞台场景年画。官银号是清政府在天津东北角设置的官办银行。坐落在北马路官银号附近的大观茶园是辛亥革命前后天津著名的演戏场所，享名一时，始建于清光绪二十四年（1898年），总计可容纳七百余观众。这一出大观茶园的《连环套》留在了杨柳青年画中，也能让我们感受到过去老天津人听戏、爱戏的氛围。

五、杨柳青年画中近代天津的写照及年画的衰落

天津在中国近代历史上居于重要地位。作为北方最早的开放城市之一，加上地处首都门户和濒临渤海的优越位置，天津成为中国汲取世界近代文明最理想的窗口。19世纪下半叶至20世纪上半叶，天津社会发展的各个领域几乎是全方位地在中国近代化旅程上引领风气之先，东西方文明的碰撞与交融，形成了天津城市历史文化的独特魅力。这一时期杨柳青年画中的火车、小汽车、自行车、洋楼等新鲜事物都很多，这些都是近代天津的写照。

租界是天津历史上遗留下来的列强欺辱中国的痕迹，但也是历史岁月中的一道风景。在全国有租界的几十个城市中，天津租界的规模大（2.4万亩）、国别多（9个国家）、建筑功能各异。道路间的庭院设计、树木品种、路灯造型、栅栏设计以及整个建筑的色彩、通风照明都各有特色。在这一时期杨柳青年画的背景中就可以看到各色的近代建筑，具有历史研究价值。如《文明娶亲》，这幅画画的是当时的娶亲队伍在街道上行走，背景中的建筑可见很多当时的小洋楼。除了洋楼、洋房等成为城市新景观，市民也开始接受了欧洲人的生活方式，开始了解外国人。一幅《新刻天津紫竹林跑自行洋车》描绘了当时的紫竹林租界区的新鲜事物自行车表演。天津的近代教育在全国处于领先水平，《贞女学堂》则描绘了一所女校在进行体操训练的场景。

近代天津兵荒马乱、战火连绵。土生土长的民间艺术杨柳青年画也受到了巨大的影响。同时由于石印年画和胶印年画的大量发行，年画利润降低。杨柳青年画行业内部各作坊之间竞争愈发激烈，甚至投机取巧，使用劣质纸张和颜料以降低成本。兴盛已久的杨柳青年画渐呈衰落之像。

1937 年，抗日战争爆发，京津沦陷，日寇南侵，途经杨柳青时正值秋冬之交，由于战乱，杨柳青的一些珍贵古版被损毁数量难计，画版散落各地，南乡所存画版大部分被劈毁烤火、垫道，使画店赖以生存的资本丧失殆尽。此后，杨柳青木版年画画铺和作坊几乎全部歇业。一些老艺人见不能以此为生也跑到关外另谋生路。杨柳青木版年画濒临师亡艺绝。

六、解读年画中的市井文化

"市井"是指古人相聚汲水、进行买卖交易的地方。现代人们所理解市井已经有了更加丰富的含义，如乡土气息的市民生活；传统的充满人情味的老例儿、老讲究等。天津的商业文化也很发达，早在明清相交之际，天津的繁荣兴盛已如《天津卫志·序》所言："天津去神京二百余里，当南北往来之冲，南运数万之漕悉道经于此，舟楫之所式临，商贾之所萃集，五方之民杂处，……名虽曰卫，实在一大都会所莫能过也。"

天津地区自清代初年就为北方经济发达的地区，商业繁荣。商埠文化创造了社会的繁荣，对于天津地域文化和风气习俗、道德观价值观都有直接影响。经商讲究"和气生财"，买卖不成仁义在，这对于造就天津人热情好客、乐观幽默的习俗不无影响。

一幅《士农工商财发万金》有着吉祥的名称，士农工商是古代四民，指的是读书的、种地的、做工的和经商的，泛指整个古代社会。画面就像是在市井生活中随意取景，展现了人们忙碌而又怡然的生活。

《同居多财》则描绘了一个买卖铺户年终算账的情景。架子上都堆满了大元宝。画上题字："买卖四方多兴隆，招财聚宝进钱龙，八路银票来交柜，生意喝彩满堂红。"

杨柳青年画中的时令风俗画中很多把市井风情描画的绘声绘色。从这些画中我们也能感受到旧时天津地区的市井气息。《渔家乐》主要画的是渔民打鱼归来的生活情景。渔妇在小船上做着晚饭，身后背着一个小儿，旁边还有一个稍大一点的孩子，身边晾着未干的衣服，炊烟袅袅升起，简单的生活场景活灵活现的刻画出了勤劳的渔家妇女的形象。湖面左方一家人席地而坐，共进晚餐。席间有个戴眼镜的老人，像是附近的私塾先生。他们一边吃饭一边高谈阔论，恬静惬意的生活俨然是一幅田园风景画。

多元文化是一种优势和财富，它来自多民族文化的积淀与发展，来自不同层次的人们的知识与对世界的认知。还有来自不同民族和国家的生活方式以及对美的理解。杨柳青年画作为我们天津地区土生土长的民族民间艺术，其发展轨迹受到了天津城市发展的影响，记录了我们这座城市百年的沧桑。同样它也成为我们天津的文化艺术传播到各地的重要媒介。

参 考 文 献

（清）顾禄著，王昌东译：《清嘉录》，气象出版社，2013 年。

阿英：《谈杨柳青年画部分》，《中国年画发展史略》，朝花美术出版社，1954 年。

陈克：《东鳞西爪天津卫》，天津大学出版社，2015 年。

罗澍伟：《天津史话》，社会科学文献出版社，2011 年。

王树村：《画家钱慧安与民间年画》，《天津日报》1963 年 3 月 4 日。

王树村：《清代的戏出年画》，《寻根》1995 年第 3 期。

王树村：《杨柳青年画史概要》，《杨柳青年画资料集》，人民美术出版社，1959 年。

谢让志：《解读人文天津》，天津人民出版社，2012 年。

张映雪：《杨柳青木版年画的源流及其艺术特色》，《杨柳青年画》，文物出版社，1984 年。

作者简介：赵蕊，天津杨柳青木版年画博物馆，馆员，天津市河西区佟楼三合里 111 号，300074。

浅谈杨柳青木版年画代表题材 "莲年有余"

李之卉

（天津杨柳青木版年画博物馆）

摘要：《莲年有余》是一幅以娃娃为题材的杨柳青木版年画，寓意吉祥，是杨柳青木版年画的代表作。本文拟从审美、娃娃题材和吉祥寓意三个方面浅谈《莲年有余》成为代表作的原因。

关键词：《莲年有余》 审美 娃娃 吉祥寓意

《莲年有余》成为杨柳青木版年画的代表作，经历了长期的发展，首先要从追溯杨柳青木版年画历史开始。杨柳青木版年画始于明代末年，因源于天津杨柳青镇而得名，流传至今已有四百余年的历史，杨柳青镇及附近的村落大都从事年画的生产，有"家家会点染，户户善丹青"之称。杨柳青镇坐落在运河的河畔，水运便利，商业发达，街市非常热闹，是北方"小苏杭"。每逢年节，买卖年画的商人络绎不绝，杨柳青木版年画远近闻名，以清代乾隆、嘉庆年间最为兴盛。杨柳青木版年画笔法细腻、色彩艳丽、题材丰富，木版套印与手工彩绘相结合，风格独树一帜，具有浓郁的北方特色。

《莲年有余》之所以能够在众多的杨柳青木版年画当中脱颖而出，是因为它的美极具代表性。

一、《莲年有余》审美体现

杨柳青木版年画画风延续北宋工笔画的绘画手法。在宋代，擅作婴戏题材的画家当中，苏汉臣最为著名。苏汉臣的娃娃形象"体态丰腴，神采奕奕"，儿童的天真稚气表现得十分传神。明末杨柳青木版年画沿袭了宋代院体画的风格，"这时刊印的娃娃画，大都摹写苏汉臣及宋代画院的画本"[①]，色彩古雅，画面对称工整、结构严谨、繁而不乱，典型佳作为《连生贵子》。这幅年画的体裁为斗方，背景采用大面积的黄色和红色铺衬，色彩极见古朴，结构对称，画面运用寿桃、蝙蝠、铜钱、蝴蝶做衬托，代表富贵、长寿。娃娃稳坐荷叶当中一手握莲蓬，寓意多子，一手抱笙，谐音为"生"，这幅画在构图上背景过于繁复，人物形象显得不突出，色彩上虽然采用红、绿、黄、蓝等比较丰富，但色调沉郁尚未脱离宋代院体风格。娃娃穿着装饰华丽的斗篷，莲花图案设计精巧的红肚兜，带金镯，虽然给人以富贵之感，但缺乏孩童的稚气，显得有些呆板。

　　杨柳青木版年画出自民间，来源于老百姓之手，只有符合百姓的喜好才得以不断在发展，在这过程中，逐渐吸收了民间版画的精华，增加遒劲的木刻味道，风格变得粗犷，追求喜庆热闹。如《莲年有余》这幅画，画面不过于追求对称统一，颜色大红大绿，具有相当浓郁的乡土气息。当时年画线条简练、色彩大块浓艳，娃娃造型夸张，不注重穿着的服饰样式，给人以朴实之感，具有农民画风格。这样风格的年画虽受劳苦大众喜爱，但受众面有一定的局限性。

　　随着人们生活水平的提高，年画需求量增多，年画作坊增多，人们对年画这一民间艺术的要求自然有所提高，这时杨柳青木版年画日渐成熟，保留宋代院体风格结合民间画法的特色，线条刚劲有力，构图讲求对称充实，人物形象突出，线条变得柔和，色彩运用上已不再过于生硬，色调变得明快清丽。杨柳青木版年画的发展达到了鼎盛时期。代表作有《莲年有余》，画中娃娃体态丰满，面颊红润，喜眉笑目，头上一边梳抓髻，插一朵粉色小花，一边梳小辫，活泼俏皮。娃娃怀抱中的大红鲤鱼，鱼头与大朵莲花呼应，鱼尾自然舒展，曲线光滑柔和，给人舒畅优美的感觉。整个画面大胖娃娃和大红鲤鱼做主体，莲花、荷叶相映衬，构图力求饱满，具有层次感。线条细致、黑白对比强烈，色彩上层叠润染，浓郁雅致。既有传统绘画的细腻同时又不失民间木刻艺术的版味儿，不繁琐、不造作，朴素当中体现很高的艺术欣赏价值。《莲年有余》得到了广大的劳动人民、达官显贵、文人雅士的喜爱，达到雅俗共赏的境界。

　　"娃娃""莲花""鱼"这些年画中常出现的元素，在《莲年有余》这幅画中既是独立分散的个体，相得益彰；又是不可拆分的整体，无可挑剔。几百年来，随着年画的发展，年代的更迭，在人们心中，形成了固定的组合模式，成为一个整体图形刻印在人们的脑海中。它集中地、充分地体现了杨柳青木版年画这一独具特色的民间艺术的特点和优点，代表了杨柳青木版年画艺术几百年发展过程中的光辉亮点，它植根于民间，为百姓所服务，是老百姓的审美艺术。

二、《莲年有余》的题材

　　《莲年有余》是一幅娃娃题材的杨柳青木版年画。杨柳青木版年画种类多种多样，按照内容划分可以分为仕女娃娃类、戏曲类、故事类、吉祥类、神祃类等，而娃娃类年画最多，娃娃画可以有一百种，取"百子"之意，实际上还要多。

　　究其原因，一方面是娃娃画便于创作。过去的年画艺人，普遍文化水平不高，在绘画技法上依靠口口相传，年画的创作都是基于艺人自己的所见加上对生活的理解，反复推敲总结出画诀，运用到画作当中。例如，故事类要求符合史实，不能胡乱编凑，情节设计要打动人心。年画艺人粗通文墨，在创作上受限。戏曲类在创作手法上，采用"真假虚实，宾主聚散"也就是说要在还原戏台上的场景，同时又加上想象增加观赏性，构图既要多样又要统一，有主有次要运用得当。世俗生活类，讲求"意趣工理"要真实，还原现实生活本真，同时兼具装饰性和吉祥意味。过去年画作坊里有句成语"能赠十锭金，不撒一句春"，"春"就是画诀，这些年画画诀也是绘画的关键，但画诀不外传。而娃娃画大体都有个基本的稿样，杨柳青木版年画在画娃娃方法上有这样一句口诀"短胳臂短腿大脑颏，小鼻子大眼没有脖，鼻子眉眼一块凑，千万别把骨头露"。所以娃娃形态上比较固定，加之娃娃画整体构图上结合"桃""葡萄""莲蓬""莲花"等吉祥饰物，表达子孙兴旺、喜庆吉祥的寓意。相比之下，娃娃样年画创作起来比较有基础。

另一方面，娃娃的形象讨喜，是百姓喜闻乐见的。人们自古对于孩童都有一种偏好，认为童子是纯真无邪的。因此人们对娃娃的形象没有抗拒性，毕竟人人都喜欢可爱的事物。纵观年画中的娃娃形象可谓"天庭饱满，地阁方圆"，喜眉笑目，天真活泼，十分符合中国人的传统审美观念。几百年来，娃娃的形象最突出的一个特点就是胖，在中国传统文化中，胖代表了福气，胖娃娃象征着生活富足、有福。并且人们认为儿童形象可以消灾解难，会带来吉祥和幸福。这样的年画，贴在家中，每每观看，赏心悦目。

此外，农耕时代，生产力落后，生产工具简单，百姓最基本的生活需求是能够吃饱饭，劳动力必不可少，一家人如果想吃饱穿暖生活得较为富裕，要增加人口，而男子是最重要最主要的生产力。所以如果家中希望添丁进口，自然也希望是多生男孩。因此，百姓家中常常贴上一幅娃娃画，祈求家中子孙昌盛。在对杨柳青木版年画的收集整理过程中可以发现，画中的娃娃不仅漂亮美丽，而且基本上都是男娃形象。当然，年画中是有女孩形象的，在民国时期，进步思想的影响下，改良年画当中出现女孩形象，号召男女平等，劝诫女子多读书，争取自己的社会地位。但在娃娃画的画面当中极少出现女娃形象，可以说是微乎其微。娃娃画迎合了百姓诉求多子的愿望，特别是多生男子的心理需要。所以娃娃样的年画特别受大众的欢迎，年画销量非常大。这为《莲年有余》作为代表作奠定了深厚的群众基础。

三、《莲年有余》寓意吉祥

年画娃娃大体形象上都差不太多，《莲年有余》格外显眼的是这胖娃娃怀里的大红鲤鱼，体格和娃娃一样大，看似意料之外，仔细想来却又在情理之中，由此，主题一下就鲜明了——"连年"有"鱼"。《莲年有余》的关键之笔，在这"鱼"上。

《莲年有余》娃娃怀里的"鱼"谐音为"余"，寓意"有余"。"谐音是利用同音或近音的条件，用它的字来替代本字"②，年画当中常用这样一种表达方式，例如，《莲生贵子》娃娃手里握着的乐器"笙"和"生"谐音，寓意生子。《竹报平安》娃娃抱着"宝瓶"与"报平"谐音，寓意报平安。用这些和百姓的生活息息相关的事物与谐音组合一起，来含蓄地表达画面的内容，使得这一幅画的主题不再简单直白，不再干巴巴的仅图个吉利好彩头，而是使得这一幅画值得观赏，值得玩味，念起来又朗朗上口，非常有趣味，让人们念念不忘。

　　每当人们看到《莲年有余》这幅画，自然而然地就想到了"连年有余"。连年有余，这是一句传统的吉祥话。这句话人们愿意听，也爱说。它非常充分表达了人们的乐观向上的精神面貌，只有勤俭持家才能"有余"，一年的吃穿用度有结余；只有靠自己勤劳的双手去创造才能年年"有余"，生活才能富裕。同时，它还表达了人们期盼来年幸福生活的美好愿望。"过新年，贴年画"是人们津津乐道的风俗习惯，在过去，辛苦劳作于田间的人们，到了年末，总是希望，来年有个好收成。虽然这样的愿景，很难实现，但是在除旧布新的新年之际，还是要在家中贴上一幅吉祥如意的年画，以望未来有一个丰收富裕的好年景。所以这一句吉祥话看似简单，运用到了年画当中，它就有了很重要的意义。《莲年有余》娃娃手执莲花，代表连续不断，怀抱大红鲤鱼，寓意"有余"，每一年都有剩余的财富，这幅画所代表的吉祥寓意正好道出了人们的心里话，是人们渴望生活富裕，事事吉祥的充分体现。人们渴望的吉祥如意、多子多福等一切愿望都由这一幅年画得到了满足。

　　综上所述，《莲年有余》集杨柳青木版年画构图、色彩、线条、表现手法之大成，极大限度地反映了人民群众对美好生活的追求，经得起时间的考验，不愧为杨柳青木版年画的代表作，它是劳动人民智慧的结晶，是中华文化的瑰宝，它将永远放射出民族文化的光芒。

注　　释

①　刘见：《杨柳青年画研究》，天津杨柳青画社，1986 年，第 2 页。

②　旷玉妍：《谐音与社会生活》，《科学视界》2014 年第 35 期。

作者简介：李之卉，天津杨柳青木版年画博物馆，助理馆员，天津市河西区佟楼三合里 111 号，300074。

浅析杨柳青木版年画的吉祥寓意

孙笑疃

（天津杨柳青木版年画博物馆）

摘要： 杨柳青木版年画画面精美，寓意吉祥，影响广泛，是老百姓寄托美好愿望的媒介。本文就几个特殊类型的杨柳青木版年画简单介绍了画中的吉祥寓意，以及典型的表现手法。

关键词： 年画　杨柳青　吉祥寓意

年画，顾名思义，老百姓过年的时候需要贴在家里的画。年画产生于民间，以反映人民生活愿望为主，是最接近百姓的一门绘画艺术。后来由于大量的生产需求，融入了版画印刷的技术，形成了手工彩绘与木版水印相结合的绘制手法。"这种方法将版画的刀法版味与绘画的笔触色调巧妙地融为一体，使两种艺术相得益彰"。

一、杨柳青木版年画概述

杨柳青木版年画位居中国年画之首。起源自天津杨柳青镇，发展至清朝乾隆嘉庆年间最为兴盛，大大小小的画店和作坊达百余家，形成"家家会点染、户户善丹青"的繁华景象，又因其紧邻运河，增加了贸易往来，使其用料越来越精致，销路也越来越广。

杨柳青木版年画种类繁多，按题材分，有戏曲、故事、神话、传说、人物、风景、实事等；按体裁分，有贡尖、三裁、条屏、斗方、门画、灯画、炕围、缸鱼、格景等；按功能分，有祭祖、驱邪、祈福、纳财、求子、装饰、教化、消寒等。如此丰富的种类，加上精致的工艺、鲜艳的色彩、合理的构图、俊秀的人物，在过去无论是广大劳动人民还是少数文人雅士，甚至一些达官贵人都非常喜欢，逢年过节纷纷选购，贴在家中。人们从年画中得到的不仅是精神慰藉，还有艺术的享受和一些有益的教育。

二、吉祥寓意的归类及常见表现手法

千百年来，能得到民间百姓认可的吉祥寓意都寄托着他们对美好生活的无限向往，也充分体现了中国传统文化的传承及内涵。"在民间文化中，吉语和吉祥图是很重要的一部分，而主要围绕着'福、禄、寿、财、喜'，形成了一种富有特色的艺术。在中华民族的传统思维方式和伦理、道德、心理、习俗以及审美等方面起着一定的作用"。

福的含义很广泛，也可以说是包含了所有好的事情，有些时候一个"福"字便可表达一切愿望。因此将它放在首位。一般来说，福代表了福运、幸福、如意等，也就是人们常说的"有福气"。民间艺术中以"天宫赐福"为题材的作品层出不穷，其次，蝙蝠的形象也是常用的元素，因为"蝠"与"福"同音，五只蝙蝠同时出现就表达了"五福"，再搭配其他吉祥事物便可组成不同的含义。

禄一般是指官职、权利、功名等，古代人都以能享受朝廷俸禄为荣，而官禄与科举密不可分，人们读书、上学的目的就是考取功名，为朝廷效力，进而能够"光宗耀祖"。在民间可作为代表的神仙人物为"禄星"，但很少以独立形象出现，最常见的形式是和福星、寿星在一起，组成"三星图"。梅花鹿也是常用形象，因"鹿"和"禄"同音。禄星头戴官帽和梅花鹿组合在一起也能表达"高官（高冠）厚禄（鹿）"的含义，如有小孩同时出现则表达了人们望子成龙的愿望。

寿指健康、长寿。是千百年来人们所追求的最高目标，尤其是历代的皇室更是不惜一切代价去追寻长寿的秘诀。在图案表达上，一般使用"寿星"、"寿桃"、"仙鹤"等形象，寿星的形象一般是一位白发苍苍、面目慈祥、鹤发童颜、仙风道骨的老人，手捧寿桃或手执龙头拐杖。随着时间的推移，用来表达"寿"的事物也越来越丰富，还有松柏、乌龟、猫蝶（耄耋）、灵芝等。

财代表财富、金钱。它直接影响了老百姓的生活质量。除了平民百姓外，商家铺户也十分重视财运。民间常见的"财神"的形象有赵公明、李诡祖、比干、范蠡、刘海、钟馗、关公等数不胜数，可见人们的重视程度。每逢春节的时候人们都有各类活动来祭拜财神，希望财神可以降临并给家中带来财运。可以代表财富的事物一般有金蟾、珠宝玉器、白菜等。

喜即"高兴"，指与百姓生活相关的"喜事"，包括婚嫁、添丁、丰收等。俗语有"人逢喜事精神爽"，足可证明百姓在生活条件富足的情况下，还会追求精神上的满足。"喜神"可以说是人们臆造出来的，在民间并没有一个固定形象来代表"喜神"，一般都是些形象讨喜或曾为百姓造福的人物形象。最常见的表达方式非常直接，即"囍"字图案的剪纸等。

三、吉祥寓意在杨柳青木版年画中的典型呈现

年画贴在家里一般一两年才会换一张，所以一幅好的年画，必须非常耐看，否则两天看腻了下次也就没人买了，但是画得太深奥看不懂也同样没有意义。所以画年画

绝不仅仅是求财就画金元宝，求子就画大娃娃这么简单的事。如何让人"看不腻"是很重要的。用生活中常见事物的谐音直接或间接的来表达吉祥寓意是民间惯用的手法，而杨柳青木版年画更是将这点发挥到了极致。在一幅完整的杨柳青木版年画中，我们所能看到的所有事物，都不是无意义的符号或装饰，画师们在保证构图合理的情况下，充分运用了各种表现手法和绘画技巧，尽可能将更多的吉祥含义赋予在画面中。先用一句吉祥话作为画名，然后用各类代表事物去诠释它，再配上点生活化的元素来拉近和百姓的距离，加上合理的配色，精美的画工，最终目的就是让老百姓喜欢，让人越看越爱看，越看越有意思。

　　不同的题材表达的主要寓意也不同，下面是我总结的几类杨柳青木版年画，在这几类年画中出现的吉祥寓意是我认为较为典型且影响较广的。

（一）求　子　类

　　杨柳青木版年画中的娃娃画大部分是求子题材，其中一幅《莲年有余》是杨柳青木版年画的代表作，画名意思简单易懂，每年春节贴上一张，希望"以后连续的每一年都有剩余"，画师用莲花表示"连"，用鲤鱼表示"余"，用一个大胖娃娃来拿着莲花、抱着鲤鱼，也暗示了这幅画在祈求"有余"的同时，也包含了百姓"求子"的愿望。而娃娃的形象也充分满足人们对孩子的要求：健康、肥胖、开心、有福气。这幅画中娃娃的发型很有特点，左边梳着一个发髻，右边翘着一个小辫，非常可爱，在过去女孩子梳发髻，男孩子梳小辫，因此代表左边"女"右边"子"，合起来便成为一个"好"字。当然最典型的求子年画当属《连生贵子》，用莲蓬和笙（一种乐器）隐喻"连生"，莲叶上端坐一胖娃娃代表"贵子"。这里用莲蓬有两重含义：第一是因为发音与"连"相同，第二是因为莲蓬里面很多果实，本身就寓意多子，因此这幅画中用莲蓬取代莲花去表达"连"的含义。

　　此外，在求子类年画中也会出现石榴、西瓜、葫芦等事物，原理与莲蓬相同，代表多子多福，除了单纯的娃娃画外，一些仕女也会作为送子天仙出现在年画中，当然也会有其他神仙一同出现，但为了不喧宾夺主，一般都是些"小神仙""小童子"等，这类年画一般场面都很大，很热闹，而且寓意多样化，基本都会把其他所有的吉祥寓意都包含在内，如祥云围绕代表祥和、松柏常青代表长寿、和合二仙代表婚姻、刘海戏金蟾代表财富等。

（二）求　财　类

　　在杨柳青木版年画中，以发财为寓意的年画叫作"财迷样"，画面通常以各类神仙人物和金银珠宝为主要元素，表达寓意比较单一，就是求财。大部分的"财迷样"年画构图和内容都较为类似，一般都是描绘一家人在院中迎财神、祭财神的场景，画面中会出现许多和"财"有关的神仙，如财神、招财童子、刘海和合、利市仙官等，这些神仙手里一般会拿些金元宝、玉如意等，也有仙童手里会拿着卷轴一样的事物，上面会写一些与发财有关的吉祥话或者对联，如"招财童子到利市仙官来""招财进宝"，画面中还会出现宝马、钱龙、麒麟、金蟾、摇钱树、聚宝盆等事物，总之，整体构图就是讲究一个"热闹"。过年的时候把这么一幅"贵重"的年画贴在家中，谁看见不高兴呢？

当然"财迷样"年画也有别的图案，例如《同居多财》就描绘了一家买卖铺户年终算账的场景，画面构图比较简单，主要突出了桌子上堆满的账本、金钱和墙上供奉的财神像，这种"财迷样"年画比较少见，只有一些商家喜欢选购，普通百姓却不感兴趣。

（三）福运吉祥类

很多年画没有一个具体的表达主题，只知道它是表达吉祥、祝福美好的意思，像《福善吉庆》，画名是一句很直白的吉利话，意思涵盖范围很广。初看这幅画，有一个妇女坐在榻上，还有三个孩童在榻上嬉戏，旁边还站着一个侍女，房间装饰华丽，有吊灯、装饰画、条案和屏风等，从构图上就表达了一个主题——家境富裕。图中三个孩子手里拿着不同的东西，一个孩童手拿一根细绳，绳子另一头绑着一只正在飞的红色蝙蝠，另一个孩子手舞足蹈拿了一个芭蕉扇，最后一个孩子手里拿着戟（兵器一种），戟上面还挂着一面磬（乐器的一种），这样"蝠""扇""戟""磬"就齐了，很明确地表达了画名。再细看画面，侍女手拿玉如意，榻上还摆了几个柿子和双鱼形象的挂饰，条案上摆着几个佛手，旁边有个宝瓶里面也插着一把团扇，墙上装饰画是一幅牡丹图，图中还有蝴蝶飞舞。这些细节看似普通，实则都有含义，而且可以随意搭配。例如柿子和玉如意可以组成"事事如意"，牡丹和鱼则为"富贵有余"之意，宝瓶和柿子可以是"事事平安"等。一幅画，不光精致漂亮，还处处都有"吉祥话儿"，哪个老百姓不喜欢呢。

（四）世俗生活类

年画画师们除了用谐音表达吉祥寓意外，也会直接将百姓的愿望在画中实现，如《渔家乐》《庄稼忙》等都是如此，画一幅写实的场景，让老百姓有强烈的代入感，然后直接将人们希望得到的东西画在里面，这种生活气息浓郁的世俗类年画，能够让人们对生活充满希望。这类年画不再有大量的比喻、象征等手法，减少了对个体人物和事物的描绘，而是把视角放大，表现一个有生活气息的大场景，如《庄稼忙》这幅画描绘了人们忙忙碌碌丰收的场景，农民们分工明确有条不紊地忙碌着，遍地都是农作物，表示了今年是个丰收年，腊月里来买年画的人看见这样的画谁不希望买一张讨个好兆头呢？再细看会发现里面除了忙农活还有很多小细节：有位老人被孙子缠着没法劳动，只能放下工具拿起拨浪鼓逗弄小孩，另一只手还拿着扇子，好像累了一身汗似的；一筐满满的粮食旁边有两个小孩，前面一个蹲在粮筐旁伸手似乎要抓一把出来，而另一个则生气地一手拦着他伸出去的胳膊，另一只手高高举起，已经握成了小拳头；还有一个牵驴的小伙刚刚拉着驴子干完活，石磙还没卸下来就趴在驴身上休息起来，丝毫没注意驴面前刚好有一筐满满的粮食，而这头小驴正眼巴巴地看着这筐粮食；还有一个妇人更是顾不得刚收好的一筐粮食，直接就坐在旁边给怀里的小孩吃奶，而一只大公鸡已经跳进筐里偷吃起来，幸好这时赶来一个小孩拿着棍子驱赶它……虽然画工不够精美，远处的人甚至看不见五官，但是这一幕幕都是百姓家的日常或者是邻居家曾经发生过的趣事，是属于百姓们自己的谈资，让人觉得亲切，仿佛每个人都能从画中找到与自己吻合的形象，同时也让整日忙碌的人们换个视角，知道原来生活不只有辛苦和忙碌，还有很多温情和趣味在其中。

四、结　　语

杨柳青木版年画画面丰富、寓意吉祥，深受百姓喜爱。一张张如此精美、耐看的杨柳青木版年画，离不开年画艺人们的辛苦创作，他们把百姓的需求放在第一位，用手中的画笔将人们憧憬的美好生活描绘出来，既夸张又合理，既虚幻又真实，让人们拥有精神寄托的同时也不忘更加努力的改善生活。在杨柳青年画店中，无论哪个行业、哪个阶层的人都可以买到最符合自己审美和要求的年画。不仅如此，当人们再次欣赏这幅画时，总能发现很多小"惊喜"，让你看不腻，这就是杨柳青木版年画的魅力所在。

参 考 文 献

孙欣：《年画》，黄山书社，2012 年。

张道一：《中国吉祥剪纸图案》，北京工艺美术出版社，1999 年。

作者简介：孙笑瞳，天津杨柳青木版年画博物馆，助理馆员，天津市河西区佟楼三合里 111 号，300074。

九、改革开放四十年

我所经历的博物馆免费开放

沈 岩
（平津战役纪念馆）

2007 年末，改革开放的第 29 个年头，天津市文博界发生了一件令人难忘的大事。

为了贯彻落实党的十七大关于"推动社会主义文化大发展大繁荣"的重要指示精神和李长春同志在天津视察工作时所提出的要求，充分发挥公共博物馆、纪念馆在公共文化服务体系建设中的重要作用，更好地保障人民群众的基本文化权益，满足群众精神文化需求。天津市委、市政府决定，本市市级公共博物馆、纪念馆将分批逐步实现永久免费向社会开放。从 2007 年 12 月 28 日起，天津博物馆、平津战役纪念馆、周恩来邓颖超纪念馆、元明清天妃宫遗址博物馆、天津鼓楼 5 所市级公共博物馆、纪念馆同时免费向社会开放，翻开了天津文博事业发展史上重要一页！

此举在天津市及全国公共文化系统引起了巨大反响，天津市及外地媒体对此给予高度关注，报道称天津市市级公共博物馆、纪念馆成批向公众免费开放，是天津市委、市政府坚持以人为本、高度关注民生的具体体现，是为公众办的一件实事和好事。它不仅在满足群众精神文化需求，提高城市文明程度和文化品位方面发挥了重要而积极的作用，同时也奠定了天津市在公共系统博物馆免费开放推进过程中处于全国领跑的地位。

为了做好这项文化惠民利民的工作，天津市宣传文化部门认真研究方案，制定具体措施，周密安排，精心组织，各市级公共博物馆、纪念馆为免费开放，丰富了展览内容，完善了服务设施，加强了安全保障，进行了全员培训，进一步提高服务水平，以优美的环境、优质的服务迎接八方观众。天津市文化广播影视局党委及相关处室组织市属各博物馆多次召开专门工作会议，要求列入首批免费开放的 5 所博物馆精心测算每日最大接待量和最佳接待量，印制免费参观券，增加安保力量，做好安全应急预案，确保免费开放秩序和安全工作万无一失。

为了防止观众过于集中，超出场馆接待能力，造成安全隐患，影响参观效果，天津各博物馆在免费开放初期实行"提前领票、凭票参观"的办法，在全市各区县的文化馆、图书馆、影剧院设立了 19 个公益票站，群众可持有效身份证件就近领票。同时，各公益票站和博物馆也接受团体预订。外地游客、外籍人士凭有效身份证件及护照直接领票参观。原享受免费参观的未成年人、70 岁以上老年人、残疾人、现役军人等社会群体仍可持有效身份证件免费参观。天津市媒体和有关部门，在做好博物馆免费开放宣传的同时，反复提醒公众：市级公共博物馆向社会免费开放是永久性的，大家要合理安排参观时间，尽量错开初期参观高峰，以保证良好的参观效果。同时博物馆专家、学者们在本市媒体和报刊上开辟专栏，向市民普及参观博物馆的知识和常识，为科学参观、文明参观、愉悦参观奠定了基础。

记得平津战役纪念馆实行免费开放的第一天，可谓是盛况空前！虽然之前我们按照天津市文化广播影视局党委的指示，做好了周密的准备，但市民群众参观热情之高，仍然着实让我们吓了一跳！一清早，纪念馆职工还没有正式上班，但馆区外持免费参观券和等待领票免费参观的观众就已经排起了长龙阵。长长的队伍从领票处、入馆门口一直绵延至五、六百米开外！而且随着时间的流逝，等待参观的队伍有增无减，络绎不绝。

纪念馆干部职工全员上岗，领导班子全体成员坚守一线，宣教部（当时叫群工部）、保卫部、演示部、办公室、行政部等七部一室全部出动，分散到入馆口、序厅门口、展厅、胜利广场、演示馆入口等观众所能到达的一线部位，及时做好观众的疏导、引领、提醒、监控等工作。其中宣教部、保卫部是压力最大的两个部门。讲解员们一场接一场地讲解，嗓子都讲哑了；保卫部不停地巡视、检查安全隐患，疏导观众。可是大家不叫苦、不喊累，始终坚守在一线岗位，确保了博物馆免费开放首日的有序、安全、高效，做到服务质量不缩水，服务态度不打折，保持了纪念馆良好的精神风貌。

时光飞逝，转眼间博物馆免费开放已过去 11 个年头了。作为中华文化遗产保护、研究、传播公益性文化机构，越来越多的博物馆、纪念馆已拆除有形的门槛和围墙，将其所珍藏的人类文化遗产为大众所免费共享，已成为常态。过去专家学者所担心的"博物馆免费开放的热度能持续多久"的担忧与设问，已经有了答案——免费参观博物馆已成为人们时尚的休闲娱乐的最佳选择和文化惠民的亮点举措。观众走进博物馆的心态也在悄然发生变化，由"看热闹"转变为"品文化"，由"逛博物馆"到"学习、拓展知识"。总而言之，越来越多的人自愿走进博物馆感受历史文化、红色文化的魅力，已成为幸福和谐生活不可或缺的重要内容。

相信，未来随着《公共文化服务保障法》的普及和落实，博物馆、纪念馆将进一步续写文化惠民的新篇章。

平津战役纪念馆二十一年的成长历程与见证

王志贤

（平津战役纪念馆）

今年是我们国家进入改革开放进程的四十周年。40 年来我们与祖国共同见证着国家改革开放所取得的重大成就和所发生的重大事件，亲身经历着改革开放为我们呈现伟大祖国富强民主文明和谐美丽的巨变，感受着改革开放使人民生活从短缺走向充裕、从安居乐业奔小康的社会巨变，无不激发我们每一位国人对中华民族实现从站起来、富起来到强起来伟大飞跃的民族自豪感。

今天的繁荣富强，为祖国的昨日交上了一幅美丽的画卷；今天锐意进取的号角，为祖国的明天奏响了奋进的乐章。虽然，和平与发展已经成为当今时代的主题，但是我们不能忘记为新中国的诞生建功立业的革命先辈们，不能忘记为新中国的建立抛头颅、洒热血捐躯的革命先烈们。让我们倍加珍惜改革开放 40 年所取得的成果，将改革开放进程不断向前推进，引领中国人民继续走中国特色社会主义的广阔道路，迎接中华民族的伟大复兴。

平津战役纪念馆始建于改革开放进程的 19 年之际，而成长发展在与改革开放共同奋进的 21 年中。1997 年 7 月 23 日平津战役纪念馆开馆，至今已经 21 岁。21 年前，为了让平津战役这座彪炳千秋的巍巍丰碑永远矗立在人们心中，为了让这段光辉历史永远教育和激励今人后代，在党中央、国务院、中央军委的英明决策下，在军、地各级领导的正确领导下，在社会各界人士的大力支持下，在能工巧匠的建设者们恪守鲁班精神，建造红色教育殿堂的日夜奋战下，一座气势恢宏、雄伟壮观的平津战役纪念馆，矗立在天津市红桥区的子牙河畔。

随着时间的推移，时光踏着轻盈的足迹，卷起昔日的美丽悠然长去。纪念馆的外貌已经褪去了崭新靓丽的色彩，却裹上了经历年华流逝所赋予的厚重。随着时间的推移，风轻花落定，雨后现彩虹。纪念馆前的松柏从枝繁叶茂的小树，经过园丁的辛勤培育和尽享大自然的沐浴，枝干挺立向上长成参天大树，枝丫向外蔓延成冠树荫蔽道，为纪念馆平添浩气长存的威严与凝重。随着时间的推移，不忘初心，牢记使命。讲好红色故事，传承红色基因，是几代平津馆人为之不懈拼搏的宣传教育事业，让平津战役红色历史积淀成为典籍，让平津战役这座爱国主义教育、国防教育、廉政教育基地的丰碑永存。

　　时光飞逝二十一载，平津战役纪念馆始终铭记着老一辈革命家的殷切嘱托，肩负着弘扬红色革命精神、传承红色基因、激励当代教育后人的神圣使命。平津馆人共同见证着纪念馆的成长与发展，相信每一位平津馆人在回溯21年时光隧道的映像里，都能看到自己积极进取、勤奋工作的身影，都能寻觅到自己经历成功与失败的成长轨迹。平津战役纪念馆在党中央的亲切关怀和天津市委、市政府的正确领导下，在各级领导以及社会各界人士的高度关注和精心呵护下，为了崇高的事业和神圣的使命，馆领导班子带领全体干部职工凝心聚力、创新发展，将事业和使命付诸为之奋斗的干劲和行动，全心全意、无怨无悔。

　　平津战役纪念馆的三代领导班子集体，从争创"一流的馆员队伍、一流的工作管理、一流的后勤保障、一流的社会效益"的"四个一流"工作思路和奋斗目标，全面提升到"突出一条主线——搞新形势下的爱国主义教育和国防教育；实现两个目标——国家 AAAA 级景区、全国文明单位；改善三个环境——和谐的内部环境、良好的外部环境、可持续发展的市场环境；提升四个功能——立体式讲解功能、高科技演示功能、信息化传播功能、全方位展示功能；打造五个基地——退役军人报国励志的基地、复转军人继承传统的基地、青年学生健康成长的基地、中外游客了解天津的基地、市民群众践行天津精神的基地；强化六条措施——抓班子带队伍、抓学习强素质、抓管理保安全、抓市场增效益、抓宣传营氛围、抓活动创品牌"的"一二三四五六"的工作思路和奋斗目标，率先垂范带领全体干部职工勇于开拓，扎实进取，为纪念馆的事业发展奠定了坚实的基础。

　　21 年来，平津战役纪念馆紧紧围绕爱国主义教育的主线，结合国防教育、廉政教育、思想道德教育等阵地的平台，以"珍惜岗位、牢记责任、开拓进取、争创一流"为馆训，恪守踏石留印、抓铁有痕的工作理念，形成了充满活力、团结拼搏、创新竞进、干事创业的良好工作作风，勇于创新、勇于实践，为全面推进落实纪念馆各项工作的规定动作和自选动作见实效。从职工队伍知识结构、年龄结构、专业结构的逐步科学合理配置，到锻炼政治过硬、作风过硬、业务精、能力强的干部队伍；从着力宣传提高纪念馆知名度和美誉度，到各种新闻媒体百花齐放百家争鸣；从数百件革命文物的征集，到第二条展线的开辟；从馆内因地制宜、地尽其利地拓展展线，到走出馆门、阜门、国门的巡展"六进"活动；从促成军方大型兵器的捐赠，到军威园的创建、胜利会师金汤桥的架起、大型兵器军事主题广场的展示等。足履实地，一步一脚印，一行一进步。

　　每前进一步都蕴藏着平津战役纪念馆全体员工的智慧和力量，都饱含着每一位平津馆人的心血与汗水。一以贯之，坚持就是胜利，功夫不负有心人。从"全国爱国主义教育示范基地""全国青少年教育基地""全国文化工作先进集体""全民国防教育工作先进集体""全国红色旅游景点景区""全国红色旅游工作先进集体"到"全国文明单位""全国职工职业道德建设先进单位""国家 AAAA 级旅游景区""国家二级博物馆""全国青少年教育研学基地"等诸多荣誉。一张张荣誉奖牌，一份份沉甸甸的荣誉称号，口碑彰显力量，殊荣见证品质，无不记录着平津馆人 21 年奋进的足迹。荣誉是对过去的肯定和对未来的砥砺，荣誉是推动纪念馆的事业蓬勃前进的动力。

荣誉属于过去时，是出发的起跑线，是前进的加油站。21 年的光阴在漫长的历史长河中是短暂的，但对于平津战役纪念馆而言，是不忘初心、牢记使命、积极进取、砥砺前行的 21 年；是强化管理、深化改革、创新发展、砥砺队伍的 21 年；是发挥特色、挖掘资源、勇于担当、积极作为的 21 年。我们逐步实现了"制度建设科学严谨、宣教活动特色鲜明、文物陈列历久弥新、安保工作常抓不懈、设备信息保障有力、临时展览品牌彰显、新闻宣传亮点频闪、环境优美整洁有序"的愿景目标。

21 年成长发展历程用信念和奉献抒写，21 年所取得的事业成绩靠拼搏和进取铸就，步伐坚定而扎实，成果丰硕而耀目。回首昨天是为了吸取教训、总结经验、懂得珍惜，展望未来是为了坚定信心、勇于拼搏、再创辉煌。平津战役纪念馆全体干部职工将紧紧抓住文化大发展大繁荣的机遇期，深入学习宣传贯彻习近平新时代中国特色社会主义思想和党的十九大精神，坚决维护习近平总书记核心地位，坚决维护党中央权威和集中统一领导。进一步凝心聚力、创新竞进，充分发挥平津战役纪念馆的社会教育功能，把红色文物保护好、利用好，讲好红色故事，传承红色基因。

岁月的年轮沉淀了斑驳的痕迹，历史的记忆留下了悲壮的回声。我们不能忘记革命先辈的不朽功勋，我们不能忘记是革命先烈的鲜血染红了国旗，要倍加珍惜今天的幸福生活来之不易。展望未来，我们任重而道远。我们即将喜迎平津战役胜利七十周年，即将喜迎中华人民共和国成立七十年华诞，全球华夏儿女无不为之感到骄傲自豪和欢欣鼓舞。让我们紧密团结在以习近平同志为核心的党中央周围，铭史立志、缅怀先烈、珍爱和平、开创未来！为实现中国民族伟大复兴的中国梦不懈奋斗！

在平津战役纪念馆感受京津冀文化协同发展

张雨辰

（平津战役纪念馆）

转眼之间，21 世纪已过去了将近五分之一，改革开放已走过了 40 个年头。40 年来，天津的文博事业也随着改革开放的东风激昂奋进，随着时代的步伐破浪前行。

我出生在河北省唐山市，本科和硕士学位分别在河北师范大学和山东大学取得，2016 年 8 月来到平津战役纪念馆（以下简称"平津馆"）工作。之前虽然也来过几次天津，但对天津的情况了解比较少，更不用说对天津市某个行业的认知了。只是入职后的这两年时间，才对天津文博界的发展有了一定的了解。在这两年的工作中，天津文博界发展给我最深的印象是主动融入到京津冀协同发展的大框架中。2014 年 2 月 26 日，习近平总书记在北京听取京津冀合作发展的汇报工作，正式提出了京津冀协同发展的概念。近年来，京津冀协同发展的思想深入人心。京津冀地域一体，文化一脉，发展三地之间的相互协作具有非常好的历史基础和现实基础。2017 年，李鸿忠书记在天津市第十一次党代会的报告中提出要以天津之为推动京津冀协同发展深入推进。2017 年 12 月 23 日，三地签署《京津冀文化产业协同发展行动计划》。为贯彻市委市政府协同发展理念，市文广局在 2018 年 1 月 2 日发布了《关于报送 2018 年度京津冀文化协同发展工作计划的通知》。2018 年 5 月 15 日，金永伟局长在北京同北京市、河北省文化部门有关领导签署了《京津冀博物馆协同创新发展合作协议》，三地文化协同工作在一步步走向深入。

作为全国爱国主义教育基地之一，平津馆理所当然要承担起时代赋予的责任。临时展览作为基本陈列的辅助，具有较强的灵活性和时政敏感度。为了契合京津冀协同发展这一时政热点，平津馆在去年年底申报临时展览项目中，就考虑到了京津冀协同发展的问题。为了将革命战争题材和京津冀协同发展这一时政热点完美融合，平津馆选择了"冀东抗日暴动"这一民主革命时期三地协同的代表事件。

2017 年 12 月 19～20 日，八路军第四纵队的子女亲属和京津冀三地党史、军史专家齐聚唐山，与会专家学者就冀东暴动的历史进行了深入交流。当时张彩欣副馆长带领平津馆陈列保管部主任徐宁、工作人员李健和我一起赴唐山交流学习，并获得唐山市摄影家协会赠书《慷慨悲歌冀东魂》。此行获得了大量珍贵的影像资料，其中有大量从日本购买的照片资料，为展览的推出奠定了良好的基础。在冀东烈士陵园也采集到了一些文物和当时历史照片。

2018 年 6 月 22 日，平津馆举行了"抗日烽火在京津冀燃烧——纪念冀东抗日大暴动八十周年专题展"开幕式及座谈会。参加冀东暴动的主要领导的子女及亲属，京津冀三地的党史、军史专家参加了此项活动。赵耀双处长在展览的开幕式上强调这个展览是京津冀协同发展在文化历史领域内的深入实践。座谈会上，与会嘉宾就该段历史研究、京津冀文化协同发展等问题进行了深入交流。

我在学生时代的专业是历史学，来到陈列保管部后，我主要的任务是从事历史研究和展陈大纲编写。冀东暴动展陈大纲主要撰写人是张鑫，我另有别的临时展览大纲设计编写工作。我作为他的辅助，主要进行了如下方面的工作：收集该暴动相关烈士资料、搜集扫描了部分展陈大纲照片、征集部分文物、为该展览搜集视频以便二层临时展厅广告机播放。我也阅读了部分相关史料，因此对这个展览的相关历史和展陈内容还是有一些了解的。冀东抗日暴动策划于天津、鼎盛于河北、结束于平西，遍及冀东 22 个县，涵盖了目前北京的平谷、通州，天津的蓟县、宝坻、宁河、武清及河北唐山、秦皇岛、承德、廊坊诸县，暴动人数超过 20 万。各暴动队伍相互配合，规模在当时世界反法西斯战争中是非常罕见的。暴动震撼了日伪在冀东的统治、显示了冀东人民不畏强暴的英雄气概。展览展出后，我在平津馆官方网站、官方微信、官方微博和天津文化信息网为该展览写了新闻稿。馆办公室为展览撰写了通讯稿并在全国及本市各大媒体转载，引起了广泛关注。

2018 年 8 月 1 日，由中国人民抗日战争纪念馆、唐山市摄影家协会等单位主办的临时展览"抗日烽火在燃烧——纪念冀东人民抗日暴动八十周年暨敌后抗战主题展览开幕式"在北京举行，平津战役纪念馆受邀出席。徐宁主任、我和武丽洁参加了相关活动。

平津馆是全面反映平津战役伟大胜利的专题纪念馆，平津战役本身也是京津冀三地协同完成的一个光辉典范。平津战役规模巨大，在河北省平山县西柏坡决策，在张家口打响第一枪，在天津取得战役的决定性胜利，在北平完成对傅作义集团的改编并在此结束整个战役。在战役过程中，京津冀三地人民踊跃支前、地下情报人员为解放军提供各种情报，为平津战役的胜利作出了巨大贡献。2018 年适逢平津战役打响第一枪七十周年，为纪念这一历史的神圣时刻，平津馆人正在紧锣密鼓推出一系列纪念活动。2018 年 7 月 23 日，适逢平津馆落成对外开放二十一周年纪念日之际，中央电视台《国宝档案》开始连续播出《人民的胜利——解放平津》系列节目。同时加紧推进基本陈列改陈工作、推出临时展览"平津战役第一枪——纪念平津战役发起 70 周年"，将更多京津冀协同发展元素融入展览中。

目前，京津冀文化协同发展早已不是一句空洞的口号，而是实实在在的行动。作为一名天津文博界的新人，我将在以后持续感受着天津文博的繁荣发展给天津带来的深刻变化。期待天津文博事业在京津冀协同发展的东风中更上一层楼。

蓟州古城的守护神

高春梅

（天津市蓟州区文物保管所）

蓟州古称无终、渔阳，历史悠久，是天津市历史文化名城。它位于天津市最北部，地处燕山南麓，京津冀核心地带。良好的自然条件，优越的地理位置，使蓟州成为孕育文化、呵护文明的温床，留存了诸多文化遗存和历史遗址，这里有距今 4 万多年前的旧石器时代文化遗存，有 8000 年前的青池新石器时代遗址，有先秦时期青铜文化的张家园商周遗址，有汉代人文生活习俗的别山汉墓群，有中国古代木结构建筑的典范独乐寺，有明代九边重镇战略要地的长城古寨，有与清东陵毗邻的清代皇家园寝，还有解放战争时期平津战役前线司令部等。随着考古发掘工作的进展，蓟州悠久的历史文化遗产和巨大的精神财富更加充分地展现在世人面前。为了让这些古遗址、古建筑、古墓葬、石窟及石刻等得到更好的保护和管理，1972 年 11 月，蓟县文物保管所成立，它的成立进一步细化了蓟州的文物保护和管理工作，见证了这片历史悠久、文化灿烂、交通便利的"千年古县"的茁壮成长。

40 年的日新月异，40 年的沧桑巨变，40 年的改革开放，这 40 年是中华民族顺应时代潮流、迎来民族文化复兴发展的 40 年，同时也是蓟州区文物保管所在改革开放的大潮中，破冰前行、求索奋进，经历了从无到有，从小到大辉煌历程的 40 年。随着改革开放的发展，40 年来文物保管所（以下简称"文保所"）已由刚刚成立时的编制 3 人，逐渐发展壮大到目前在岗工作人员 70 人，分别在文保所的三部一室（即文物保护部、旅游服务部、安全保卫部、办公室）岗位默默奉献着；不断提高人们对文物的保护意识，限定地点燃放烟花爆竹，同时不断完善技术防范措施，诸如提升灭火器等级、消防增压泵升级、成立微型消防站、配备两辆微型消防车等方式，加强安防管理建设，充分展现了文物保护工作的重要举措。时间可以见证成果，我所始终高举中国特色社会主义伟大旗帜，以邓小平理论和"三个代表"重要思想为指导，深入贯彻落实科学发展观，不断解放思想，坚持改革开放，坚持以习近平"保护为主、抢救第一、合理利用、加强管理，"十六字方针开展文物保护、管理工作，使我区文物事业呈现出蓬勃发展的喜人局面，且屡见佳绩。2003 年 12 月，被中华人民共和国文化部、国家文物局授予天津市蓟县"全国文物工作先进县"；2009 年 11 月，被人力资源和社会保障部、文化部授予"全国文化系统先进集体荣誉称号";2010 年 6 月,蓟县普查队荣获国家文物局颁发的"第三次全国文物普查实地调查阶段突出贡献集体"荣誉称号;2012 年 4 月,天津市总工会授予蓟县文物保管所 2011 年度"天津市五一劳动奖状"先进集体。

文保所始终秉承"队伍建设、宣教、管理、利用"的文物保护精神,守护着这片令人遐想的神奇土地。

首先,秉承队伍建设必须优中选精、结构合理(知识结构、学历结构、职称结构)的原则,积极创建具有较高政治觉悟和业务素质精通的文博工作队伍,截至目前共有本科学历以上 34 人,其中副研究员 3 人、馆员 8 人、助理馆员 8 人,他们先后在《中国文物报》《今晚报》《天津文博论丛》《天津文博》《文物研究》等报纸刊物发表论文,出版了《清代皇家园寝》《蓟县文物志》《蓟县文化志》等书籍。文保所共有党员 33 人,他们在平凡的岗位上肯于奉献,勇于担当,积极工作,起到模范带头作用。人员的能力素质是决定一个单位工作效率和质量的根本,正是有这么一批骨干精英,凭着不畏困苦、攻坚克难的精神,先后完成了 1978 年蓟县古长城记录测定,1987 年全国文物第二次普查,2001 年津蓟高速公路考古调查,2005 年的旧石器专项调查和千像寺"拉网式"调查,2007 年明长城的资源调查,2012 年隆福寺行宫的调查报告和 2018 年独乐寺塑像壁画前期研究工作。特别是在 2007 年的"三普"工作中,我所成立 9 人专业普查队伍,历时 2 年,走遍 26 个乡镇,登记各类不可移动文物 422 处,实地填写表格 470 份,拍摄照片资料 2270 张,绘制地理位置 520 份,为蓟州区的文保工作留存了珍贵的资料,同时获得了国家文物局"第三次全国文物普查实地文物调查阶段突出贡献集体"荣誉称号。这 40 年来,文物保护工作者在蓟州这片古老的土地上,追逐历史足迹,积极探索文物保护方式方法,不断挖掘和申报文物保护点,从 1956 年的几十处文物点到如今几百处文物点,每一次工作成绩取得的背后都离不开他们辛勤劳动的成果,同时这些资料的收集对深入研究我区历史文化遗产起到至关重要作用。

其次,扎实开展文物保护宣传、宣教工作,逐步唤醒人们对文物的认识和保护意识,力争让"文物保护,人人有责"深入每名蓟州区老百姓的心里。为做好文物保护宣传工作,文保所的工作人员从"追集赶庙""门前摆摊""学校宣讲"等宣传方式,到如今通过媒体、微信、微博、馆内电子屏全面展开宣传。"博物馆日"和"世界遗产日"活动每年更新,节目丰富多彩,让更多群众参与其中。文物承载灿烂文明、传承历史文化、维系民族精神,同时也是提高国家文化软实力的一部分。在做好文物宣传的前提下,他们还利用手中资源做好宣教工作。系统梳理传统文化资源,让收藏在禁宫里的文物、陈列在广阔大地上的遗产、书写在古籍里的文字都活起来。综合运用媒体、主题活动、专题展览等多种方式展示蓟州文化魅力。分别在独乐寺院内展示了"蓟州历史文物陈列""白塔出土文物陈列",在鲁班庙陈列了革命传统教育"一分利文具店"，1993 年还与天津自然博物馆合作举办"贝类、蝴蝶、鸟类"展出，2 万多人参与；与天津文庙博物馆举办"孝道展"等展览。2014 年起又与蓟县教育局合作开展爱国主义教育活动，正是这一举措让蓟县的孩子们从小就了解了蓟县的历史文化，强化了"保护蓟州文物，从我做起"的精神境界。随着文物保护管理机构日趋合理，博物馆事业不断完善，逐步健全了博物馆对未成年人、老年人、军人、残疾人等社会特殊群体的门票减免费制度，使文物保护宣传、宣教工作步入轨道，文物事业得到蓬勃发展。

再次，"没有规矩，不成方圆"，制度约束队伍，是事业成功的保障。文保所始终不忘初心，立足时代前列，加强管理体系的建立和监督，先后在 1979 年下发了《关于进一步加强文物保护和管理工作的通知》，1982 年《关于"加强对社会流散文物征集工作的报告"的通知》，1987 年与蓟县工商局、公安局联合发布的《关于加强文物市场管理、取缔非法经营文物的通知》，1999 年《关于加强蓟县文物保护的意见》以及 2011 年《关于进一步加强文物单位消防工作坚决遏制文物火灾事故的紧急通知》提供了依据。每一步法规制度制订都认真贯彻《行政许可法》，规范审批程序，加强监督制约，推动文物行政部门职能转变。切实落实《全面推进依法治国行政实施纲要》，围绕建设法治政府的目标，推进行政执法体制改革，提高行政管理效能，创新管理方式，增强管理透明度。建立巡视巡查制度，及时掌握第一手资料，实现文物的动态化管理，多年来，文保所文物工作者认真贯彻执行各项工作制度，不畏艰难，爬山钻林，坚持完成对全区古建筑、古遗址、古墓葬、古长城等文物保护单位的日常巡查工作，每年春、秋、冬、汛期等特殊时期、对特殊地段进行不定期巡查，及时掌握蓟州这座古城的"病状"，并将其消灭在萌芽状态，使文物健康发展。

有了"病状"，就要找"良医"。文保所本着最小干预、修旧如旧的文物修缮原则，通过加强一系列的文化遗产保护工作，挖掘城市所蕴藏的独特历史文化背景，丰富城市的文化内涵；在新农村建设中，着力保护古村落的格局风貌、乡土建筑、环境景观和风俗习惯，保持村落的民族和地域文化特色；在大遗址保护和规划中，把文化遗产保护同发展区域经济建设、提高居民的生活质量结合起来。通过文化遗产保护，改善城乡的生态环境，保持浓厚的文化环境，创造美好的宜居环境，使人民共享文化遗产保护成果。文物可以促进科学研究，也可以推动经济发展。"青山绿水就是金山银山"，作为以旅游发展为龙头的蓟州区，紧紧抓住它是历史发展时期数不胜数的极具研究价值这一特点，凭借着独一无二的历史文物资源这一优势，推动了我区的 AAAAA 级"早知有盘山，何必下江南"的盘山风景区，"千年古刹"独乐寺，黄崖关长城，"清代民居"张家大院，红色爱国主义教育基地天津市盘山烈士陵园等迅速发展，带动了良好的社会效益和经济效益，使文物事业真正惠及地方，惠及民众。

时光荏苒，转眼之间，改革开放已过 40 年。回首过去，追寻我们走过的足迹，不难发现，每个重要关口和重大转变，都是一次次观念的突破和思想的解放。我们也深刻地意识到，加强文物的安全保护工作刻不容缓，建立了内部防范机制，把文物的安全工作始终列为目标管理的重要内容，常抓不懈。今天，我们又站在了蓟州历史的新征程上，我们将继续致力于文物保护工作，兢兢业业，术业专攻，坚守一线，主动作为，无愧于蓟州古城守护神的光荣称号，并将蓟州文保人的光荣传统传承发展下去。

祖孙三代独乐情

黄　焱

（天津市蓟州区文物保管所）

　　时光如白驹过隙，弹指间改革开放已经经历40年，在这40年的辉煌岁月里，各行各业发生了翻天覆地的变化，文物保护事业也迎来了大发展。坐落在天津市蓟州区的千年古刹独乐寺，发展变化更是有目共睹。作为一名80后的文物工作者，虽然独乐寺的整个发展历程我并没有全部亲身经历过，但也经常聆听这40年的变化。因为我的祖父和父亲都在独乐寺工作过，他们经历了独乐寺文物保护工作不平凡的40年。

　　1972年2月，蓟县文物保管所成立，我的祖父黄永春是第一任所长。那时的蓟县文物保护工作正值百废待兴之时，"知天命"的祖父不服老，义不容辞地担当这一重任。此后，他坚持认真研读《中华人民共和国文物保护法》和上级文件以及相关报纸、杂志、资料，虚心向内行请教。坚持对有关独乐寺所承载的历史文化、建筑文化、佛教文化、雕塑文化、绘画文化、美学文化、旅游文化等学科书籍的研读。在从事对全县文物保护的工作中，他同年轻人一样骑车到各个文物点，爬长城，登观音阁，亲自主持大量的文物调查和文物维修工作，组织划定独乐寺保护范围并报国家局批准，还聘请古建工程师祁英涛等制定了独乐寺5年维修规划等。

　　蓟县文物保管所办公地点就在独乐寺院内。当时，独乐寺的维修、环境治理是工作的重点。那时独乐寺的院子不像现在这般大，只有东半部分划归文保所。院内杂草树木丛生，地面坑洼不平，临建遍布院内各个角落。唐山大地震后，蓟县文物遭到严重损坏。独乐寺主体建筑山门、观音阁的修缮更是刻不容缓。祖父在任期间，对山门、观音阁的殿顶实施勾抿补漏、整修台基，添配观音阁门窗及上层回廊地面整修，院内铺设地面、甬路、翻建围墙等。另外，他还请天津美院师生临摹了观音阁内的十六罗汉壁画，请天津市"泥人张"第四代传人张铭等修补塑像，请山东曲阜的工匠修整、油饰匾额。那时因为国家财力问题，独乐寺的维修只能是修修补补。经过一番维修、整治。1980年5月10日，独乐寺成为蓟县第一个对外开放的旅游景点。开放之前，也有上级领导和有关部门来人参观考察，那时没有导游词，也没有专职导游员，只能由业务人员陪同作一番简单的介绍。独乐寺景区开放后，为了提高服务质量、扩大景区的宣传，景区有了专职的导游员，导游员的人数由少到多，导游词不断充实完善。

　　我的父亲黄立志，也是一名文物工作者，从事文物工作30多年。现在他已是天津文物战线的一名文博副研究馆员，曾任蓟州区文物保管所副所长、文物管理科科长。他经历了1984年10月的独乐寺重建一千周年的纪念日活动，20世纪90年代亲自参与了独乐寺为期8年的维修工程，发表了宣传、研究独乐寺的文章多篇。《梁思成发现独乐寺》和《国之瑰宝 千年大修》两篇文章至今依然影响广泛。

　　1984年，恰逢独乐寺重建1000年，10月份在独乐寺举行了重建千年纪念大会，来自全国各地的古建、文物专家百余人参加了这次重要的学术会议，会上发表学术论文30余篇。正因为有此盛事，专家学者才有机会聚集独乐寺，他们目睹了独乐寺的现状，想到这座古建筑的价值非同一般。为了更好地保护独乐寺的山门、观音阁两个建筑，特别是观音阁，专家一致呼吁，国家文物部门应投入资金，对这一千年古刹进行大修，并研究内部结构。时任天津市市长的李瑞环题写了"千载独一寺，今朝民乐园"的题词。

　　随着改革开放的不断深入，国家财力的不断增强，1990～1998年，国家文物局先后拨款800多万元对独乐寺进行维修。每当讲到这段经历时，父亲总是有说不完的话题。维修当中，他看到了国家文物局古建筑专家组组长、独乐寺维修工作领导小组顾问罗哲文先生一次又一次的登高拍照、仔细观察大阁的内部结构；目睹了古建专家、独乐寺维修工作领导小组副组长余明谦先生，手拄着拐杖让人搀扶着也要登上脚手架指导维修工作；听到了古建专家、独乐寺维修工作领导小组成员杜仙洲，因耳沉大声询问现场技术人员的声音。因工作关系，他还看到了工程技术组组长魏克晶白天指挥工人干活，夜晚画图纸，记笔记，核对数据；感受了县文物保管所所长张宗仁带病坚守在工地的情形。老专家及建设者们务实、严谨、一丝不苟的工作态度，认真负责的精神，至今他都历历在目。维修结束后，许多游客提出了"独乐寺维修棚架搭了这么多年，都修哪儿了""怎么还是这么旧，为什么不油饰"等问题，这些问题恰好从一个侧面说明，独乐寺维修工程是文物维修"修旧如旧"成功的典范。维修期间，施工人员严格落实了维修方案和施工方案，实现了"修旧如旧"的既定目标，保持了古建筑的原型制、原结构、原材料、原工艺，圆满地完成了独乐寺千年第一大修，使这个中国古代木结构建筑的代表作又得以"益寿延年"了。2004年，独乐寺维修工程荣膺文化部评定的科技进步二等奖。

　　1998年6月，为迎接维修后的开放，我父亲组织文保所全体职工开展了"百日集训活动"，他与请来的老师重新整理、审定导游词。这次集训活动提高了工作人员的服务质量，达到了人人能讲解的目的，也为后来独乐寺的管理打下了坚实的基础。

　　我虽然没有经历前期独乐寺维修、保护的辉煌历程，但也感受近几年独乐寺的巨大变化。近年来，区文保所投入资金，对院内环境进行改善，提升厕所的档次，地面铺上了古色古香的青砖；移栽了松树12棵、丁香5棵、银杏2棵、海棠13棵、七叶梭椤 2 棵等；栽植毛竹林 3 片、新建假山石景观 3 处、草坪佛乐多处；与原有的松树、柏树、槐树、柳树等交相辉映。使独乐寺景区面积虽小，但达到了国家 AAAA 级景区的标准。游人到这里来，既可以看到中国古建的北方之雄，又可以欣赏到南方园林之秀，令人叹为观止。由于院内绿树葱茏，鲜花盛开，草坪如茵，即便是炎炎夏日也能带来丝丝凉爽；春、夏、秋、冬四季景色各异，令人陶醉其中，使游人有曲径通幽和禅房花木深之感，其幽美的环境颇受游客喜欢。

随着旅游行业的发展，人民生活水平的不断提高，越来越多的人到独乐寺参观。每天，我都带领游客参观独乐寺，走在旅游路线上，欣赏着柔和悠扬的佛乐，边走边向他们介绍独乐寺的建筑艺术、塑像艺术、壁画艺术，讲解"观音之阁"匾额的来历；告诉游人独乐寺是我国著名建筑大师梁思成发现的，是梁思成先生考察的第一个古建筑；独乐寺是 1961 年国务院首批公布的全国重点文物保护单位等。讲独乐寺如何被评为"津门十景独乐晨光"的；讲观音阁如何经受 28 次大地震的考验等。每当听到游人由衷感叹古人的大智慧时，我都为我是独乐寺的一名导游员而感到骄傲，感到自豪。当然也有游客问我："你这样，每天重复的讲解，难道不会有厌倦的时候吗？"说真的，我有时也觉得做一名导游很单调，但面对热情的游客，面对沉默的古建筑，我又觉得我的这份工作很有意义，因为我在宣传我们蓟州区的悠久历史、灿烂文化，我在宣传古人的建筑、绘画、雕塑和书法艺术，我在与古人进行心灵的沟通和对话。独乐寺的讲解工作，对我来说，不仅仅是一份简单的工作，我还接过了我的祖父、父亲的接力棒，承载了我们祖孙三代的独乐情缘。

2018 年 9 月，天津首届中国农民丰收节期间，独乐寺免费接待蓟州区的农民。当我看到农民朋友喜笑颜开的表情，我真的为祖国不断强盛、农民生活水平不断提高而自豪；当我看到游客们坐在行宫回廊的长凳上边休息、边欣赏乾隆皇帝的书法时，我为昔日只有统治者及少数人才能进入的独乐寺如今成了人民群众的乐园、人民文化生活的丰富多彩而感到高兴，也为我能够在这里成为一名导游员继承两代长辈的事业、实现三代人同在一个战壕保护国宝、弘扬国粹、讲述国学感到责任的重大，使命的光荣。

妥善保护"国宝"四十年

——改革开放以来独乐寺的保护工作

赵智慧　高树影

（天津市蓟州区文物保管所）

今年是改革开放四十周年，40 年来，中国社会的各个领域都有翻天覆地的变化。而独乐寺管理方面的不断完善则见证了文化遗产保护领域的发展，改革开放四十年，对文化遗产的保护利用，在不断探索中发展完善。

一、改革开放前的独乐寺

改革开放以前的独乐寺在 20 世纪上半世纪，一直遭受风雨侵蚀和各种人为破坏。1932 年，建筑学家梁思成考察独乐寺，那时独乐寺的状况是"门窗已无，顶盖已漏"，梁先生认为"若不及早修葺，则数十年乃至数百年后，阁、门皆将倾圮"。梁先生考察完，写下调查报告《蓟县独乐寺观音阁山门考》，发表在《中国营造学社汇刊》第三卷第二期，从此独乐寺价值被世人所了解。山门、观音阁两座木构建筑被称作"古建艺术瑰宝""无上国宝"。

在 20 世纪三、四十年代，独乐寺曾被日本侵略军占据，也曾属无人管辖之地。在战争不断的年代，如此珍贵的遗产也只能任由破坏。中华人民共和国成立后，1954 年独乐寺由蓟县文化馆管理使用，独乐寺才开始获得新生，自此才有了一些保护和管理行为。

1958 年，填配观音阁下层隔扇门，山门、观音阁瓦顶补漏。

1961 年，被国家列为全国首批重点文物保护单位。

1962 年，观音阁安装网式避雷针，瓦顶除草扫垒。

1972 年，成立蓟县文物保管所（以下简称"蓟县文保所"）专门保护管理独乐寺。蓟县文保所成立以后，独乐寺的文物保护抢救工作进程加速。同年，在观音阁墙皮脱落处发现壁画，蓟县文保所组织专家将壁画精心剥出，并发表论文《记新剥出的蓟县观音阁壁画》。也是同年，蓟县文保所组织山门、观音阁及附属建筑的瓦顶补漏工作。

1973 年，填配观音阁上层隔扇门、遮椽板，阁顶乳栿大木支顶加固，添置观音阁下层壁画保护栏杆、观音像须弥座上的保护栏杆。

1974 年，山门、观音阁揭瓦补漏，更换观音阁平座糟朽的外檐斗拱。

1976 年，唐山大地震，独乐寺院墙倒塌，观音阁墙皮脱落，梁架未见明显歪闪，彩绘观音像胸部铁箍震断。这些损坏只有表面能够看到，由于那个年代对建筑的了解研究有限，地震造成的很多不明显的细节应该有很多，只是没有在意和记录。

大地震过后，蓟县文保所积极组织震后整修工作，同年，整修地震损坏的附属建筑，修建青砖东大墙和保卫室。

1978 年修建院内四条青砖甬路，翻修山门、观音阁台基地面，填配山门隔扇门窗。改革开放前的独乐寺在政府高度重视下进行一些急救性的保护措施，这些保护措施基本上是补缺失和修复局部严重残破。这些保护措施在很大程度上保护了文物，也使得文物停止加剧损坏。但是这些抢救措施明显缺乏前期多方面研究和维修中的记录、存档，这些缺陷使得文物本体容易造成信息缺失，或是信息模糊难辨，影响未来各种研究工作。

二、改革开放给独乐寺带来的新变化

1978 年 12 月 18～22 日，十一届三中全会在北京召开，全会的中心议题是讨论把全党的工作重点转移到社会主义现代化建设上来，进行拨乱反正，恢复民主集中制。

改革开放后，独乐寺最大的新变化是作为景区对游客开放，其次的变化是关于独乐寺的学术研究空前发展。

1972 年，蓟县文保所成立以后，对独乐寺损坏的古建、塑像作了必要的维修，并且整修了独乐寺院内设施和环境，1979～1980 年独乐寺进一步修整：山门、接待室揭瓦补漏，安装山门东西山墙北半部四大天王壁画前的保护栏杆，由天津"泥人张"传人张铭等修整山门和观音阁内的八尊塑像，由天津美院杨德树带领师生按原大样临摹观音阁下层壁画、油饰观音阁和山门的四块匾额。修复八角亭内的韦陀泥塑像、隔扇门窗，在亭西北修建消防水池。

独乐寺完成古建的局部抢救维修、塑像的破损修复、院内设施环境的治理，在 1980 年 5 月 10 日，作为景区正式向中外游客开放。独乐寺是古迹、人文景点，展示着人类优秀古老文化。独乐寺景区的开放正是改革开放给独乐寺带来的大变化，彻底改变以往历史上或封闭或无人管理的状态，以开放的胸怀欢迎大家走近，感受祖先优秀文化遗产的独特魅力。

独乐寺的旅游开放工作，赢得了可观的经济效益，满足了广大人民的文化追求。

许多年来，蓟县文物保管所一直积极进行景区建设，不断绿化庭院、改造景区基础的水路电路设施、休整地面、修建停车场及调整旅游功能用房、设置各种旅游标识及音箱等，完全按照 AAAA 级标准构建景区环境　受到广大游客的好评。

改革开放给独乐寺带来的另一个新变化是关于独乐寺的学术研究蓬勃发展。

1984 年，是独乐寺重建 1000 年。独乐寺文保所作为主办方，组织"独乐寺重建一千周年纪念大会"，来自全国各地专家、学者一百多人参加了大会。会上发表学术论文 30 余篇。从独乐寺（以及白塔）的历史沿革、建筑艺术、书法艺术、雕塑艺术等不同角度、不同侧面进行了深入细致的研究，得出了宝贵的结论，很有学术价值，对独乐寺 1990 年千年大修奠定了舆论准备和资料基础。由于大会的影响，建议独乐寺观音阁进行抢救性维修工程，专家们纷纷献计献策。1985～1989 年又请太原工业大学土木系李世温等对观音阁进行动力特性和变形观测，故观音阁维修前的准备工作。1989 年 11 月 25 日，天津市文化局呈报国家文物局《关于独乐寺应尽快进行抢救性维修的请示》。12 月 19 日，黄景略、罗哲文等冒着大雪由京赴蓟，现场考察独乐寺。

改革开放的政策使独乐寺的管理利用从无序、封闭逐渐走向有序、开放；人们思想的解放，使得独乐寺学术研究工作在 1932 年梁思成先生的研究基础上蓬勃发展。

三、改革开放背景下的独乐寺抢救性维修工程

独乐寺观音阁是"古建艺术瑰宝"，在结构上有很多优点，但是长期受到风雨侵蚀特别是历史上 30 余次大小地震，再加上战乱破坏，难免出现安全隐患。通过查勘发现观音阁有整体变形，整体趋向是向东南倾斜，且伴有逆时针扭转。观音阁的部分木构件变位，节点松动、劈裂、滚动等损伤和破坏现象有些很严重，只有对其损坏部位进行及时、有效地维修加固，才能保障这一千年古寺的安全无恙。早在 19 世纪 50 年代、60 年代和 70 年代也都曾邀请过梁思成、杨廷保等老专家前来考察研究，但限于当时的人力、物力条件未能实现大规模维修。

到了 20 世纪 80 年代，由于党的改革开放政策，经济快速发展，文物保护也更加受到重视，古建筑保护迎来了又一个春天。正是在这样的时代背景下，独乐寺迎来了一千余年的历史上规模最大的一次维修。

从 1990 年 3 月立项到 1998 年 10 月竣工，历时 8 年，维修了观音阁木构框架和木构件，并维修了观音阁、山门的屋顶。为了保护下层阁内壁画，观音阁实行半落架维修。拨正了后明间金柱、檐柱；在暗层进行各种加强支顶，防止歪闪；在上层给予补强处理，加强构件的悬挑力；在顶层加强固定防止错动，提高抗变形能力和屋面的整体性。在维修工程中，排除各种安全隐患问题，本着"修旧如旧""尽可能保存历史信息"的原则，使千年古建保持了原始风貌且老当益壮。

独乐寺 1998 年维修工程与以前抢救性局部维修的有很大不同，它不单是蓟县文保所的行为，而是经过国家文物局、天津市文化局和蓟县文物局、蓟县文保所共同考察

研讨并向专家们咨询论证的项目，采取委托设计、自营施工的方式，并各自派出了领导和专门技术人员共同组成了独乐寺维修工程指挥部。1998 年 10 月的独乐寺维修工程实际上国家文物局的一项重要科学研究课题，不仅仅是维修，还包括对文物本体、对历史信息、对文物保护的科学研究。这个项目实施过程中涉及诸多领域，对建筑的前期研究包括各种观测、测绘和鉴定就利用了四年多的时间，其中维修方案修改多次。在维修过程中，进行分阶段施工并验收，每一阶段都确保施工质量。

正是由于在改革开放的大背景下，1998 年独乐寺维修工程在国家文物局的统筹指导下，在具体分阶段的施工中有着机动灵活方法，使项目得以顺利完成。独乐寺维修项目体现了改革开放形势下的群策群力的集体智慧，同时也体现出了因势而为的灵活思路。如今，大维修已过 30 年，依然是一个古建维修成功的最优秀案例，取得了十分可贵的经验。这些经验是：必须做好前期调查工作、对设计方案进行不断研究比较最后选取最佳方；精心施工，分阶段进行验收，不断总结经验，确保工程质量；把保护古建筑的原构件和室内文物放到了十分重要的地位；依靠各方面专家的指导与协作，坚持传统与现代技术的结合，提高科学施工水平。

四、独乐寺安全保障工作不断强化

蓟州文保所高度重视独乐寺的文物消防安全管理工作。加强火灾预防和隐患排查工作，切实采取有小措施，健全安全制度，改善安全设施，强化安全措施，全面管控各类火灾诱因，增强火灾预防和灭火救援能力。

1981 年，改建消防水池和水井，填配干粉灭火器和消防车。

1982 年，安装消防水管和电缆。

2001 年，建立安全监控室，2010 年升级为影像监控系统实施全景监控，无线对讲设备实现 24 小时开通。观音阁、山门内安装烟感探测系统。

2013 年，成立独乐寺微型消防站。设置十名消防员，配备两辆微型消防车。

2016 年，独乐寺院内重铺地砖，改善消防通道，改进地下水、电路管道设施。

2017 年，山门安装红铜材料避雷设施。

2018 年，观音阁安装分布式文物古建筑高压喷雾灭火系统，可以最大程度减少对文物、壁画的伤害，是最新研发的针对文物古建筑的专用灭火系统。

独乐寺还一直重视文物建筑的日常维护保养工作，每年进行屋顶检查，根据需要进行屋顶瓦垄除草和勾抹，及时排除险情。

2012 年，制定《天津市蓟县独乐寺保护规划（2013—2030）》，为了确保独乐寺的安全性、完整性，保证相关环境的完整性、和谐性，根据独乐寺的价值及周边环境的历史和现实情况，划分了保护范围和建设控制地带，并对遗产本体、环境、展示利用、管理与研究、基础设施等诸多方面进行了科学规划。

五、日常监测工作的实施

蓟州文保所一直努力进行独乐寺的日常维护和保护规划的制定工作，但客观上仍存在文保力量薄弱、缺少文保专业人员的问题，对独乐寺的日常保护管理工作还不够深入和精细。基于现实问题。

2011 年，文保所尝试在观音阁进行日常监测工作。制定了观音阁微小环境日常监测方案，经过短暂的前期试运行于 2012 年 1 月正式启动。为调动工作人员参与文化遗产保护工作的积极性，监测调查工作让观音阁内正常上班的工作人员完成，调查方法尽量依靠工作人员目测和感受来发现阁内有损文物安全的情况。

日常监测观察记录观音阁日常状态下春夏秋冬文物有损害的现象，例如风雨潮湿沙尘对古建的影响，鸟类对古建的破坏，光线对塑像壁画的影响，古建塑像壁画掉落的构件或碎片。

工作人员通过观察记录，总结出风雨潮湿沙尘、鸟类、光线等对文物本体影响的情况，并采取简单有效措施减少损害。六年来，通过日常监测工作，将观音阁现场发现的问题与蓟县文保所对古建筑的日常管理和日常保养工作进行对接，解决了很多文物保护现场的细节问题，同时也为观音阁未来的保护研究留存资料。

让基层工作人员积极参与古建保护，体现了独乐寺的文化遗产保护工作精细化、日常化发展，也说明了"预防性保护"理念的深入贯彻。

六、独乐寺塑像壁画研究性维修项目

独乐寺山门、观音阁两座辽代木构在 1990～1998 年经过维修工程，已经排除了安全隐患，在千年大修时，建筑内的塑像壁画未参与维修。虽然独乐寺塑像在 1980 年修补过残缺，但目前保存现状可能仍有危险。

初步调查发现塑像存在本体倾斜倾倒、贯穿性结构裂缝。壁画则出现大范围空鼓、酥碱等病害。这些情况严重威胁到文物的保存。急需对其实施相关保护措施。

2016 年独乐寺塑像壁画研究性保护项目被国家文物局正式批准。项目分前期研究和后期保护两个阶段。第一阶段力求在详细研究并掌握文物环境、制作工艺、病害类别与起因的基础上制定出独乐寺塑像、壁画的保护方案，第二阶段是在第一阶段所取得的成果上实行维修或保护措施，从而最大限度延长文物的寿命。

独乐寺塑像壁画研究性保护项目不是抢救性维修，而是为了更好地保护传承独乐寺塑像壁画这些珍贵文化遗产而进行的主动性保护，体现了新的时代精神——加强文物保护利用和文化遗产保护传承。

中华人民共和国的成立使独乐寺的保护工作获得新生，改革开放使独乐寺成为景区得到了合理利用，在合理利用中不断强化安全管理，并进行抢救维修、精细管理和主动性保护工作。四十年来，独乐寺文物保护工作在探索中不断发展，珍贵的文化遗产得到了妥善保护。

石臼、石碾与时代

杨　蕾

（天津市蓟州区文物保管所）

石臼，是古人以各种石材制造的、最原始笨重的用以捣杵加工粮食的生产生活工具。它用半米至一米或圆或方、外形较大的石块，在其上部平面中间，向下掏凿出底部有弧度的圆形凹坑，直径与深度不等。但都呈敞口状，固定安放在地面或浅埋在土里，方便人们使用。

我作为1982年出生的80后，小时候并没有见过石臼，先前对它也就没有什么印象。但上班从事文保工作后，听年长的父亲说，他小时候在他姥姥家见过，而且还亲眼见他姥姥使用过。绝大多数的时间，石臼露天闲置在院子里没人使用，小孩儿可以蹲进去玩儿，雨季时里面便盛满了雨水。在盘山脚下，在我们这个出优质花岗岩石材和技艺高超的石匠的地方——曾有石匠参加过清东陵和盘山烈士陵园的建造，早年石臼的出现也就不足为奇。

据考证，大约在三千年前，中国古人就开始食用水稻、黍类等粮食作物。在北方，石碾子、石磨出现之前，石臼是加工小米、高粱等粮食的唯一工具。捣米时，将原粮放进去，随着手持或脚踏的木杵与石碓一上一下地碰撞，原粮便在石臼里脱壳蜕皮。捣击一阵后，须将坑里的谷物掏出来，用簸箕将皮糠除去，再放进石臼里捣。如此这般三四个来回后，石臼里就剩下可用于加工食用的白花花或黄乎乎的米了。

石臼是古代人类生活的必需品，石臼和水井一样，是人类定居点的标识。父亲小时候见到过石臼捣米，已是20世纪60年代初，应该已属于个别现象。且不说电气化在部分农村地区开始出现，相对于石臼而"先进"的石碾子石磨，也早已替代了石臼。当然，石碾子与石臼相互并存一段时光岁月，也属正常。直到20世纪中叶发明了碾米机，石臼才逐渐被淘汰。而在乡村里偶见的石臼，则成了许多人们怀旧的对象。

我见到真正而古老的石臼，是在2008年秋天。当时，在被称作"京东第一山"的国家AAAAA级风景名胜区蓟州盘山，又发现一处大型古寺庙遗址。这处古寺庙遗址湮没在高山深坞，此前鲜为人知。作为文保部门，我们前去考察时，除在庙台前的空地上，发现遗存有支离地面的石碾碾盘外，竟在不远的地面上，还意外地发现，另有平卧着一块直径一米多、高六、七十厘米的、圆乎乎的大石头。石头上面是一个雕凿出的直径约半米、深有三、四十厘米的、底部为弧形的圆凹坑，里面积存有少量的雨水。圆凹坑周边的石体上，由于年久的日晒雨淋，表面已经显得黑黢黢的，给人以沧桑感。这分明就是当年苦行僧们加工粮食的石臼，它现与旁边的石碾同时并存着，可见其寺庙历史的久远。

石臼今已罕见，而石碾在我小时候到现在，其实并不罕见，甚至还经常出现在我们的日常生活中。乡下石碾的"兴衰史"，也从一个侧面，反映出了我国改革开放四十年前后，国民经济与人们物质生活，尤其是饮食结构及观念的巨大变化。我的家乡位于天津蓟州的盘山脚下，那里是个出产石头的地方。在山下小村街道旁的一块空白地上，从我小的时候，就有着一座静卧着的石碾。

石碾是全村公有的。谁都有权利使用或不使用，却没有权利破坏它。你看，它圆圆的碾基，平坦的碾盘，碾盘中心立竖着一根细石柱，石柱的一侧横躺着沉默的碾磙。呵，整个构造几乎全是石头。在我们这个出石头、石匠的地方，它也算是家乡的一种象征吧。

村中的石碾从我记事起就有，不知它已阅尽了多少历史的沧桑。眼下，一座座农家新舍整齐漂亮，街道两旁路灯盏盏，大街小巷全部实现了绿化和美化。在新时代新农村建设日新月异的今天，石碾的存在虽古老古朴与充满乡愁，但按一般人的审美观去看，似乎又与现代化发展的小村，有些不太协调。而作为一个从事文保工作的还算年轻的晚辈，当然我不会这么看。

听父辈说，20世纪60年代他们童年的时候，全家人吃的米面，都是用这个石碾碾压的。每当碾米压面时，小孩儿总要待在大人们的胳肢窝下，共扶着一根横木棍，推呀，推呀，驱使着石碾一圈儿一圈儿地转动。渐渐地，石碾下的谷子没了皮，成了米；或者是玉米一点点变碎了，成了面。当数圈儿数得疲困的时候，米面也就该碾压完了。接着，还会有挨个儿的下户人家继续碾压。于是，石碾又开始转动起来。"咯噔""咯噔"吃力的响声，像是石碾不情愿地唠叨着。

后来，几根神奇的铁丝儿通到小村，小村便用上了电。电灯亮了，电磨、电碾子也跟着响了，苦于劳作的乡亲们终于有了"替手"，于是便争先恐后地把家中的粮谷，推到电磨坊里进行加工。从此，石碾开始被冷落起来。可也有少数人继续去走碾道的路，据说主要的原因，是为省下那几毛钱的加工费。那年月"穷过渡"，都在生产队里挣工分儿，难见到现钱啊！

等从我记事儿起，中国已进入改革开放之初的20世纪80年代，这时农民的生活发生了很大变化，几毛钱、几块钱、甚至十几块钱的加工费已不在话下。为图方便，人们都不愿再费时费力地去推碾子。这时候，石碾真的像文物一样闲置一旁，被小村"陈列"了起来。但在改革开放二十多年后，不知怎的，前进了一大截子、发生了巨大变化的家乡，石碾的生意，便又时常地在小村兴隆起来。这已是我亲自看到过的景象。

你看，每逢农历春节和正月十五、五月端午等一些传统节日，家家户户都会端着一点的谷物，挨个儿等着碾压些黏米、黏面，好做些年糕、元宵、粽子之类。说是用石碾加工这些原料，能更好地保持食物的原始风味儿。也难怪，人们在真正解决了温饱问题、减少了大量的体力劳动、迈入了小康社会之后，吃得怎能不讲究一点。推碾子拉磨，也成为人们一种怀旧式的锻炼身体的享受了。于是，每当石碾转动之时，该是人们的过节欢快之日了。石碾，从此更有了民俗风情的美学价值。

如今，中国已进入新时代，中国成功的改革开放，也已大道善行了四十年，国民生活又有了更高档次的变化。别的不说，仅从饮食上，从石臼到石碾，随着城乡一体化及乡村旅游农家乐的兴起，无论城乡，人们希望吃得更加安全，更加健康，更加"好口感"已成共识。于是，石碾的实用价值及对原粮加工的"美味价值"再次凸显。

当然，石碾从人文价值的角度，也应该并依旧被小村保存着，它不愿走进历史，也不能离开人们的视野。

文物艺术品的美丽绽放

李 玮

（天津市文物公司）

我国改革开放，在 1978 年党的十一届三中全会决定的，我们生活发生剧烈的变化。自己作为土生土长的天津人，深刻感受到自己家乡天津周边环境巨变，那些儿时小窄马路如今完成宽敞平坦大道。经济的发展人们生活水平不断提高，汽车代替了以多数破旧的自行车，红绿灯由颜色交替改变成数字变换。随着科技生产的进步，电视和收音机已经被电脑网络数字技术所更替。新的时代，新的特色，新的征程，激发更多人们对历史文化的追溯。

我们是华夏儿女、炎黄子孙。文物是历史最好的见证，是中华民族最宝贵的财富。自己很幸运从事有关文物工作，从一开始工作的统一着装到单位新编纂规章制度，从自己行为习惯到思想观念转化也都受着新时代思维模式影响。改革开放以来，随着中国社会发生巨大变化，天津文物事业进入了发展阶段，国家为了有效加强文物保护意识，1982 年 11 月 19 日颁布了《中华人民共和国文物保护法》通过法律的手段，提高人们对文物保护意识，来继承中国文化传统这项载体。现如今，经过几次修订方案，文物保护工作不断完善，技术逐步提高，更真实展现中华文化独有的一面，以最美好的面容走向世界。

曾经在文物库房工作的我，经历文物普查工作，更加系统地运用计算机信息网络与文字数字相结合的特点，对相应文物进行整理，进一步了解文物保存现状。很荣幸看到许多市场上不常见的文物艺术品类别和样式，在有限的时间里供给自己深学和讨究。一件艺术品的题材特征反映的那个时代人们的审美情趣，对美好时代的憧憬。一件艺术品的工艺水平高低体现了某个时代的历史特性。当今艺术品经济价值和艺术品鉴赏价值形成了文物市场的主流。

在某种角度上历史文物是一种艺术品，20 世纪 80 年代国内文物市场刚刚起步，文玩买卖有一定局限，都是私底下交易。一些正规的文物国有商店只接待外宾，国内文物外流走私出口很强，尤其港澳台胞到内地购买大量文物商品，掀起文物市场萌芽。20 世纪 90 年代全国各地开办许多文物培训班，扩大普及相关知识，国内玩家大量涌现，文物商店也举办了各种大小展销会和小型拍卖会，拓展业务的广泛性，使文物市场处于活跃期。到了 2000 年以后，文物拍卖已经形成固定模式，国内外友人互通，随着因特网的迅速发展，越来越多的网络都在电子商务，支持艺术品网络交易，这种网购流行成为一种现实优势。电子商务的意义很简单，就是在许多网站中可以选择性交易，人们不受空间、时间的限制进行交易，减少中间复杂环节，节约了成本，提高了效率。这种模式已经成为新时代的一种趋势，符合了时代特征，人们拓宽了眼界，加强了对文物艺术品追求和热爱。

微信的普遍使用，又是一个时代性更替，作为移动性比较大的微商，面对消费群体也很复杂，扩大社会中各种消费群，通过晒朋友圈、刷屏等方式，勾起用户购买冲动，一个好的圈子群体，无可缺少的是人脉，做好微商，基本都会有自己独有的微信圈子，资源共享，展现给有品位群体们，显现出与众不同的优势和经验丰富的实力。有数据显示 65% 买家表示相当满意，他们自己通过互联网购买商品；27% 的人较为满意；只有8% 的人不满意。如此高的满意度，已经稳固了当今艺术品的购买方式。在当今如此的大环境中，收藏家如何使用资金用途，怎样方式投入艺术品市场，价格也就必然受到波动。

1840 年鸦片战争以来，由于西方列强掠夺和国内不断战乱，导致大批文物艺术精品流失海外，至今也是每个国人挥之不去的痛楚。随着中国的改革开放，社会的蒸蒸日上，不少人出于民族感，走出国门，前往海外市场，通过国际文物商人、海外拍卖机构有选择性购入流失在外的中国文物带回祖国，在中国领土进行竞卖交易，也出现强大的购买力。

沧海桑田，上下承载千年，其实在天津有许多不起眼的文化古迹，它们展现的历史不会被人忘却。独特的地方特色和风格，沉淀了浓厚的地域文化和风土人情。历史上曾经许多名人在天津居住过，例如李叔同故居、张学良故居、霍元甲故居等，显示了当年天津的辉煌和独有的地位。想品味具体历史文化进程，天津博物馆近距离深刻感受历史气息。"中国百年看天津"和"天津人文的由来"常设展，蕴藏着丰富文化内涵，营造出多彩的人文环境。全方位解读近代天津发展，回顾峥嵘岁月，对于外地游客了解天津这座城市很有帮助。由于历史原因，天津的地下文物不能算多，但传世文物的收藏却很丰富，种类齐全，形成了特色。每个城市都有不同气质，浓郁着艺术气息，"文物精品陈列"展览最引人注目，各时代特征精品成为艺术品类学习的标准器型，历史的沉淀对应的每一件文物艺术品，记录着历史的轨迹和人民的智慧，代表前人创造性的劳动成果是不可估量的。新的时代，有一批特殊人群——志愿者的大量涌入与社会最好的沟通桥梁，释放自己应有的光辉，让更多的人了解历史背后的故事，传递一些文物相关的知识，以简单易懂的方式介绍展品，充分发挥博物馆社会教育功能，更好地提供了大众学习氛围和了解历史文化底蕴。

在新的路程上，作为新时代的文物工作者，我们应该珍惜来之不易的时光，专注于如何保护文物，积累文物，征集和修复文物，让文物艺术品在今后的历史道路中发挥重要作用。

杨柳春风四十载

——谈改革开放以来天津杨柳青木版年画的保护与传承

赵 蕊

（天津杨柳青画社）

天津杨柳青木版年画兴起至今已有 400 余年历史，是天津地区最具代表性的民间艺术之一。以"印绘结合"的特点独树一帜，以资料完整、遗存丰富著称，对天津地域文化产生了广泛的影响。改革开放至今杨柳青木版年画经历了 40 年的发展之路，在改革开放的春风中这项古老的民族、民间艺术得到了保护与传承。

杨柳青木版年画源于明代，永乐十三年南运河开通，使杨柳青镇地处经贸船运要塞，南方运来的纸张、颜料，与镇外生产的杜梨树木（适于雕刻），为年画作坊的兴起提供了充分的条件。明万历年间出现了套色木刻，艺人为了保持其固有的传统绘画风格，还要将人物的头脸、衣饰等重要部位敷粉施金，晕染一番。发展到后来，就形成了一种既有遒劲工丽的木刻韵味，又不失民族传统绘画风格的"杨柳青木版年画味"之格调。[1]

一、改革开放初期，新题材杨柳青木版年画的创作

"从党的十一届三中全会以来，经过思想文化战线的拨乱反正，年画工作者，又重新振奋精神，使这个画种的创作空前地繁荣起来。"[2]改革开放之后，杨柳青木版年画进入了新的发展时期，主要标志是思想的解放，有效地调动起年画工作者的创新积极性，从而带来文艺的繁荣。1953 年国家组织老艺人成立杨柳青年画生产互助组，在此基础上发展，队伍扩大了，作品的数量和质量都有显著提高。为配合出版和国内外展览任务，经常组织有专业与业余作者参加的创作组，集中进行杨柳青年画创作。多年以来创作了新题材的杨柳青木版年画数百幅之多。他们在取材、立意及造型和色彩等艺术处理上，都有多方面的探求和尝试，呈现出着前所未有的兴旺景象。

越是优秀的传统艺术，其艺术程式越严谨、精湛，因而进行创新也就越困难。杨柳青木版年画创作内在艺术特点和形式是从历代百姓的衣食住行等现实生活出发，经

过不断艺术加工逐步形成的。所以新年画创作不能直接套用古人的创作技法，需要不断观察生活和努力学习传统技法。以杨柳青年画传统技法反映现实生活，在掌握了精湛的技法后，作品既要有新的时代特色又不能限制在过去的程式里，一成不变的表现。这一时期优秀的作品，如《全心全意》《采莲图》《春风杨柳》《幸福花开》《知识之窗》《同贺新年》《队队有余》《桃李花香》《新麦香》《山集春来早》《事事如意》等，除了报纸杂志刊登、发表以及参加各类美术展览外，丕被国家有关部门选送出国展览。

　　20世纪80年代以来，杨柳青木版年画中许多优秀作品参加全国美术展览及各地展览。随着对外开放和中外文化交流的发展，新杨柳青木版年画多次在英、法、德、等国举办专题性展览。

　　创作活动除了杨柳青画社的工作人员外，同时还组织了工艺美术学院，天津人民美术出版社、各郊县文化馆和其他单位的画家参加，常常采用创作班的形式进行创作。在创作过程中还邀请市文化局和美协天津分会的领导、各单位的美术家，共同观摩年画的创作草图，相互交流看法，提出建议。作品题材丰富多彩，表现了社会主义新风尚以及人民群众日以奋发向上的精神风貌。

　　杨柳青木版年画在改革开放后，焕发了时代的青春。这项具有旺盛的生命力的传统民间艺术，呈现出姹紫嫣红的兴旺景象。

二、博物馆的建立

　　天津杨柳青画社在成立初期，就有建立年画博物馆的意愿。1959年，天津市文化局向市里递交报告，请求建立年画博物馆。1960年初，市委批准了建立杨柳青年画博物馆的报告。在文化局的领导下开始了筹建工作。

　　在征集工作中组织了不少同志深入到杨柳青镇各街及附近村庄，进行调研、考察、收集。主要内容有：明末清初杨柳青年画各阶段发展情况；作坊分布情况；地方志上有关杨柳青年画的记载以及其他文献；民间画师的画稿、粉本、墨迹，有关杨柳青年画的民间传说、诗文、歌谣等。"通过大家努力，用三年多的时间里共征集到画版4328块，有关资料1528件。其中乾隆、嘉庆年间的画版尚少，光绪时期的最多。"③许多珍贵的老年画、画版得以重见天日。

　　设计方案接近完成，后来由于历史原因，国家进行经济调整，确定压缩基本建设投资。因此，杨柳青年画博物馆此时未能建立，项目一放下就是几十年。

　　建立博物馆，将杨柳青木版年画展示出来，是几代杨柳青画社人的共同梦想。在天津市政府的关心支持下，天津杨柳青画社终于实现建立博物馆的梦想。2007年，天津杨柳青木版年画博物馆主体建筑设计方案经过多方论证和修改，基本确定下来。在故宫博物院专家的指导下，画社对珍藏的画版进行了熏蒸养护工作，预防了虫蛀对画版的侵害。画社与故宫博物院修复专家建立了长期联系，得到了关于木版年画、画版在修复和保存方面的技术指导。

2008 年 9 月，天津杨柳青木版年画博物馆主体工程破土动工。随着工程的开展，布展工作全面展开：以社藏资源为基础，搜集国内外杨柳青年画相关资料，组织曾经在历史不同时期参与杨柳青年画研究和保护工作的专家、学者和有关人员进行了全面的论证、制定展览设计方案。2009 年，"天津杨柳青木版年画博物馆"主体完工。

天津杨柳青木版年画博物馆是以收藏、研究、展示具有浓郁地域特色的杨柳青木版年画为主题的公益性展馆。建筑面积 4008 平方米，展览面积 1724 平方米，整体展线 446 米，展示杨柳青木版年画 619 幅，收藏自明代以来的年画万余张，古版 6400 余块。

博物馆分为"历史传流""戏曲故事""古版藏珍""仕女娃娃""世俗生活""戴齐画坊—保护发展"等 8 个展厅。馆内打破了传统的文物陈列模式，以现代博物馆传播学的新理念为宗旨，采用声、光、电等高科技手段，将文物陈列与场景复原、精美资料图片、多媒体辅助等手段相结合，使观众能够轻松、明确地认知年画历史，感受民间艺术的恒久魅力。

2011 年 7 月 22 日，天津杨柳青木版年画博物馆正式对外开放。博物馆全面、客观地反映了杨柳青木版年画的起源、繁荣、濒危、抢救、保护、传承和发展的历史过程，利用平面、立体、动态等多种现代化表现形式展现杨柳青木版年画的风貌，并设有杨柳青木版年画传统工艺操作流程展示，使观众直观地了解到民族民间艺术。在 2013 年 7 月被天津市旅游局评为国家 AAA 级景区。

博物馆开放后观众逐年增加，至 2018 年度，年接待游客量已近 6 万人次。常规展览和临时展览都吸引了大量中外游客。丰富多彩的外展也实现了博物馆"走出去"的社会功能，收到了良好的社会效果。博物馆的建立使杨柳青木版年画更完整地传承和发展。

三、杨柳青木版年画技艺传承与新载体

改革开放后画社加大力度培养年画技艺传承人，四道工艺均以老带新、传承有序。并根据不同工艺需要，设有独立的工作室，"勾描工作室""木刻工作室""水印工作室""彩绘工作室"。另设有传承人创作工作室，用于年画研究和创作。博物馆共拥有国家级非物质文化遗产传承人 2 人，天津市级非物质文化遗产传承人 6 人。年轻的传承人们每年都创作出新的年画作品，并获得了很多美术类奖项。

天津杨柳青画社拥有大量的年画资源，在做好木版年画的同时，深挖其内涵，着眼于杨柳青年画中各种元素与市场需求的结合，不断挖掘和研发创意新品，推动年画产业化发展。杨柳青画社共开发了 30 余种 200 余款文化创意品，在水晶内画壶、琉璃挂件、年画屏风、工艺装饰灯、拼图、金属书签、丝巾、手帕、优盘、帆布包等品类上开发出多种工艺产品。

在中宣部、中央文明办的号召下，画社积极投入"讲文明树新风"公益广告的创作中，推出年画题材的"中国梦"系列公益广告。首批敬老、爱幼、互助、友爱 4 幅作品在《人民日报》上刊登，并在大街小巷上都可以见到这样的图画。

通过研究市场走向和现代审美，创作不同于以往年画的新作品，如 2011 年画社创作了长 8.5 米，高 2.4 米的中国最大的年画《新年多吉庆 合家乐安然》，是由 6 位彩绘老师历时 51 天纯手工绘制而成，它以中国红为主色调，辅以金黄等喜庆色彩，融入了诸多传统年俗，可以说是我们中国年文化的缩影。天津杨柳青画社出品的 2 级动画短片把这幅作品带到了孩子们身边，通过生动有趣的动画情节让孩子们了解年俗、爱上年画。

杨柳青木版年画的传统形象和元素很多已经融入我们的生活中，例如鸡年生肖年画就出现在了肯德基的各个门店之中，寓意鸡年大吉。2017 年，第十三届全运会开幕式中巨幅莲年有余从水中缓缓升起，代表了国泰民安、人民幸福，展现了天津的文化魅力。莲年有余的根本寓意也就是生活蒸蒸日上。由此可见，杨柳青木版年画正在紧跟时代潮流，在保留原汁原味的同时也与现代社会接轨。

"今年是改革开放 40 周年，我们要总结经验、乘势而上，在新起点上推动改革开放实现新突破。""要推动文化产业高质量发展，健全现代文化产业体系和市场体系，推动各类文化市场主体发展壮大，培育新型文化业态和文化消费模式，以高质量文化供给增强人们的文化获得感、幸福感。要坚定不移将文化体制改革引向深入，不断激发文化创新创造活力。"习近平总书记发表的一系列重要讲话高瞻远瞩，为我国文化产业转型升级、实现高质量发展提供了根本遵循。天津杨柳青木版年画在文化的大发展大繁荣的新时代承载了我们民族的记忆，传承了我们文化的基因，越来越多的为人们所了解和喜爱。

这 40 年是中国文化蓬勃发展的 40 年。天津杨柳青木版年画在改革开放以来的国家政策支持与关爱中得到了更好的保护与传承，愿天津杨柳青木版年画作为天津的文化窗口更好地展示天津这座城市的文化魅力。

注　释

①　天津杨柳青画社：《天津市第一批非物资文化遗产名录图典》，天津杨柳青画社，2010 年，第 72 页。

②　张映雪：《映雪美术论述集》，杨柳青画社天津，2009 年，第 28 页。

③　张映雪：《映雪美术论述集》，天津杨柳青画社，2009 年，第 36 页。

改革开放四十载　古贝壳堤乘东风

刘玉英

（天津市古林古海岸遗迹博物馆）

改革开放，是指 1978 年 12 月十一届三中全会后我国实行对内改革、对外开放的政策。我出生于 1976 年，算是全程见证了国家、社会改革开放的变化，以及改革开放对我和家人的影响。2018 年是中国改革开放四十周年，四十年的改革开放是共和国第二次革命。在国家主席习近平的带领下，广大领导干部坚定不移全面深化改革，逢山开路，敢于向顽瘴痼疾开刀，勇于突破利益固化藩篱，将改革进行到底；广大人民群众紧紧围绕以习主席为首的党中央周围，坚定不移，爱国奉献，无怨无悔。作为一名新时代下的古海岸遗迹守护者，我也讲讲古贝壳堤的一些故事。

古贝壳堤是由潮汐、风浪将近海海底贝壳搬运堆积而成，天津陆地堆积平原中自陆向海排列有 Ⅰ、Ⅱ、Ⅲ、Ⅳ 四道贝壳堤，与现代海岸线大体平行呈垄岗状不连续分布，代表了四个时期海岸的位置。距今 10000～5000 年发生的海侵，天津平原大部分被淹。以后海面回降，河流冲积，逐渐成陆。贝壳堤就是这一历史过程留下的遗迹，为天津海岸带颇具特色的海岸地貌类型，也是渤海湾古海岸的遗迹，反映自陆向海方向的岸线变迁。堤上贝壳种类丰富，多为潮间带或浅海泥沙海底软体动物的现生种属。堤上贝壳种类丰富，这些年代久远的牡蛎壳长达 30 厘米左右，十分珍贵罕见，当今已无处可寻。堤高 0.5～5 米，宽几十至几百米，长数十米、上百米或延伸百余千米。其横剖面顶部上凸，两翼减薄到尖灭。

天津古海岸与湿地自然保护区内的贝壳堤、牡蛎礁具有规模大、出露好、连续性强、序列清晰等特点，在我国东部沿海最为典型，甚至在西太平洋沿岸也属罕见。建立保护区可以保护这些不能再生的地质景观，同时也为研究天津及我国东部沿海海陆变迁、古地理、古气候等提供了极其宝贵的天然资料。贝壳堤的年代标志着渤海湾西岸古海岸线的大致位置，是古海岸变迁极其珍贵的海洋遗迹。7000 余年来，黄河入海口在渤海与黄海之间摆动，形成贝壳堤。贝壳堤真实记录了海岸变迁和海平面变化的足迹，具有重大的科研价值。它反映了近一万年以来天津滨海平原气候变化而发生的海陆变迁的过程，被誉为"天然博物馆"，具有极其重要的科学研究价值，是国际之间合作研究海洋学、地质学、地理学、气象学、湿地生态学的典型地区之一。

然而随着人口的增加、经济的发展，古贝壳堤一带的大部分地面被开发为虾池。工厂化养鸡、养鸭场出现后，需要大量含钙高的饲料。而贝壳堤富含钙质，这一带的人们挖出来后，以几十元一立方的价格，用麻袋一装就卖掉。这样卖了好些年，地面上挖，地下的也挖。古贝壳堤均遭到不同程度的破坏，地上部分大多已不复存在。保护古贝壳堤，保护生态环境，迫在眉睫。

贝壳堤这样不可再生、极为珍贵的地质景观，具有的独特科学价值而受到学者的关注。自20世纪50年代后期，天津市以及国内外的考古、历史和地质学专家及学者曾多次到此地考察寻踪退海之地的足迹。鉴于此，1984年12月天津市人民政府批准建立贝壳堤自然保护区。2002年10月经天津市人民政府批准，在天津古海岸与湿地国家级自然保护区大港辖区内的古贝壳堤上建设天津市古林古海岸遗迹博物馆。该工程于2003年3月动工兴建，同年10月竣工。展馆建筑面积2200平方米，保护用地面积6公顷。

地下部分为古贝壳堤展示区，该展区展示了古林古海岸标准的地质剖面，展露出层次分明、出露清晰、规模宏大、连续性好、具典型性，剖面属第二道贝壳堤最古老的一段。它真实地记录了历史变迁过程，"在中国及太平洋滨海平原地区实属罕见"。

为了向观众宣传国家关于海洋及湿地保护、规划和利用方面的知识，在馆的二楼设立科普教育展示区，该展区内有关于古海岸与湿地保护等内容的科普教育展牌100余块。分为沧海桑田、古贝壳堤、牡蛎滩、七里海湿地及管理保护，展牌图文并茂全面细致地介绍了天津地区沧海变桑田的过程，贝壳堤的形成，牡蛎滩、七里海的现状及管理保护，被称为"地球之肾"的湿地生态系统对人类的巨大作用等。

如今，天津市古林古海岸遗迹博物馆至今已被天津市科委、天津市教委、天津市科协、共青团天津市委、天津科技大学、中共天津市大港区委区政府、大港区妇联等单位列为爱国主义教育基地、科普教育基地、教学实践基地、巾帼文明岗等。

国务院已将古海岸与湿地划为了国家级自然保护区，天津市政府又将此地划入永久性生态用地红线区域，可见其重要性。而古海岸遗迹博物馆就建立在自然保护区内，其保护与发展与湿地系统同呼吸、共命运。通过对天津市古林古海岸遗迹博物馆的参观，可使人们了解到古海岸与湿地对人类生存的巨大作用。湿地是重要的国土资源和自然资源，如同森林、耕地、海洋一样，具有多种功能。湿地生态系统是人类赖以生存与发展的支撑系统，可为人类提供动植物产品与水资源，提供调蓄洪水、净化水质维持生物多样性等生态服务。关爱湿地就是关爱我们的家园。

水面宽阔，空气清新，各种动植物资源丰富，被誉为"地球之肾"的湿地系统，在世界自然保护大纲中，湿地与森林、海洋一起并称为全球三大生态系统。湿地的形成有其自身的特点，人类活动应尊重其规律，规范人们的行为，规范机构、部门与地区的行为，对这历经百千年形成的自然景观要保持原有自然生态系统的完整性。

40 年众志成城，40 年砥砺奋进，40 年春风化雨，40 年沧桑巨变，中国人民用双手书写了国家和民族发展的壮丽史诗，创造了震古烁今的人间奇迹．这次革命，不仅深刻改变了中国，也深刻影响了世界！ 新时代，新使命，新征程。作为工作在一线的我们，将继续秉承先进、务实的改革开放的精神状态，在这个宝贵的集科研、科普和环境保护和对未成年人进行爱国主义教育的基地上，保护古海岸遗迹、保护湿地系统，进一步增强人们热爱祖国、热爱家乡、保护环境的意识。在中国共产党的领导下，在改革开放的进程中，我们定能在平凡的岗位上创造更多的属于我们自己，属于我们国家的奇迹。